国書刊行会

樋口尚文

「昭和」の子役

もうひとつの日本映画史

「昭和」の子役

もうひとつの日本映画史

樋口尚文

「昭和」の子役――目次

はじめに　子役たちは「昭和」そのものの顕れだった……6

第一部　インタビュー――伝説の子役とその時代　17

池田秀一　天才子役からアニメのカリスマヒーローに　18

春田和秀　『砂の器』で背負った壮絶なる子役の宿命　54

高野浩幸　変身ヒーローから寺山修司までを越境する　92

斉藤浩子——子ども番組をかけめぐる理想の「お嬢さん」 148
水野哲——石井ふく子から鈴木清順までを横断する 182
高柳良一——薬師丸ひろ子・原田知世の「彼氏」役の光芒 216

第二部 子役列伝——「昭和」の子役クロニクル 273

一九二〇年代生まれ 276
——青木富夫
——菅原秀雄
——高峰秀子
——葉山正雄
——悦ちゃん
——横山準
——宗春太郎

一九三〇年代生まれ …… 282

久我美子
長門裕之
中村メイコ
石濱朗
嵯峨三智子
久保明
江利チエミ
砂川啓介
中村嘉律雄

一九四〇年代生まれ …… 290

浅丘ルリ子
石橋蓮司
中村豊
佐々木功
山東昭子
桑野みゆき
松山英太郎
花ノ本寿
北大路欣也
頭師正明
香山美子
竹脇無我
高見国一
佐藤蛾次郎
入江美樹
吉永小百合
田辺靖雄
鰐淵晴子
松島トモ子
植木基晴
桜井浩子
設楽幸嗣
頭師孝雄
前野霜一郎
島かおり
葉山葉子
谷隼人
根岸一正
高橋エミ子
左時枝
松山政路
和泉雅子
太田博之
渡辺篤史
黒沢のり子
市川好朗
岡本信人
中村晃子
田代みどり
桜木健一
中山千夏
中川梨絵
北島マヤ
青山ミチ
風間杜夫
伊藤敏孝
火野正平
二木てるみ
植木千恵
土田早苗

一九五〇年代生まれ …… 330

ジュディ・オング
内藤洋子
小倉一郎
児島美ゆき
江木俊夫
水谷豊
松坂慶子
ピーター
小山ルミ
島津雅彦

三ツ木清隆　頭師佳孝　上原ゆかり　松井八知栄　池上季実子
岡崎友紀　二宮秀樹　テレサ野田　保積ぺぺ　佐藤祐介
内田喜郎　中村勘九郎　浅野真弓　岡村清太郎　村地弘美
坂東正之助　金子吉延　四方晴美　井上純一　林寛子
吉沢京子　蔵忠芳　金子光伸　三浦リカ
吉田次昭　中村光輝　栗田ひろみ　原田美枝子

一九六〇年代生まれ……360

古城門昌美　佐藤賢司　荻野目慶子　吉田友紀　荒川康伸
西崎緑　島田歌穂　杉田かおる　岡浩也
真田広之　山添美千代　長谷川真砂美　斎藤こず恵
斉藤とも子　薬師丸ひろ子　蝦名由紀子　西川和孝
宮脇康之　安藤一人　牛原千恵　原田知世

一九七〇年代生まれ……374

吉岡秀隆　小林綾子

あとがき……378

はじめに　子役たちは「昭和」そのものの顕れだった

東京オリンピックが開催された一九六四年にはテレビジョンのカラー受像機（ひらたく言えばカラーテレビ）が飛躍的に普及した。この前後から一九七〇年の大阪万博をはさんで、七〇年代の半ばあたりまで、テレビをつけると非常に印象的な子役たちが登場して視聴者を魅了した。そもそも子役はメディアなき時代から歌舞伎や芝居の世界には存在したわけだが、本書ではテレビジョンというマスメディアが登場した時代に、高度成長期の社会の趨勢に翻弄されていった「昭和の子役」に注目してみたい。

日本におけるテレビ局は、在京キー局でいえば、一九五三年にNHK総合と日本テレビに始まり、五五年にTBS、五九年に日本教育テレビ（後のテレビ朝日）、フジテレビという順番で開局している。この一方で、それまで唯一の映像メディアだった映画については、一九五八年に戦後最高の観客動員を記録した後、まっさかさまに興行的不振に陥っていく。娯楽に乏しい時代、映画は新作を週替わりで劇場にかければ放っておいても観客がわんさと押し寄せた。映画会社はさしずめ花形レジャー企業であり、興行の活気を受けて撮影所のインフラにもの言わせた娯楽作を量産、その一方で名匠たちに芸術的な傑作を作らせる余裕もあった。このように質と量においてピークを迎えていた映画業界からすると、新興のテレビジョンはいかにもちゃちで、安っぽいしろものであった。

ところが、五八年を境に映画がみるみる力を失ってゆくのに対して、その誇り高き映画界から「電気紙芝居」と揶揄されていたテレビは、右肩上がりの経済成長とシンクロするように、くだんの東京オリンピックから大阪万博の前後にかけて賑々しい「高度成長期」に突入する。テレビにはドラマからスポーツ中継から歌番組から報道ドキュメンタリーまで、新たなメディアの可能性を掘り起こす勢いに満ちた番組が続々登場し、映画館に足を運ばなくなった視聴者はお茶の間でブラウン管に釘付けになった。

そんな騒然たるテレビの発展の日々にあって、小学生から中学生くらいの「子役」たちが視聴者に愛玩され、子ども向けヒーロー番組から大人向けホームドラマまで引っ張りだことなった。世紀をまたいだ現在でも「天才子役」が話題になることは少なくない。だが、この一九六〇年代から七〇年代までの「昭和の子役」の扱いには、現在の子役とはかなり趣を異にするものがあった。

ひとことで言えば、この往年の「昭和の子役」たちは、まさに親が戦後を駆けあがってきた世代の子どもたちであり、混乱と貧しさをくぐって経済成長の波にのった人々が「三種の神器」(カー、クーラー、カラーテレビ)の揃った生活にたどりついた、その豊かさと希望の証しだったのである。だから、この時代の「子役」は大人しく品のいい子であれ、わんぱくで元気な子であれ、どこかみんな小綺麗で育ちがよさそうな印象である。役柄の上で山の手の洋風の家に住んでいようが、下町の太陽じみたアパートに住んでいようが、彼らは豊かなる国の子どもたちであって、屈託がない。仮に顔と名前が一致しなくても、テレビでよく見かける「昭和の子役」たちには、ほとんど無意識的にそういうイメージが託されていたと思う。

ここで思い出すのは、「一億総中流」という言葉だ。奇しくも時代の転換点として挙げたくだんの一九五八年に始まった総理府(当時)の「国民生活に関する世論調査」では、一九七〇年時点でなんと回答の九割が自分の生活レベルを「中流」と答えている。これは当時の現実の社会状況を思い出すとやや錯覚に近い気がしてしまうし、実際にこうした調査結果が示す当時の国民意識と実体経済の乖離は指摘されがちだが、戦後の混乱期からわずか二十年余りで一気にこの成長と安定にたどり着いたことがこうした「多幸感」を催させたのかもしれない。

当時の「昭和の子役」がまとっているのは、いかにもこの「一億総中流」のムードであったが、しかし急激な経済成長のドリームが日本的な滅私奉公の労働スタイルによって生み出されたものであったこととまさにシンクロして、こうした夢を体現する子役たち自身も、テレビや映画で豊かな夢を演ずることに、(当時の流行語で言うならば)「モーレツ」な労働条件を強いられていた。いや、実態としては「強いられていた」と言えるのだろうが、彼らはその昼も夜もない、学校にもろくに通えない労働条件をごく当たり前のこととして受け入れていた。それもまた当時の大人たちの働き方のムードに呑まれてのことだろう。

労働基準法では満十三歳未満の年少者を「映画や演劇の事業（子役など）については雇用可能」と例外扱いしつつも、午後八時から午前五時までの就労を禁じているから、名だたる「昭和の子役」たちは、多くが現在の言葉で言えば「ブラックな労働環境」で法外な酷使を受けていたことになる。だが、所得倍増計画の旗印のもと大人たちががむしゃらに働いて、年平均一〇パーセント以上という驚嘆すべき経済成長を実現していた時代、子役たちはそういう働き方を自明のものとして受け入れ、その頃を回想してもらっても、当時の状況に対して悲愴感のかけらもないのが驚きである。

そんな「昭和の子役」たちがつらい局面にぶつかるのは、そうやってさんざん働かされていた時ではなく、むしろ彼らが高校生程度の年齢になって大人に向けて面変わりし出した頃、急激に仕事がなくなる時期であった。彼らは幼くとも立派に現場で職業的俳優としての役割を果たしていたのだから、成長しながら年齢相応の役柄で伸びてゆくのが何より望ましかったし、実際小さなプロフェッショナルである彼らには十二分にそれだけの資質があった。にもかかわらず、一九六〇年代半ばから七〇年代半ばあたりに活躍した子役たちは、いかにも子どもらしい表情や雰囲気で愛嬌をふりまいている幼稚園生から小学生、せいぜい中学生くらいまでの時期を通過すると、いきなりそっぽを向かれるように出演オファーが途絶えるのだった。

本書でいえば、高野浩幸、斉藤浩子、春田和秀、水野哲といった典型的な「昭和の子役」たちはこういう時代を生きていた。彼らは高度成長期の明るく豊かなお子様の理想像を要請されたが、それはあくまで「子ども」に対するアイドル的、ペット的愛玩の対象であって、その人気は期間限定のものだった（もちろんそれは彼らの責任ではなく、彼らの資質の限界であったわけでもない）。物心ついた頃から現在では考えられないような時間帯に長時間働かされたり、学校に行くこともままならないというようなかたちで子役業に専心していた彼らは、潮がひくように人気と仕事が去っていったところで、その状況に茫然とすることになる。

さらに言えばそれは彼らが（子役としての使命を卒業する）子どもから大人へ面変わりする時期と重なるので、ショックもなおさらであったろう。仕事が減って調子が狂ったところに、これまで粛々と抑えていた反抗期もやって来る。子役によっては、稼ぎまくった金で家族の経済感覚が狂って、一家が崩壊した例もある。この時期の蹉跌をきっかけに、以後すっかり人生からドロップアウトしてしまう者もいれば、歪んだ金銭感覚や人間関係がしみついて、犯罪に手をそめた例もある。

ところが興味深いのは、ここまで子役という仕事に人生を左右されてしまったのは、くだんのテレビジョンの高度成長期に相当する時期に活躍した人びとであって、この本書で言うところの「昭和の子役」中核世代の手前にあたる、一九五〇年代後半から六〇年代前半のテレビ草創期の子役は、ここまで「子ども」のイメージに限定して旬をつくられ、消費され、ポイ捨てされるという事態をからくも免れている。そういう「昭和の子役」のあけぼのの時代に天才子役として鳴らした池田秀一は、特に子役として大ブームを経験したこともなかったが、逆に思春期、青年期とコンスタントに俳優としてのキャリアを積み、その延長で声優として活躍することとなった。

　これは池田の子役時代はまだNHKの仕事が主で、学業が優先され、高額のギャラが乱発されるようなこともなかったのが影響しているだろう。池田よりひと回り下の後続世代、最もコアな「昭和の子役」たちは、続々開局した民放の仕事で不自然にもてはやされ、はね上がった出演料で使い倒されていった。思うに、この「昭和の子役」中核世代はとにかくがむしゃらに働いて豊かさに酔って奇跡の経済成長を遂げた「あの時代」の理想のアイコンであっただけでなく、まさに自らもその一員としてテレビの高度成長期の波に乗り、呑まれていったというわけである。

　そういう意味で、「昭和の子役」のコア層は、功罪ふくめて「昭和」的なるものの顕れであったと言えるだろう。労働基準法などおかまいなしに無理をして働いた企業戦士が経済発展を実現したように、あの時代の突出したテレビの輝きを生み出したのも、たとえばこうした年齢不相応な働きを引き受けていた子役たちなのだった。決してこの子役たちの当時の待遇を賛美するものではないが、そういう無茶が豊かなニッポンを創ったことも事実なのである。

　本書では、この中核層に先立つプレ「昭和の子役」たる池田秀一に加えて、この熱烈な勢いと無理で無私な踏ん張りに満ちた高度成長期を経て、七〇年代に踊り場にさしかかった経済がやがて長い微温湯的な安定期に入った頃に活躍し始めた、ポスト「昭和の子役」

にも言及している。それは年齢こそ中核世代の子役と同じでありながら、八〇年代初めの高校生の頃から角川映画のヒロインの相手役をつとめ始めた高柳良一である。

　高柳がデビューした八〇年代初期には、あの六〇年代のせっぱつまった熱気も失せて、ゆとりある日だまりのような時代がやって来た。驚異的な成長を遂げた日本は、ほどなくして世界第二位の経済大国となる。終身雇用と年功序列が堅牢なシステムを作っていた当時、ニッチな可能性がさまざまに残っていたトライ・アンド・エラーの六〇年代とは違って、この豊かさを保証する社会のシステムを「踏みはずさない」ことが肝心であった。

　したがって、多くの子役たちが無防備に昭和の熱気に呑まれて道を見失った怖さもよく知っている高柳としては、あれほど良い役が次々に舞い込んだら誰だって俳優としてやって行こうと思うだろうに、一貫して自分の意思の外でコースが決められることを嫌い、普通に学校に通い、普通に就職することを望んで、関係者を驚かせたのである。

　高柳は、もっと幼い時分に芸能界デビューした同い歳くらいの子役たちが「子ども」としての賞味期限を過ぎて以降はずっと不安定な彷徨を続けているのに対し、マスコミ大手の幹部として充実の日々を過ごしている。高柳のようにデビュー時から落ち着いて人生の見通しを立てていた例はさすがに稀有ではあるが、これは六〇年代のようにまだテレビや映画に出ること自体が珍しく、その向こう側の世界にいることだけで特権的に感じられた時代にはあり得なかった冷静さかもしれない。もはや日本がモーレツに、がむしゃらに這い上がる時代はとうに過ぎていた。

かかる「昭和の子役」と、彼らの栄光と挫折を生んだ時代を今ふりかえってみようと思ったことには理由がある。経済をめぐる俗説に、世界の国家経済をめぐるパターンは四つに分類される、というものがある。その分類とは「先進国」「後進国」「日本」「アルゼンチン」であって、一般的な「先進国」と「後進国」の状況を解くロジックでは、「日本」の戦後の急速で奇跡的な発展と「アルゼンチン」のこれも急激すぎる没落が説明がつかない、ということを映している。

もちろんそこには複雑な国内外の要因やタイミングが絡んでいるとは思うのだが、しかし資源のない焼け跡の国が、ほんの十数年で国民のほとんどが「中流」意識を持つまでに成長した背景には、日本人独特の「働き方」の美学や集中力が原動力となって存在していたはずである。そして大人たちがこうした「働き方」への意識で熱っぽく結束していた時代に、「昭和の子役」たちはちびっ子ソルジャーとして不平不満も漏らさず高度成長に「参戦」していたのだ。

だが、この「昭和」な「働き方」の意識は、一九六〇年代や七〇年代に消滅し、日本が豊かになるや忘れ去られたのかというと、全くそうではないだろう。それどころか、世紀をまたいだ今もなお、その「働き方」の美学はしぶとく日本人に根づいていて、ようやくにしてこのところ本格的に見直され始めた。死ぬまで働いて世界経済四つの謎とされる発展を手にした日本の、慢性的にしみついた独特な労働意識は着々と是正されつつある。

その時である。あのはるか過去の記憶であった「昭和の子役」たちの幻影が生々しく蘇るのは。かつてテレビの高度成長期の喧噪のなかで栄光と挫折を味わった現在の彼らは、どこかその「戦地」からの帰還兵のように、御しがたいトラウマを抱え、疲れがにじんだ表情を見せる。だがしかし、あの数々のテレビ番組や映画で見せる彼らの姿や表情には、捨身であることを求められた者ゆえの刹那の輝きがある。それは彼らの永遠の勲章だ。

『砂の器』で悲惨な宿命を背負う少年は、故郷を捨てた酷薄な旅路で四季の日本を彷徨する。だが、ロケ隊とともに旅してその少年を演じた春田和秀は、ほぼ十か月もまともに小学校に通うことができず、劇中の愉し気な田舎の学校の様子を遠目に見て羨ましそうにしているシーンは、ほとんど実話であった。良いものを創るためとはいえ春田少年にここまで本来の生活を捨てさせたスタッフの大人たちの発想は、いかにも「昭和」的であり、現在の感覚では厳重に是正さるべきものかもしれない。しかし、この無茶によって生み出された春田少年の表情は、四十余年を経ても観客を疼かせ、号泣させる異様な力に満ちた映画を生んだ。

繰り返すが、こうした現実の春田少年の小学生らしい生活をかき乱した「働き方」は今や到底肯定されるものではない。しかし、日本の恐るべき経済成長も、こんな少年の胸を打つ凄まじい表情も、普通に寝て食って遊んで、という均質なところからは生まれ得なかったであろう。いま、「昭和」的な「働き方」が目の敵のように非難されているが、たとえばそういう常軌を逸した思いや行動があってこそ、並外れた豊かさや感動というものも手にできたのではないか。

——「昭和の子役」の幻影たちは、そう主張してやまない。

ことほど左様に、「昭和」的なる過剰さのあれこれを甘美に称揚したい誘惑を自らに厳しく禁じつつ、その過剰さの生みだしたものをきっちりと記憶しておこう、というのが本書の意図なのである。

第一部 インタビュー

伝説の子役とその時代

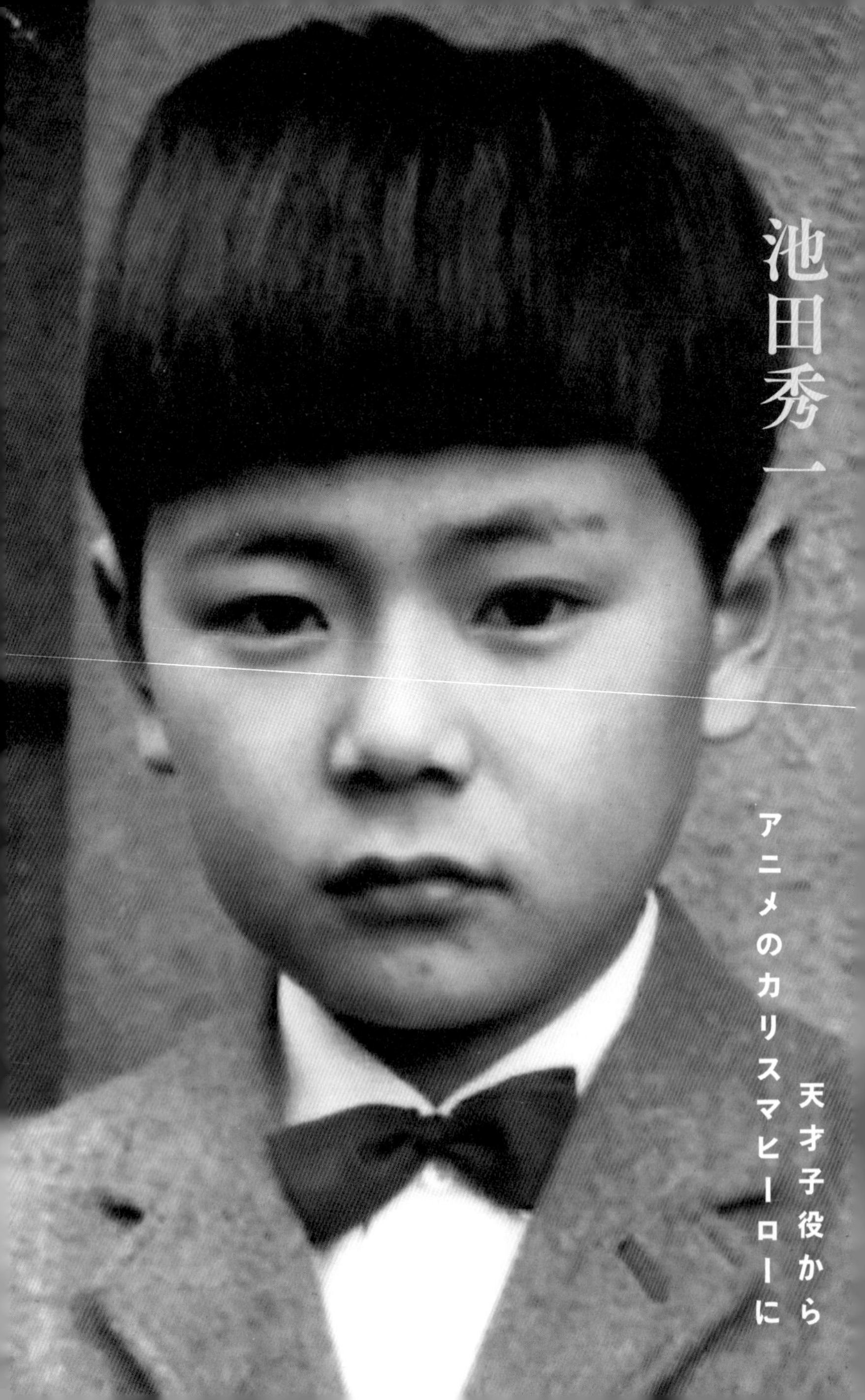

池田秀一

天才子役から
アニメのカリスマヒーローに

池田秀一という名前からまず連想するのは、アニメ番組『機動戦士ガンダム』に登場する人気キャラクター、シャア・アズナブルの声や、洋画番組でアクション・スタアのジェット・リーの声の吹き替えを担当するベテラン声優の顔だろう。

しかし、池田秀一のスタート地点はラジオドラマ、ひいてはテレビドラマの子役であり、その持ち前の演技力によって瞬く間に引く手あまたとなった。昭和二十四年生まれの池田だが、彼が小学校低学年の頃は、ちょうどNHKに続いて民放各局が営業開始した時期である。たまたま池田が劇団に入った昭和三十三年は、東京タワーの開業した年であるとともに、日本映画が戦後最大の観客動員数を記録した年でもある。このターニングポイントの年を境に、テレビは目覚ましい経済成長とシンクロしながら右肩上がりの高度成長期に突入し、逆にそれまで娯楽の王座にあった映画の興行成績は地すべり的に不振をきわめてゆく。

その目覚ましい天分によってただちに子役として注目された池田秀一は、まさにこの昭和三十年代半ばから四十年代前半までのテレビの高度成長期に出くわした。言わば池田は「テレビ子役」の第一世代なのである。この「テレビ子役」のあけぼのと言うべき世代の池田は、明らかに後続の昭和四十年代半ばから昭和五十年代前半にかけて華々しく活躍する「子役ブーム」の面々とは扱いが違っている。

それは池田がNHKを中心に活躍していたこともあるだろうが、まだ子どもは子どもとして庇護し、「商品」として扱わない節度のようなものが作り手の側にもあったように思われる。そのため、池田は後続世代のようにコマーシャリズムに翻弄されたり、子役として使い捨てにされたりせず、少年から青年へ、さらに成人の俳優へと静かに成長を果たしていた。
おそらく池田がそのまま芸歴を更新していたとしても職人的俳優として重宝されたに違いないが、運命的に声優の仕事に出会ったことが池田の秘めし才能を華々しく開花させることとなった。

――そもそも池田さんは、ご自分で子役をやってみようと思われたのですか。

この道を志すというよりも、言わば遊び半分だったんですよ。僕らの子どもの頃って映画が全盛期じゃないですか。生まれ育ったのは中野の野方のほうなんですが、その近所にすら東宝系、松竹系、東映系、日活系……とそれぞれの映画館があったんです。まあ小学校の頃までが邦画一辺倒でしたけど。

――どんな映画がお好きだったのですか。

もういろんな映画を観てましたからね。当時は黒澤明監督が大好きで、リアルタイムで観たのは『用心棒』『椿三十郎』『天国と地獄』あたりですけど、そこから遡って昔はどんなのを撮っていたのだろうと思って『生きる』や『七人の侍』を観たりしてました。ところが、かつてはあんなに黒澤映画が好きだったのに、最近は小津（安二郎）さんのあの飄々淡々とした味ってちょっと凄いなと思うようになりましてね（笑）。よくもこんな映画を作っていたなと。当時は映画をかければ人が入る時代だから出来たんでしょうけど、もはや無理でしょうね。今は小津さんの映画を観た後に黒澤映画を観ると、ちょっと元気よすぎるなって（笑）さえ思います。

――なるほど。そんなにたくさん映画を観ていた少年が、出る側に回ったきっかけというのは何だったのでしょう。

なにしろ映画は三本立てで週替わりなので、たくさん観てはチャンバラごっこなんかやってたんです。すると九歳の時、近所で劇団こまどりに入ってる子がいたんですが、そのお母さんが、「君は面白い子だから、こまどりの試験を受けてみたら」と教えてくれたんですね。それでおふくろも試しにやらせてみるかと賛成して、オーディションを受けに行ったら受かりまして（笑）。だから、子役をやり出した動機は薄弱で、特に何か目指してるものがあった訳じゃないんです。家だって芸能界とは何も関係のない普通のウチでしたからね。

――劇団によってもいろいろカラーがありますが、別にこまどりをあえて志望したということでもないんですね。

そうなんです。でも当時はまだそんなに子役を扱う劇団はなくて、劇団ひまわりと劇団若草と劇団こまどりぐらいで、後は東映児童とか撮影所にある劇団くらいでしたか。ＮＨＫにも児童劇団がありましたね。劇団いろははまだなかったはずです。でもそんな劇団こまどりも、もうなくなっちゃいましたけどね。

――こまどりではどんな勉強をされたんですか。

演技はもちろんですが、日舞、バレエ、歌唱ですね。レッスンの予定はしっかり組まれていたんですけど、劇団に入って半年も経つともう仕事が忙しくなっちゃったんですよね。だから、お芝居の授業はなるべく行くようにしましたけど、バレエや日舞にはなかなか行けなくなりましたね。まあ、そもそもああいう踊りは恥ずかしくって（笑）不勉強でした。

――九歳の池田さんが劇団こまどりに入られた昭和三十三年というのは象徴的な年ですね。この年、日本映画の観客動員数は戦後最高に達して、以後劇的な不振に陥ります。逆にこの年に東京タワーが開業して、以後テレビ放送は右肩上がりに成長してゆきます。池田さんが子役デビューされた時期は、まさに民放各局が一斉に開局し始めた頃ですね。

そうなんです。劇団こまどりはＮＨＫの仕事が多かったのですが、まだラジオの仕事のほうが多かったですね。当時はＮＨＫ以外の民放は日本テレビやＴＢＳはあったけれど、フジテレビやテレビ朝日（当初は日本教育テレビ）はまだこれから、みたいな時期だったので、ラジオの仕事のほうが多かったんです。ＮＨＫはラジオの学校放送というのもありました。

――それはどういった内容なんですか。

ドラマ仕立てのものもありましたし、「理科の時間」みたいな学習番組もありました。初めて主役というか目立った役をやったのは、ＮＨＫラジオに〈朝の口笛〉というけっこう長く続いたシリーズがありまして、そのなかのひとつの『おはようトコちゃん』というラジオドラマを半年か一年くらいやりました。

1962年の宮沢賢治原作『ポラーノの広場』(NHK)。
横森久と。

――最初にテレビに出演された時のご記憶はありますか。

日本テレビの『雑草の歌』という番組で、ほとんど内容は忘れてしまったんですが、とにかく長屋みたいなところがあって「坊や、そこで泣いててくれ」と言われるわけですよ。「なんで泣いてるのかわからないから出来ない」って言ったら、「じゃあいいや、とりあえずそこで遊んでて」って言われましてね（笑）。小三の時ですけど、本当にそこだけ覚えてます。要するにガヤというか、仕出しですよね。昭和三十三年の十月にこまどりに入ったので、これはたぶん翌年の一月くらいじゃないのかな。

――この後、テレビでもだんだん主だった役が回ってくるわけですが、初期でよく覚えておられるものは何でしょう。

一九六〇年、十一歳の時のNHKのホームドラマ『ママと私たち』でしょうか。お父さん役が龍崎一郎さん、お母さんが清川虹子さんで、僕が子どもなんですが、当時はNHKがカラーの実験放送をやっていた頃で、カメラも二人がかりでどうにかしないと動かないし、照明もがんがん焚かないとちゃんと色が出ない。なのでスタジオ内が四十度くらいの暑さになって大変でした。

――一九六〇年にはフジテレビ『少年探偵団』という人気番組に出ておられましたね。

この番組は三年くらい続いたのですが、最後のほうで同じフジテレビの『がしんたれ』とかけもちだったんです。ところが、『がしんたれ』は菊田一夫先生の少年時代を演じていたもので坊主頭なんですね。だから、『少年探偵団』でやっていた都会的なケンちゃんが急に何のいわれもなく坊主になっちゃうんです（笑）。まあ同じフジテレビどうしなので、問題はなかったようですが。

――昔の番組はそのへんが鷹揚というか、そういう珍事がよくありましたね。

そうなんですよ。そのケンちゃんという役も、頭脳明晰な子どもという設定で小道具でメガネをかけて、生意気に新聞なんか熟読しているんです。ところがいつもはメガネをかけてないものだから、生放送の本番の時によくこのメガネを忘れて来ちゃうんですよね（笑）。それから、ジュディ・オングさんがゲストで出た時に、休憩時間に遊びでオモチャの手錠をかけたんですよ。ところが、その鍵が出て来なくなっちゃって、大騒ぎになりまして（笑）。

もう生放送なのでいったいどうやってしのいだのか……そこはなぜか忘れちゃったんですが。もしかしたら間に合ったのかもしれないけれど、大変だったんです。それから、大平透さんの怪人二十面相がドーンと煙とともに消えてゆくシーンなのにどうしても仕掛けの煙が出ないので「それじゃあ諸君また」って大平さんが言って普通に去って行ったり（笑）、そんなアクシデントはいっぱいありましたね。生放送は本当に面白かったですよ。

――アクシデントをどう御していくかでキャリアが問われそうですね。

そうですね。だから「きさま、名をなのれ」って言われたのに、当人が役名を忘れてしまった（笑）……なんて事もあるわけです。そんな時、みんなハラハラして「どうするのかな」って見守っていると、その役者さんが「そんな事はどうでもいい！」（笑）なんてやるわけですよ。そういうかわし方がうまい役者さんはいましたね。

――しかし、ドラマの生放送というのはそんなに毎回きっちり放映時間内に内容が全部おさ

まるものなんですか。

そこは巻きが入ったり延ばしが入ったりてんやわんやなんですが、案外うまく終わらせてましたね。まあテレビもまだこんなどさくさの時代でしたけど、ちょうどこれは六〇年安保の年でしょう。当時の僕は日比谷のスタジオから家までバスで通っていたんですね。それは国鉄よりバスの方が運賃が安かったからなんですが。今の西新橋を一九六五年より前は田村町と言ったんですが、その田村町の停留所からバスに乗るとデモ隊によくぶつかるんですよ。するとそのデモ隊のなかに宇野（重吉）先生をお見かけして、びっくりしたんです。そのうえ〝やさしいアイクのおじさんに　ロッキードがほしいよ　大きいミサイルほしいよと　アンポ　アンポ　泣くのね〟という（笑）痛烈な替え歌を唄っておられて、こちらは子どもだから宇野先生はなんであんなことをやっているのだろうって不思議で、ついにその替え歌まで覚えちゃいました。

――先ほどの坊主頭になった『がしんたれ』に戻りますが、これはフジテレビですね。

この作品は亡くなった吉田央さんというディレクターの作品でしたが、当時のフジテレビは五社英雄さん、岡田太郎さん、森川時久さんみたいな演出家がいて面白かったんですよね。でもたとえば五社さんにしてももともとはラジオ畑でニッポン放送のプロデューサーだったので、映像の方面はあまり勝手がわからなくて、逆にハングリーに勉強されたんじゃないでしょうか。それに当時は映画に対してテレビは「電気紙芝居」って貶められていたので、それこそTBSには実相寺さんがいて、NHKには和田勉さんがいて、フジテレビには五社さんがいて……みたいに「そういう差別に負けてたま

1963年の菊田一夫原作『がしんたれ』（フジテレビ）。

『がしんたれ』の舞台公演にて。中山千夏と。

るか」という野心的なディレクターが各局にいて冒険的なことをやっていたわけですね。まあそういうことが許されていた時代とも言えるのでしょうけれども。『がしんたれ』はそういう中ではオーソドックスなドラマではありますが、予算もけっこうあったようで、きちんと作っていた記憶がありますね。

――モデルであった菊田一夫さんのご感想などはあったんでしょうか。

放送が終わった後、菊田先生が僕に会ってご褒美をあげたいとおっしゃっていると聞いて、東宝まで行ってお目にかかりました。あの番組は制作も東宝のテレビ部でした。でもフジテレビのディレクターと東宝の重役室に行ったら「今日は菊田先生はご機嫌が悪いから会わないほうがいいかもしれないなあ」と東宝の人に言われて躊躇していたら、ふらっと出ていらっしゃって「おお、君、何か欲しいものはないの?」って聞かれてトランジスタラジオを買っていただきました。大御所の菊田先生なんだから、もっといいものをねだっておけばよかったかしら(笑)。でも本当にトランジスタラジオが欲しかったので、嬉しかったですね。

――この『がしんたれ』の放映は一九六三年の七月からですが、それに先立つ四月からはNHKの大河ドラマが始まっています(第一作は『花の生涯』)。NHKではそれと同時に、子ども向けの単発ドラマにも注力すると標榜して、後の〈少年ドラマシリーズ〉にもつながる作品を作り始めていますが、その『コペル君と三人の仲間』『ぼくと姉さんと』『ともだち』『路傍の石』『幼年時代』『次郎物語』といった作品に池田さんはことごとく出演されてい

ますね。

ＮＨＫには当時普通のドラマ部とは違う青少年部というのがあって、そういった作品はそこで作っていたんですね。でも使える制作費がたぶん二十分の一くらいじゃなかったんでしょうか。聞いたところでは大河ドラマが当時の額で一本一千万くらいで、青少年部のドラマは一本五十万くらいだったようです。まずセットのつくりが全然違う。長谷川（一夫）先生の『赤穂浪士』のセットを見学に行ったら、もの凄く立派なものが建て込んであって……。僕らのセットなんかベニヤ板でしのいでるような感じでしたから（笑）。

――青少年部はスタッフも若かったのでしょうね。

そうですね。当時の子どもの僕らからすると立派な大人なんだけれども、今思うとせいぜい三十代……あるいはそこまでも行ってないような人たちだった気がします。ディレクターは三人くらいいて分担交代しながらやってました。ただ当時は編集が出来ないから、ひとつ間違えると最初からやり直して録り直すんですよ。そんな感じで騒然と作っていたわけですが、当時のＮＨＫのスタジオは内幸町にあって、『次郎物語』は別館の日比谷スタジオの三階か四階で撮ってまして、その一階では黒柳徹子さんや渥美清さんの『夢であいましょう』を生放送でやってました。この内幸町、日比谷のスタジオは、東京オリンピックの後で渋谷のＮＨＫ放送センターが出来てゆくに連れてそちらに移転していって、大河ドラマも渋谷で作るようになったんですけど、青少年部はしばらく残ってましたね。『次郎物語』の後で一九六六年には『愛の一家』という連続ドラマを一年半くらいやらせていただいたんですけど、それもまだ日比谷で撮っていました。

――『夢で逢いましょう』の生放送のてんやわんやぶりは、それ自体がドラマにもなっているくらいですが、あんな騒然とした現場で大人たちはかわいがってくれたんですか。

大人のキャストはみなさん、とっぱらいだったんですけど、当時はこの内幸町のNHKの脇道に五つか六つか屋台が並びまして、大人の人たちにそこに連れて行かれては「何か歌え」って言われて当時流行ってた曲なんかを唄ってみせると「はんぺん食っていいぞ」(笑)。そこで大人の役者さんたちは「おまえの演技はダメだなあ」みたいな言い合いになったりして、面白かったですね。当時は民放もとっぱらいが多かったのかな。ギャラをもらってはすぐ麻雀店に行って使っちゃったりするから、みんな「金がねえ金がねえ」って言ってましたけどね(笑)。そういう大人のひとたちに、けっこうかわいがってもらいましたねえ。新劇の方が多かったですよ。映画の人はまだテレビをバカにして出ない人も多かったですからね。

――この時期、いろいろな番組に紛れて、一九六二年の実相寺昭雄監督の初演出ドラマで大島渚脚本の『おかあさん』というような異色作に出た時は、「なんだか今回は違うなあ」といった感想はあったんでしょうか。

意外と十二、三歳の子どもというのはバカにならないものなんですよ。何を言われてるわけでもないのに、会った時に「この演出家はたいしたことねえなあ」とか「この人はちょっと凄い人かも」とか感じてるんですよ。そういう意味では実相寺さんに会った時は「このディレクターはただものじゃ

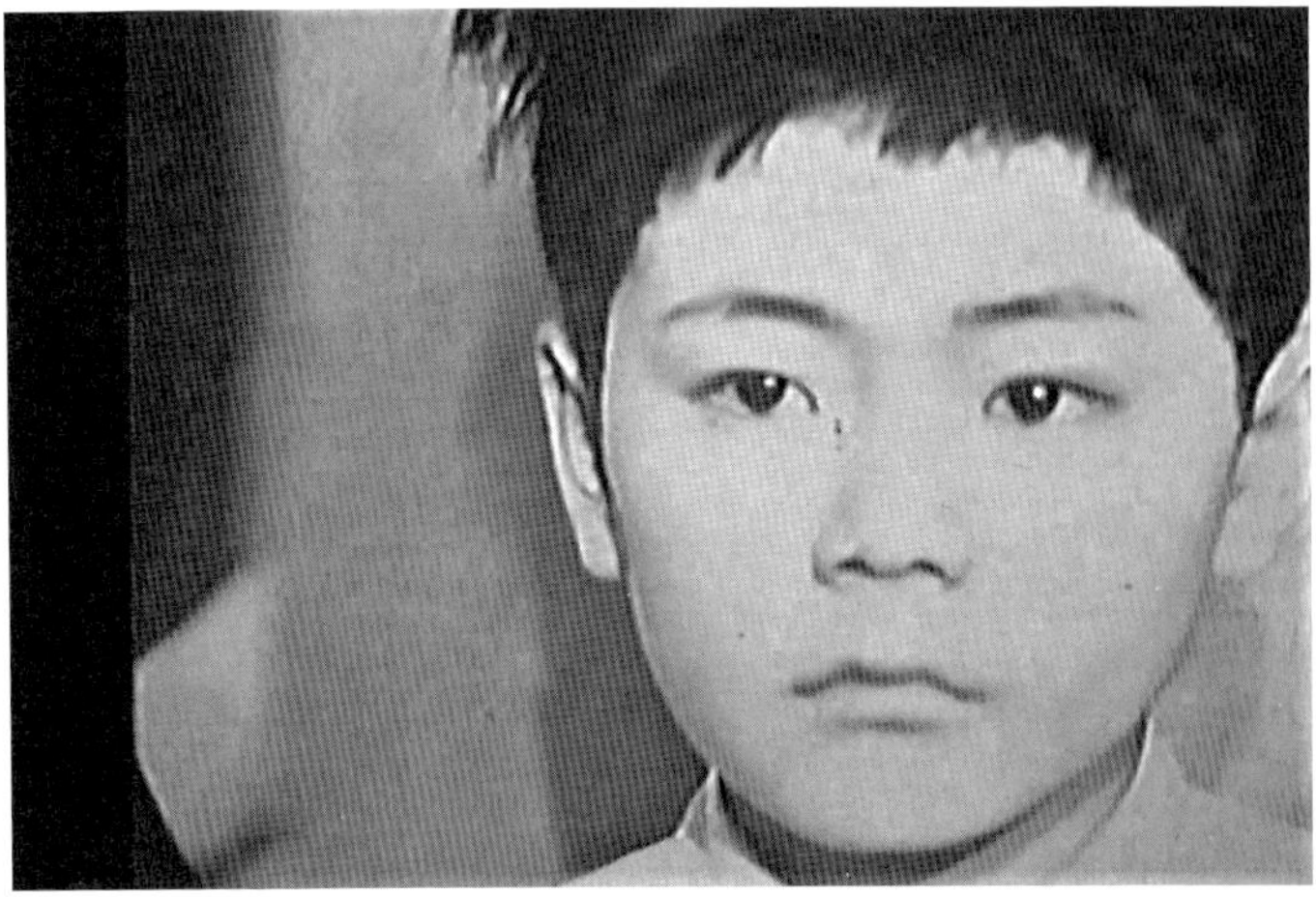

実相寺昭雄監督の初演出ドラマ
『おかあさん』〈あなたを呼ぶ声〉にも主演。

ないぞ」みたいに思ったことを覚えてるんです。これは自分に限らず、その年頃の子どもって、そういう匂いを見抜くんじゃないですかね。

――半世紀以上も前のことなのでなかなか難しいかもしれませんが、何か現場で覚えていることはありますか。

あまり説明をされないということですね。まあ僕は子どもだからあれこれ言っても無理だと諦めていたんでしょうけれども、たとえばふり向いて笑って、という時に、なぜ笑うのかについては全く説明されなかった気がします。

――実相寺監督は信頼する俳優には何ひとつ演技の指示や解説はせず、その俳優が自分の映像世界にいてくれればもう満足だったようですね。ちなみに、いま改めて半世紀ぶりに実相寺監督の『おかあさん』〝あなたを呼ぶ声〟をご覧頂いたのですが、いかがでしたか。

ドラマ収録ではドライリハーサルをやって演出家が各パートにいろいろと説明するわけですが、野心的なカメラワークやカット割りをやろうとするほど現場スタッフは「これどういうこと?」「これどういうイメージ?」ってなって、もう演出家が「いいの、いいの。後から説明するから!」みたいな展開になっていたと思うんですが、そういう意図の伝達って本当に難しいと思うんですよ。特に実相寺さんのドラマ『おかあさん』だって、出来上がったものを見ればあの異色さもなんとなく受け入れられると思うんですが、あれを撮っている時のことを考えると、あんなカメラワークやカット割りの意味を言葉で説明することなんて出来ないと思うんですよ(笑)。

――そもそも見やすく安定的にオーソドックスな画をつくることがテレビの美徳だったわけですから、確かに実相寺監督は大変だったと思います。

たとえば実相寺さんは、人物をカメラが追いかけてもどこかでフレームから外れてほしかったりするわけでしょう。でも、言っちゃ悪いけど、その頃の局のサラリーマンのカメラマンとしてはキレイにしっかり撮ることが最大目標なんだから、ときどき人物をフレームから外してほしいなんて言っても理解できないと思うんですよ(笑)。まあ、本篇(=劇場用映画)のカメラマンならよく説明すればわかってくれたかもしれないけれど。

――さて、こうして子役として重宝されていた時代の池田さんの代表的な作品というと、NHKの『次郎物語』でしょうか。これは東京オリンピックの一九六四年四月から、好評につきなんとまる二年も放映されました。

これはお父さん役が久米明さんだったんですが、たとえばホンを読んでいて台詞に疑問を感じたりしたら、ディレクターにはとても直接は言えないから久米さんに言うんです。すると久米さんがかわりにディレクターに言ってくれたりしましたが、今思うとそんな久米さんも四十になるかどうかのお年だったんですよね。それでもディレクターたちよりは年長だったと思いますけれども。でもそうやって原作やホンを照らし合わせたりして生意気にも物申すようになっていたというのは、この業界のこの仕事がだんだん面白くなっていた、ということなんですよね。それにこの頃は明らかに「ものづくりの場」という感じがちゃんとあって、この時代の現場ではいろんなことを教わりましたね。各局芸術祭に出すドラマなんて凄く力を入れて作ってましたね。ラジオドラマですら本読み二日の本番二日、まる四日かけて作る丁寧さでしたから。

――それにしてもまる二年も『次郎物語』を続けていると、役柄のイメージで縛られてしまうことはありませんでしたか。

それはありましたね。よその仕事に行っても「次郎」的なものを求められる、というようなことはしばらくありましたね。それは今、どこへ行っても「ガンダム」的なものを要求されるのと一緒ですよね。よく子役は伸びないって言われますけど、そういった子役時代の当たり役のイメージなどから脱却するのが大変だというのは、みなさんそうなんじゃないでしょうか。

――こうして番組も増え、しかも息の長い人気番組に主役に抜擢されて、売れっ子になっていく気分というのは、子どもとしてはどんな感じだったのでしょう。

たとえば巷を歩いていても大変だとか、当時は案外そんなことはないんですよ。『次郎物語』の劇中で貧乏な苦学生をやっている時に、ファンレターにお金が入っていて、うわあ、どうしようみたいなことはありましたけれども(笑)。ただし、月に三本くらいレギュラーを持つと、まだ小学生だからちょっとコレ(天狗のまね)になって来るんですよ(笑)。そして横着にもだんだんちゃんと脚本を読まなくなったりするわけです。するとうちの劇団の先生(マネージャーのことを先生と呼んでいた)が控室で、今日の仕事のシナリオの内容を質問してくるんです。たとえば〝だから僕は……〟で止まる台詞があったとして、「もしここの気持ちを語るとしたら、君はなんて言うの?」とか。でも間に合わせで自分の部分の台詞だけ適当に覚えているから、全体の内容について答えられない。すると「君は仕事を何だと思ってるんだ！」とお目玉を喰らうんですね。当時はうるさいオジサンだなあと思って迷惑がったんですが、今にしてみるとありがたい先生ですよね。まあその頃は三十代くらいの方で、役者さんもなさっていたわけです。

――当時こんなにお仕事が増えて学校には行けたのでしょうか。

ＮＨＫは学業優先なので、そのへんはちゃんとやってくれたんです。リハーサルも授業終わってからだし、収録は土曜のお昼に学校が終わってから、ロケは日曜日に……みたいな感じで学校を休むことがほとんどなかったんです。

――終業時間もそんなに遅くはなかったのですか。

ええ、遅くとも夜十時には終わってたんじゃないでしょうか。でも逆に言うと、僕らはそんなにいい目には合ってないんですよ。無理もさせないけれど、なにしろＮＨＫはギャラが安かったですから（笑）。ひとまわり僕の後輩にあたる子役ブームの人たちがなんだかギャラがはね上がったりしていて、くやしい思いをしましたね（笑）。まあこれは冗談ですけれども、本当にけっこう下の世代のいい子役たちが、お金で狂ってゆくのは目のあたりにしましたね。その代わりに労働条件も大変だったんだろうけど、あの状況は僕なんかから見てもびっくりでした。羨ましい気もしたけど、彼らは彼らなりに大変な思いをさせられてたんでしょう。そういう意味では、僕らの時はいろんな意味で感覚が普通というか、ちゃんとしてたかもしれません。

――なるほど。「子役」のとらえ方、扱い方が、池田さんの世代と後続の子役ブームの方々とでは明らかに変わっていますね。さて、『次郎物語』と同じ一九六四年五月に、フジテレビの石原慎太郎原作、石原裕次郎主演の単発ドラマ『小さき闘い』で裕次郎さんと共演されていますね。

これは裕次郎さんの奥さんのまき子さん(北原三枝)がテレビで『がしんたれ』を観ていて、ご指名くださったようなんですね。前の年に石原プロモーションを立ち上げたばかりで凄く勢いがあった頃ですが、思えばまだ裕次郎さん三十歳ですよね。でもこれが最初のテレビドラマ出演だったんです。そして本読みから立ち稽古に移った時、スタジオの床にチョークでセットの位置が描かれているんですが、裕次郎さんが「これだと雰囲気がよくわからないなあ」というので僕がいろいろこまごましたことを教えてあげたんですよ。すると〝ありがとう。君の方がテレビでは大先輩だから、今日から秀坊じゃなくて秀先生って呼ぶよ〟っておっしゃるんですね(笑)。でもその裕次郎さんの〝ここで稽古やってもどう動いていいかよくわからないなあ〟のひとことで、翌日か翌々日には前倒しでセットが建っちゃいましたからね(笑)。それと、裕次郎さんはとても信頼していた日活の照明技師の藤林甲さんを監修役として連れてきていましたので、藤林さんがレフを入れて映画みたいに光を作っていました。こんなこともありえないことでしたね。

――しかし意外な展開もあったそうですね。

でも当初は慎太郎さんが脚本が気に入らないと言って、ひと月くらい延期になっていましたね。慎太郎さんにホンを見せるのが遅かったのか、そんな意見が来た頃にはもう稽古も佳境でセットも建っていましたね。それから再開までひと月……まあのんびりした時代でしたよね（笑）。

――この原作は同じく一九六四年の秋にはドラマ同様の山中恒脚本、裕次郎さん主演で『敗れざるもの』というタイトルにて日活映画化されていますね。

脳腫瘍になった良家の坊ちゃんと、裕次郎さん扮するお抱え運転手の心が通い合う話ですね。映画だとなかなかそういう役をやらせてもらえないので、テレビに出るならそういう役をやってみたいということだったんですね。でも面白かったんですが、リハーサル中に勝新太郎さんから裕次郎さんに電話がかかって来て〝今テレビをやってるんだ〟と言ったら〝そんなくだらないものはやめて飲みに来い〟って言われたと苦笑してましたね。

――そんなことを言っていた勝新太郎さんも、その後は『座頭市』シリーズから『警視K』へとテレビへののめりこみ方はもの凄かったですよね（笑）。

勝さんのテレビへののめりこみ具合も、それはもうはた迷惑なくらいだったわけじゃないですか（笑）。

――その後は裕次郎さんとはお会いになりませんでしたか。

裕次郎さんはそのすぐ後にハリウッド映画の『素晴らしきヒコーキ野郎』の撮影に行かれましたね。それで帰国されたら〝お土産があるからメシでも食おう〟と言われて、曙橋のフジテレビの近所でお食事しましたね。そこにはジュディ・オングさんもいたかな。その後、七〇年代の半ばくらいに『太陽にほえろ!』に二度くらい出たんですが、裕次郎さんとはまず絡まないんですよ。裕次郎さん扮する藤堂係長はいつも警察署の奥にいて現場で出てこないですからね(笑)。でも一度だけお会いすることがあったんですが、本当にいい方で〝おお、秀かあ〟って気さくに声をかけてくれるんですよ。もうテレビ映画では「秀先生」ではないですけどね(笑)。そんな時、まわりのスタッフは、あいつはまだ二十代の若僧なのになんで裕次郎さんと知り合いなんだって騒いでました(笑)。

――たくさんのテレビドラマにご出演されたはざまで、いくつかの劇場用映画でも子役として活躍されていますが、一九六四年の『次郎物語』放映開始のすぐ後に東映系で公開された家城巳代治監督『路傍の石』にも主演されていますね。

『路傍の石』の撮影自体は中学二年の夏なので前年になるのですが、ちょうどテレビでは『がしんたれ』が佳境で、映画とかけもちするのは到底無理だったんですよ。どうも清川虹子さんが僕を強く推薦してくれていたらしいんですが、「それでは夏休みに撮りましょう」とおはからい下さったんです。家城先生は本当に穏健な方で、「本当にこの人は東大出身の左翼の闘士なの?」(笑)というのが当時の印象です。でももとにかく妥協しない方で、夏休みで撮り終えるはずが七十日かかっちゃった。それでも、僕らに対してはとにかく穏やかで何もきついことはおっしゃらない。その頑なな信念はあえて見せまいとされているような……。

――でもその期間のどこかで家城監督の厳格さが垣間見えることもあったのでしょうね。

『路傍の石』には同級生の役で子役の住田知仁くん(後の風間杜夫)が出ていたので、一緒にロケの宿屋で先生役の中村嘉葎雄さんの部屋に遊びに行ったんですね。すると今度は中村さんが「じゃ、みんなで監督の部屋に行こう」って普通なら畏れ多くて近寄れない家城先生の部屋に連れて行ってくれたんです。すると、そこで家城先生は助監督と議論している真っ最中で。その時の先生が、僕らの知っている穏やかな先生とは全く違うんです。「君、それは違うと思う！」なんて激しい論調で議論しあっていて、それに僕は大変感銘を受けて、「ああもう役者なんかやめて、映画監督になろう」と真剣に考えましたね。そんな素敵な方でしたね。

――これは池田さんは初めての劇場用映画への出演でしたね。

そうなんです。映画に出ると学校にも行けなくなりますから、なかなかお受けできなかったんですね。そんなわけで映画は初めてだから、この時の一台のカメラで撮ってゆくというやり方がよくわからなかったんですよ。涙を見せる山場があって、どうやらスタッフはフジテレビの人から「この子は泣く演技が出来る」と聞いていたらしいんですが、いかんせん映画の撮り方にまだなじめなくて泣けなかったんです。

――それはどういう勝手の違いなんですか。

スタジオドラマでは、言わばダビングも一緒にやっちゃう感覚で、たとえば泣くシーンにはその背景の劇伴が本当に流れているんです。それがあると僕は確かにすぐ泣けたので、この映画の現場で家城先生に「音楽はどうなっているんでしょうか」って聞いたら「はっ？」という顔をされて「音楽はね、流れて来ないのよ」って（爆笑）。それでしばらく様子を見た後で、家城先生がおもむろにスタッフにんですよねえ。

「目薬」とおっしゃって。ちょっと悔しかったけど、どうしてもその頃は音楽がないと泣けなかった

――この翌年の一九六五年はまだ『次郎物語』が続いていたわけですが、その秋には朝日放送で単発の『野菊の墓』に出演されています。このヒロインも当時子役として活躍されていた二木てるみさんですね。ちょうどこの年は黒澤明監督の『赤ひげ』が公開されて、二木さんの演技もとても評判になっていました。

てるみちゃんは『次郎物語』でも一緒で、僕に言わせれば初恋の人みたいなものですよ。というのも、スタジオでいつも会うのにわざわざ文通していたんです（笑）。おうちに手紙を投函するんです。久米（明）のお父さんも後でおっしゃるには〝君はあの子のこと、好きだっただろ?〟と。なぜですかと聞くと、〝そんなこと皆知ってたよ〟ですって（笑）。〝君はてるみちゃんが帰るとやる気なくしてたぞ〟って言われましてね。先にてるみちゃんの出番が終わって、まだ自分の出番が残っているとせっかちに芝居してたみたいです（笑）。というのも、早く終わらせるとまた送りの車で一緒になれるかなあ、なんて思ったんですね。

――その文通というのはどんな内容なんですか（笑）。

拙い何でもない内容なんですけどね。最近こんな本を読みましたとか、今ドラマで長谷川（一夫）先生とご一緒してるんだけど、先生ご自身でテレビスタジオで照明はここ、みたいなことをてきぱき指示されて本当に凄いんです……みたいなことが書いてあって、へぇーと思ったり。この『野菊の墓』

はもともと原作も読んでいたし、木下恵介さんの映画（『野菊の如き君なりき』）も観ていたし、お話をいただいた時はぜひやりたいなあって思ったんです。でもＮＨＫじゃなくて民放だから学校を休まなくちゃいけなくて、どうしようかなって思った時に相手役を尋ねたらてるみちゃんだというので、劇団にこれだけはやらせてって言ったんです（笑）。でも面白かったのは、子役で少しだけ年上だった浅野寿々子さんに詰問されて〝あんた、てるみのことどう思ってんの。はっきりなさい〟みたいなことを言われたんですよ（笑）。はっきりなさいって言ったって、まだこっちは子どもですからね。でもその年頃で、女の子で一歳か二歳年上っていうと、凄くおませですから。これは焦った記憶がありますね（笑）。

――浅野寿々子さんといえば浅野順子に改名して鈴木清順監督『けんかえれじい』のヒロインをやりましたね。その後は亡くなった大橋巨泉さんの奥様になられましたが、しかしそれもまた子役どうしの青春のひと幕ですね（笑）。さてこの後、一九六八年にＮＨＫ大河ドラマの『竜馬がゆく』に六話ほど出ておられますが、この番組は初期の演出が脚本の水木洋子さんに不評で、ピンチヒッターの和田勉さんが登板してから急に活気づいたと言われます。

和田勉さんは芸術祭ドラマなどを見ては「斬新なことをやっているなあ」と前々から気になっていて、いつかお仕事がしたいなあと思っていたんですが、『竜馬がゆく』で初めてご一緒させていただいたんです。ああ、面白い人だなあと思いましたよね。この後一九七三年にも同じ水木洋子さんの脚本、和田勉さんの演出で『出会い』という作品に出たんですが、これも一か月くらいかかりましたね。勉強させてほしかったのでダビングも見させてもらったりしました。

――演出で印象深かったことはありますか。

びっくりしたのは、「はいそこで上を向いてください！　三秒！」みたいなことをおっしゃるんです。最初に『竜馬がゆく』でお仕事していた時の僕はせいぜい十九か二十歳くらいなのに、普通にお話ししていると凄く丁寧に接してくださるんです。ところが本番では「はい上向いて、三秒！」みたいな感じで。それは何のことやら意味がわからないんですが、和田さんだと言うこと聞こうって気になっちゃうから不思議なんですよね。和田勉さんとお話していたら、ドラマはさまざまな演技と映像の細かい断片が一枚絵におさまっているようなものですよね、とおっしゃるので「なるほど」と思いつつ「この人は俳優を全く信じてないな」とも思ったんです。俳優は一素材に過ぎないんだと。でもそれは悪いことではなくて、そういう演出もありだと思うんですよ。

――豪胆かつ勢いがいい感じでしたね。

豪胆といえば、こんなことがありましたね。『出会い』の音楽録音にも立ち合わせてもらったんですが、音楽が湯浅譲二さんだったんです。ところが、和田さんが録音に行ったら、湯浅さんが弦が薄いと苦情をおっしゃる。というのも、NHKは音楽予算もきっちり決まっているので、その時たまたまピアノ奏者でギャラの高い方が入ると他の弦のメンバーなどを減らさないといけないわけです。でも和田さんは悪びれずに「じゃあひとつの弦で何回も演奏してもらって後で重ねますから」と言ってガハハと豪胆に笑ってやり過ごすんです。もちろん和田さんはそんなことが音楽的にナンセンスだと重々わかっていて言っているんですよ。もうかなわないなあって感じですよね（笑）。

――和田さんの、あのお人柄だからこそ、まあしかたないかとなるわけですね。

そういう意味では、その『出会い』のダビング中に和田さんが〝ちょっとここ音が淋しいから何かないかなあ〟と言い出すと、効果の高橋さんという、僕の小さい時からずっとやっていらっしゃる方が自宅にあるいろいろな音のストックのテープを蔵出しされるので、何とも凄いなあと思いました。この時は〝かごめ かごめ〟みたいな子どもの歌声が採用になったんですが、スタッフが何も言わなくてもそこまで意欲をもって応えようとするのも、やっぱり和田さんのお人柄あってのことなんですよね。そういういい雰囲気のチームの現場に触れて、とても素敵だなあと感動しましたよ。その効果の高橋さんは、それこそラジオドラマでお椀をパカパカやって馬の足音を作っているような時代から僕は知ってるんですが、たとえば地下鉄の入ってくる音なんかはむしろ換気扇の音を録音して速度を変えたほうが、本物より自分にとってはリアリティがあるって感じで凝るわけですよ。

――池田さんはこの頃はすでに子役という域を脱して青年になっていたわけですが、順調に年相応のお仕事のオファーがあって、一九六八年の〈ポーラテレビ小説〉第一作『三人の母』では養母、継母、実母のあいだを転々とする主人公の青年期を演じていますね。この主人公は六歳から十九歳までを四人の俳優が演じていて、その最年少の六歳が高野浩幸さん、最年長の十九歳が池田さんでした。

『三人の母』は高視聴率のNHKの連続テレビ小説の向こうを張って、木下（恵介）先生の脚本でTBSが制作したわけですが、惨敗で相当ひどい視聴率だったんです。それで男を主人公にするのはまずいということになって、以後の〈ポーラテレビ小説〉は全部女性が主人公なんです。TBSのディレクターの龍至政美さんはいい演出家なんですが、何もあまりおっしゃらない静かな方で。でも僕が自分の出番がない時に副調整室で龍至さんの演出を見ていたら、淡々と「はい2カメ」とか指示しながら、表情が俳優の演技にすっかり同化していて、静かなんだけどもの凄く感情移入してやっておられるんです。それが印象的でしたね。

――他にもこの頃の方で覚えている演出家はいますか。

フジテレビで『若者たち』を演出していた森川時久さん。静かな方で、現場ではぼそぼそ何を言っているかわからないのに、出来たものを見ると本当にいいんですよ。それから立ち稽古をやっている時に「はいアップ！」ってパチンと指を鳴らすのがやたらカッコいいんですよ（笑）。これをまねしようとしてうまく出来ないディレクターが陰でせっせと練習していたくらいで（笑）。

――二十代になられても一九七三年のTBS〈花王愛の劇場〉の水上勉原作『越前竹人形』でヒロインの司葉子さんの相手役をつとめられましたね。司さんの遊女と竹細工師の池田さんが恋におちる物語で、東宝の製作でした。

この頃は司さんがちょうど結婚出産をなさった時期で、家庭があるので定時の五時にお帰りになる約束だったんです。だからとにかく司さん押しで撮るので、僕が夜中になるということもありましたね（笑）。やっぱり映画の女優さんというのは、そういうふうに迎えられてた時代ですね。そういう意味では、これはまた別の現場の話なんですが、ある映画女優さんがテレビの現場で「ホンのここの台詞はおかしいから削ったほうがいいと思う」と言ったおかげで、僕がやるはずのいいシーンがなくなったりしたことさえあるんです。それで僕はプロデューサーのところへ行って〝この台詞おかしいですかね〟って聞くと〝いや素晴らしい台詞じゃねえか〟と言ってくれたので、〝でもある人の意見でなくなりかけてます〟と伝えると〝そんなのダメだよ、カットしちゃダメ！〟とさえおっしゃる。ところが、その意見を誰が言ってるのか教えたら〝ああ、そりゃカットしないとまずいよ〟（爆笑）。でもそのプロデューサーは〝まかしとけ〟って言って、確かに台詞はカットするんだけれども、その女優さんには内緒で別の出演シーンを作ってくれたんです。面白いですよねえ。でもこれは何もその女優さんへの皮肉でもなんでもなくて、ああ、映画のスタア女優というのはこういうものなんだなって勉強になりました。衣裳合わせの時だって、ご自分だけならともかく、別の若い子が着る衣裳にまで「そんなのつまらない。こっちを着させなさいよ」って、もうそこまで言うわけですからね。ただそういう女優さんも、自分が助監督の時から知っている若手の監督にはそんなことが言えるんだけど、撮影所の先輩にあたる監督にはそういうことは言えないんです（笑）。だから、映画の撮影所っていうものが厳然と存在した時代のエピソードでもあるわけですね。

――七〇年代の日本映画は不振でついに洋画に興行収入を抜かれて興行筋では「洋高邦低」と言われた時期ですが、逆に一線のベテラン監督がテレビ映画に流れてけっこうちゃん

としたものを作っていましたね。そんななかで池田さんは映画とテレビでともに人気のあった横溝正史の「金田一耕助」物に重要な役で出ておられますね。一九七七年の市川崑監督の東宝映画『獄門島』と翌七八年の渡邊祐介監督の毎日放送〈横溝正史シリーズ〉『黒猫亭事件』。

これはたまたまなんだけど、なぜか両方僧侶の役なんだよね(笑)。どこかで坊主頭が印象的だったのかな。『獄門島』の現場は市川崑監督が大好きでしたから勉強になりましたよ。ただ伊豆にロケに行っても三日間全く回さないんです。だからしかたなく飲んだり泳いだりして待ってるんですが、とにかくじっくり撮ってるわけですね。でも大御所の佐分利信さんは、あの和尚の扮装でじーっと座って待っておられて何ひとつ文句も言われない。僕は坊主なので佐分利さんの和尚との絡みがあるわけですが、佐分利さんはあんな感じでいつもぼそぼそお話しになって、ご自分ではその調子は変えずに録音スタッフに「(マイクを)下げて、下げて」っておっしゃる。すると今度はそのスタッフがどんどんマイクを下げて行くと「(画面に)入ってるぞ!」って今度は撮影部に怒鳴られて(笑)。でもいちばん驚いたのは、市川先生が佐分利さんに何か細かな演技の要望を出した時に佐分利さんが「いや、いい」っておっしゃるわけです。これには監督も「うーん」と唸っていましたが、要はこれも先ほどの話と同じで、戦前からスタア俳優だった佐分利さんからすると言わば市川先生をサード助監督の頃から知っているかもしれない立場なんですね。そんな撮影所の先輩後輩というものが厳格にあってのことなんですが、僕らにとっては天下の市川先生ですら佐分利さんに「それは別にいい」って言われてしまうんだなあと本当に驚いたんです。僕らはずっとテレビ畑だからわからないけれど、映画の撮影所というのはそういう凄いところなんだなあと勉強になりました。

――逆に言えば市川崑監督も撮影所の後輩からは口もきけないくらいの存在だったわけですね。

口もきけないで思い出しましたが、『獄門島』の時に朝まず通しで動いてみて、待ちになったんです。すると、何時間経っても呼ばれないので、僕はそういう待ちが苦でもなんでもなかったんですが、一応助監督に「俺、呼ばれますかねえ」って聞いたんです。テレビならADがディレクターに「この後○○さんは要りますか」ってフランクに聞けたんでしょうけど、市川先生ともなればとにかくもう助監督がそんなことを尋ねることなんて出来ないわけです。全ては先生の頭の中にあるわけで、もし急に先生の気が変わって「やっぱりこうしたい」となった時も考えて全ては準備しておかないとまずいということなんです。

――市川崑監督はかなり粘る方なのですか。

いいえ、映像の段取りはじっくりなさいますけど、案外撮り出すとてきぱきと速かったです。市川先生の凄いところは『野火』とか『炎上』みたいな作品もお撮りになるのに、こういう「金田一」シリーズなどもそれはそれできっちり取り組まれるところですよね。僕は、この後に作られた『細雪』は本当にいい作品だなあと思いました。

――池田さんは実は時代劇も本当にたくさん出ておられますね。『銭形平次』『鬼平犯科帳』『木

枯し紋次郎』『遠山の金さん捕物帳』『大江戸捜査網』『助け人走る』『大岡越前』『水戸黄門』『江戸の旋風』『伝七捕物帳』から大河ドラマ『元禄太平記』『花神』などなど、人気シリーズを制覇しておられますが、何か時代劇ならではの大変さはあったのでしょうか。

僕の場合は特に時代劇的なお作法に詳しいわけではないので、特に現代劇との隔たりはないんですよね。ただ僕がやるのはおおかた町人の役なので、それがよかったと思います。というのも、やはり刀を持つと普段鍛錬してない奴はボロが出るんですよね。

――ところで、おおかたの子役があくまで子役として旬を作られて、それが過ぎるとポイ捨てされてしまっていたなかで、池田さんはこうして子役から大人の俳優へとそういう「断絶」なしに成長していかれて、現代劇から時代劇までお仕事も絶えなかったわけですが、それでも何かジレンマはおありだったのでしょうか。

確かに子役は伸び悩むということはありがちなんでしょうが、自分の場合はそのこともさることながら、十九歳から二十歳くらいの頃、つまり一九六〇年代の終わりの方になると業界全体が面白くなくなっていたんですね。やっぱり十年前の、テレビ草創期のわいわい手探りでやってた時の自由度はなくなって、やりにくくなっていくわけじゃないですか。それこそ実相寺さんもTBSではやりにくくて七〇年代に入ったらフリーになってATGに行ったんですよね。そんな中で山田太一さんや倉本聰さんみたいにひと握りの方は面白いことを探っていたわけですけど、僕はご縁がなかったし。言ってはなんですが、そういうごく一部を除いてつまらないドラマだらけでしたからね。幸いお仕事は続いてましたけど、当時の僕にとってはそんな気分だったんです。

――何か典型的な出来事があったのですか。

そうですね。一九七〇年頃に放送された青春ドラマがありまして、ミッションスクールに型破りな先生がいて、その生徒が僕ということだったんですが、ある時凄く喧嘩してる相手と日が変わるといきなり仲よくなっているみたいなストーリー展開があって、僕は脇役ながらもプロデューサーに「これは仲よくなる経緯が描かれていないから、いきなりでおかしい」と意見したら、「日曜夜八時の番組にそんなカタいこと言うかねえ」で一笑に付されて終わり。その時、僕は目から鱗が落ちたというか、「ははあ、もう今は日曜のゴールデンの番組ってそんなことになっているわけなんだ」と気づかされたわけです。いえこれはもう怒るとかではなくて、そのプロデューサーが恥じらいもなく明け透けにそう言ってくれたのがむしろ本質が見えてよかったかもしれないとさえ思うんですが、「ああ、今はそうなんだな」とひとりぼっちで納得してましたね。もちろん山田太一さんや倉本聰さんみたいな方だったら、そういう事は許さなかったでしょうけれども。そんなもやもやを抱え出した頃から、徐々に声の仕事に入っていったんです。声の仕事をやるとは全く思ってもみなかったし、最初は凄く難しかったけれども、やってみると馬鹿にしたものじゃないな、ひじょうに面白いなと。あ、この世界には可能性があるなと思いましたよ。

――なるほど。そんなテレビドラマ、テレビ映画の世界での疑問符の季節が訪れた頃に、やがて池田さんの不動のポジションにつながる吹き替え、アテレコの世界に出会われるわ

けですが、その最も最初のお仕事は何になるのでしょう。

それはもう題名は忘れてしまったんですが、ＮＨＫで放送された列車強盗のドラマなんです。一緒にやったのが青年座の津嘉山正種さん、テアトル・エコーの安原義人。これは本当に初めてなのでいったいどうしたものかわからないんです。最初に皆で作品を観てからやるんですが、なにしろ今みたいにビデオもないから自分のやるところをチェックしようもなくて困るんです。それでどぎまぎしてると、ベテランの方たちは〝なんでこんな素人を呼ぶんだよ〟みたいな雰囲気になるんですが、まあ出来ないんだから仕方ないですよね。それが終わってこういう仕事はもうやめようと思ったのに、またやりませんかという声がかかったんです。それがアンドレ・カイヤット監督、アニー・ジラルド主演の『愛のために死す』という作品で、高校の女教師と教え子の恋愛事件を描いたもの。これはさっきの列車強盗の映画とは違ってテンポもゆっくりしているし、お相手が奈良岡朋子さんだったのでもう一度やってみようかなあと。それでだんだんと面白さがわかって、七七年の『ルーツ』の主役をいただいたんです。

――『ルーツ』は黒人奴隷の問題に取り組んだ異例の大作ドラマということで、アメリカで絶賛されて日本でもテレビ朝日が鳴り物入りで放映しました。あの劇的な主人公クンタ・キンテの吹き替えを池田さんが担当されましたね。

ええ、最初はあれほどやめようと思ったのに、徐々に慣れて面白くなってくると〝いや、俺よりも下手な奴だっていっぱいやってるじゃない。これは慣れだよ〟って自分に思い込ませて続けてたんです。それに、ある時、これはラジオドラマの要領でやればいいじゃないかと思ったんですね。自分は小さい頃からラジオドラマをやっていた訳ですが、アテレコはもちろん「合わせる」ことはしなきゃいけないいんだけど、要は原理的にはラジオドラマと同じじゃないかと気づいたらやりやすくなったんです。

――普通の演技と声の演技とで、ここがいちばん違うなあというところはありますか。

そうですね。アテレコの場合は「当てる」相手になる俳優がいるわけですが、その人があまりにも名優だと声が追いつかなかったり、声が演技に食われちゃったり……ということがあるんですよね。それはもうよほどの名優の場合なので、失礼ながらそうそういるわけではないんですけどね。

――そういう意味でこの俳優は「当てにくい」と感じたのは誰でしょう。

それはジェームズ・ディーンですね。ジェームズ・ディーンの話し方というか台詞の出方はあまりにも独特で、僕の引き出しにはないんですよ。だから、とても難しいんです。ジェット・リーは大丈夫ですけどね（笑）。

――今ふり返ってみて、ご自分の「昭和の子役」時代と、後続の子役たちとの違いについてどう思われますか。

僕の場合はいろんな方との出会いがあって運がよかったということはあるんですが、確かに往年のテレビや映画の世界には昭和的な威勢のいい状況はあったわけですよね。そういう状況はもうすっかり終わってしまったけれども、あの過去の時代が凄くよかったとも思えない。かと言って今の時代がいいとも思えない。いったい何がいいんだろう、さっぱりわからないという気持ちですよね。僕らがガキの頃には年長の人たちから〝おい、何年生まれだ〟と聞かれて〝昭和二十四年〟と答えると〝なんだ戦後生まれか。おまえらにはわかんねえだろうなあ〟なんてことを言われて何言ってんだと思ったわけです。そういうのが悔しいから、北山修みたいに「戦争を知らない子供たち」みたいに開き直っちゃうわけです。だから、戦争は全くいいことではないけれども、僕は上の人たちにそういう世代的な軸があったということは、彼らにとってはよかったと思うんですよ。それが今の子どもたちなんか、戦後生まれの僕ら以上に世代的な軸は全くないわけです。もっともそういう心配もきっと大きなお世話であって、結局は自分で軸を見つけるしかないと思うんですよ。もしかしたら、今の子は彼らなりに何かあるのかもしれないし、彼らなりに見つけるしかない、ということでしょうね。

池田秀一氏近影（2017年）。

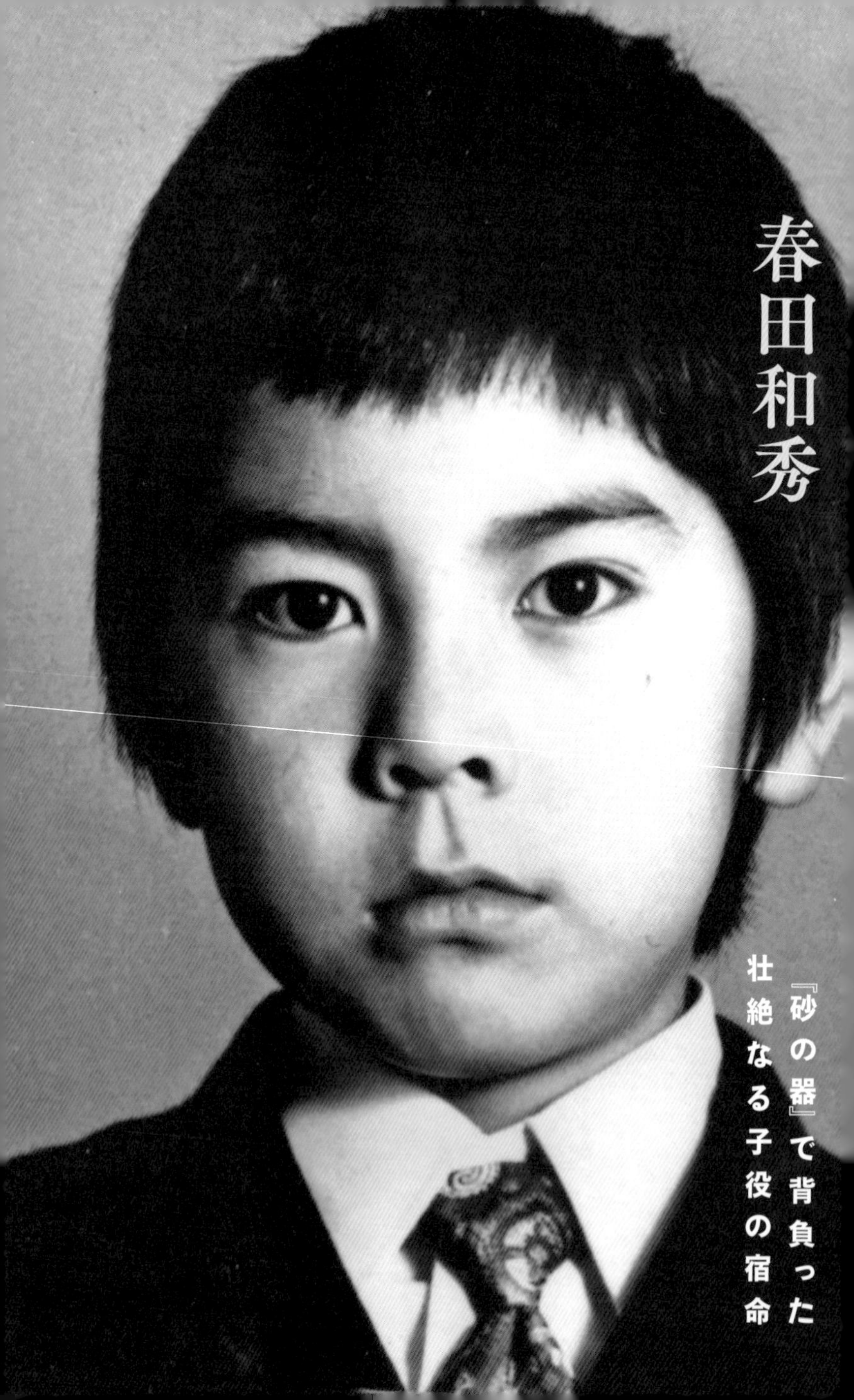

春田和秀

『砂の器』で背負った
壮絶なる子役の宿命

「春田和秀」という名前になじみがなくても、映画『砂の器』でハンセン病の父とともに遍路姿で壮絶な放浪の旅をしていた少年、と言えば「ああ、あの子か！」と思う人は多いのではなかろうか。しかし不思議なことに、これほど老若男女の観客に親しまれ、感涙を催させてきた少年について、「あの子は誰なのか」ということが今までまったく語られてこなかった。

松本清張原作、野村芳太郎監督の大作『砂の器』は、一九七四年の秋に邦画では珍しい規模の洋画館でのロードショー公開を経て全国で封切られ、当時洋画に興行収入を追い越されて製作も興行も力が失せていた邦画にあって、大ヒットと圧倒的な好評をもって迎えられた。

以後、松竹では新作の興行が活力を欠くと、いくども『砂の器』を再映してカンフル剤とした。私は公開時を皮切りに、数十年のうちに文字通り北海道から九州まで列島を縦断しながら『砂の器』を上映する劇場をのぞいてみたが、そのたびにこの作品の根強い人気にふれて驚いた。オールドファンから新たな若い観客までが、画面に釘づけになり、終盤の親と子の旅路の場面では嗚咽や号泣に近い反応が返ってくる。まさに「国民的」娯楽作なのだった。

終盤のクライマックスである捜査会議、コンサートホール、遍路の旅路の同時進行シークエンスで、それまで全く登場しなかった少年が忽然と現れる。悲惨な境遇を背負った少年・本浦秀夫に扮した子役の春田和秀である。以後、日本の四季を背景にした親子の旅路が、東京交響楽団による「ピアノと管弦楽のための宿命」という協奏曲の演奏とともに描かれてゆくのだが、なんとこの間、春田はひとことも声を発さない。まっすぐな視線で歯を食いしばり、幼いながらに自らの運命に耐えようとするいたいけな春田の表情に、観客は滂沱の涙を流すのだった。

つまり、春田和秀という少年は、劇中でついにひとことも発することなく、日本中の老若男女の観客をしたたかに泣かせまくったのである。それによって本作は、公開から四十年を経た東宝の「午前十時の映画祭」でも連日満員になるほど根強く愛される映画となった。ただ、まさに全く台詞がなかったせいだろうか、誰もがこの映画の「核」として凝視し、涙腺を刺激されたはずの春田少年のことをなぜか語らない。

そもそも春田和秀は、決して謎めいた存在ではなく、それまでにもさまざまなテレビ映画に顔を出してきた売れっ子の子役であった。だが、この『砂の器』の病いの加藤嘉を父に持つ本浦秀夫という少年の役は、あまりにもはまり役で、それは春田和秀という子役の実体を超えたイメージになってしまった気がする。自らの宿命に耐えるようなその孤独で頑ななまなざしは秀夫そのものであり、しかも、なんと親子の遍路の旅路はあくまでもイメージの世界なので、秀夫はひとことも言葉を発しない。

春田和秀にひとことも台詞がなく、全く肉声が聞こえなかったことは、いっそう彼を遠いイメージの世界の住人に仕立てたという気がする。それゆえ、作品も数十年を経て語り継がれ、あの悲愴な少年のことも観客の口の端にのぼり続けるのだが、それが「春田和秀」という名子役であったということは意外なまでに知られていない。

その大きな理由は、こうして役柄が演じ手の実体を追い越してひとり歩きしていったことに加えて、春田本人が早々にこの子役の世界から離脱したことにもあるだろう。そしてたやすく想像できることだが、『砂の器』のあの役柄は、おおやけに騒がれないまでも春田のその後の人生に深く食い込んで離れないものとなった。『砂の器』が「本浦秀夫」という少年時代を背負い、なんとかそれを葬りたい作曲家・和賀英良の懊悩の物語であったように、春田自身も「本浦秀夫」という役柄を背負い、それに左右されない実人生をつかむまでになかなか難しい道のりがあったようだ。

私は秀夫を無理に呼び出して過去を呼び覚まそうとする三木元巡査のような、やや複雑な心持ちで春田を誘い出し、奇しくも人見記念講堂で催された西本智実指揮の組曲《宿命》の演奏を一緒に聴くことにした。そして、長年『砂の器』の子役という宿命から逃げてきたという春田が、「ずっと作品を愛してくださっている方々に、それも申し訳ないと思うようになった」という心変わりにふれて、ともにあの七〇年代の熱い日々、あの奥出雲は亀嵩の思い出へと巡礼することにした。

――春田さんがこういうまとまったインタビューにお答えになるのは初めてのことなのですね。

自分がずっと芸能界で活動を続けていたら、作品のことも鮮やかに胸に刻まれたままだったかもしれませんが、とにかく十五、六歳でいったん俳優業をやめて全ての思い出を封印してしまいました。『砂の器』の記憶はかなり断片的ですし、残しておいた資料なども家庭がばらばらになってしまったために散逸して少なくなっていたりで、お役に立てるかどうか。でもこの間、樋口さんに《宿命》のコンサートに誘っていただいて、うちに帰って久々に作品を観てみて、あれだけ愛されている作品のことを、自分だけのそういう思いでいつまでも封印しているのもどうなんだろう、って考えたりもしたものですから。

――『砂の器』という圧倒的な子役の映画を抜きに「昭和の子役」を語れる由もないと思いましたので、お受け頂いたことに心より感謝致します。まず、一九六六年五月生まれの春田さんが最初に芸能活動を始めたのは、おいくつの頃なのでしょう。

記憶にはないんですが、一歳半くらいから活動をしていたらしいので、ほぼ十五年間の俳優歴なんですね。劇団こまどりに入ったのも記憶がない頃なんです。そういう意味で、みなさんと同じ入り方でもなかったはずですね。出身は名古屋で、両親は九州の人間なんです。母方の親戚に森川正太さんという俳優がいたこともあって、たまたまそういう子どものキャストが必要なので……と頼まれたらしいんですね。

――では振り出しの子役活動は、名古屋から通いだったのですか。

そうなんです。母と一緒に東京に通っていました。新幹線がなければ鈍行で帰って来る……みたいな、とにかく当時はよく汽車に乗っていたという記憶があるんですね。三歳過ぎた頃に家族が東京に移りまして、そこで通いは解消されたんです。それで東京での子役活動が本格化して、小学校はほとんど行っていなかったですね。月に一回行けるかどうか。なかなか友だちをつくるのも難しくて、まあ面白い人生といえばそうなんでしょうけれども。

――**演技というのは特にあらたまって特訓させられたり、というようなことはなかったのですか。**

当時は全くなかったですね。現場に呼ばれて、いつもの俳優さんたちと一緒にいて……という日常のなかで覚えていったものですね。

――**学校ではない大人のいる現場はどうだったんでしょう。**

まあきれいな話もあり、汚い話もあり、ということではありました。ただあの頃は映画は下火になったけれどドラマは勢いがあって、確かに活気のある時代だったとは思います。それは子役にしたって気づくんですよね。各局回ってたら機材が新しくなってたりとか(笑)。当時は大人の人たちが生々しく汗をかいて、感情をぶつけあって作っている雰囲気がありました。そんな中に置かれて、子どもとしては大人ぶるしかないんですね。みなさんとても大事にしてくださったので、知らなくても知ってるようなふりをして、しっかりしたところを見せようとしていましたね。おかげさまで普通の子どもなら経験できないようなことがたくさん出来たんじゃないかなと。それこそ当時のメイクルームの映像やテレビ局のエレベーターホールに流れていた音楽や……そういった断片の記憶がたくさんありますね。

――**当時はもちろん小さいから現場にお母様はついて来られていたんですよね。**

ええ、さすがに幼いので、母やマネージャーの方が来てくれて、身のまわりのことはしてくれていましたが、とにかくこの頃は毎日手をひかれて現場に行っては、ものすごく多くの方を紹介されて、日々わけがわからないうちに過ぎてゆく……という感じでした。

――でも劇団こまどりとしては春田さんは、広告塔と言っては失礼ですが、期待の星としていたわけですよね。

よくある子役募集の広告などでは、いつもトップの何人かのひとりとして載っていて、そこにたくさん出演歴が書いてありました。ですから、それを見て子役に憧れて劇団に集まってくる生徒さんたちには、一緒に遊んであげるとかサービスをしていましたね。

――そんなことまでやるんですね。

ええ、それはどういう意図だったのかわかりませんが、時々子役志望の生徒さんたちと同じクラスに僕を放り込んで、一緒に勉強させるんです。でも、みんなは僕のことがわかっているから、授業が終わると「握手してください」「サインしてください」みたいなことになっていました。僕はただ歳が近い子どもといられるのが嬉しかったんですけどね。

――当時の春田少年を見たら、子役にあこがれる心境もよくわかりますね。

そんな子どもの出演者が多い現場って、子どもだけの空気感が共有されていて、そんな中ではけっこう楽しくやっていましたね。年齢でいうと小五くらいでしょうか、『はだしのゲン』や『ガラスのうさぎ』みたいな映画に出た頃です。その時分になるともう母もついて来ないですしね。

――しかしその頃に、春田さんは家庭的にはなかなかおつらい思いをされた……。

ええ、お恥ずかしいことなのですが、十二歳の時に両親が別れまして。まあそれから四、五年は家

新橋演舞場の舞台に立つ。

取材時のスナップ。

歌舞伎座にて寺子屋の場面（左端）。隣は仲がよかった子役の西川和孝。

のなかのゴタゴタは続きまして。気持ちとしてはとても悲しいのに、子役として現場に立つと明るい顔をしなくてはいけない、というようなこともありました。世間体のため……という事ではなく、仕事としてニコニコしていなくちゃいけない、というのは子どもとしてはなかなか重いことでした。私はいちおう父方に入っていたんですが、ちょっと精神的に無理だと思って、二十歳くらいの頃に家を出まして、以来父とも母とも生き別れのようなことになってしまっているんです。こんなことは今までどなたにもお話ししていないのですが……。

――いちばん精神的にも難しい時期にそんな境遇がぶつかって大変でしたね。

まさにそうなんです。それ以来、内面をさらけ出さないで外面でごまかすような二面性が芽生えて、小六くらいの時からずっとそんなふうでした。ですから、子どもとしては「よくない子ども」だったと思いますよ。周りは落ち着いた大人ばかりなので、すがって相談する雰囲気でもなく、同世代の子どもではなおさらそんな話はできないし。でも自分は年がら年じゅう仕事しているわけで、とにかく偽った「春田和秀」のイメージを作って日々やり過ごしていましたね。

――小六くらいのまだまだ子どもの時にそんな状態で過ごさないといけなかったとは……。

すっかり「むずかしい子」になってしまいましたかね。ですから、今回のように諸々の思い出を初めてちゃんとお話しする気持ちになる前は、ただ自分の子役時代のことが自慢のように思われては嫌だというだけでなく、こういう、かき消したいような記憶も多々あったわけなんです。

――そんな春田さんの人生に深い影響を与えた『砂の器』ですが、あの本浦秀夫という少年の

『白い地平線』撮影時に田宮二郎と。
この後、田宮が歌うレコードの録音にも参加。

『わが子は他人』の海岸ロケ時、
松山省二（松山政路）と。

『わが子は他人』で共演した子役、
後の『俺はあばれはっちゃく』主演の
吉田友紀らと。

役は何か選考のようなことがあったのか、あるいは決め打ちで依頼があったのか、どちらだったのでしょう。

監督やプロデューサーがいったい何をご覧になっていたかはわからないのですが、「ぜひこの子で」と決めておられたようですね。それで「これから忙しくなるよ」ってどなたかが脚本をお持ちになったのですが、どうもそのことは話題になっていたようで、テレビや映画の現場に行くたびにあちこちで「これから『砂の器』やるんだってね！」って言われたのをよく覚えています。

――やっぱり『砂の器』は業界内の注目度が高かったんですね。

そうなんでしょうね。ですから、クランクインする前の準備段階でも、周りの方々の評判を聞いて「ああ、やるんだな」って子どもながらに思ったんですよ。あの映画については、始まる前からそういう何かがありましたね。ちょうど撮影前に『青葉繁れる』というドラマで森田健作さんとご一緒していた時にも、国際放映かどこかのスタジオの控室で遊んでもらいながら「今度一緒の映画やるんだよね」って言われたのを覚えてます。ただ映画のなかでも撮影でも、ついに一回もお会いすることはなくて（笑）、完成後の宣伝や舞台挨拶ではいつもお会いしていましたね。

――撮影が始まると、実際やはり伝説になっているようなハードスケジュールだったのですか。

ええ、一度ロケに出ちゃうと一か月は帰ってこられないような感じでしたね。九州は行ってないんですが、本州から北海道までを縦断して、ロケに行って、帰って来てはまた行って……。撮影の様子を見ながら、時にはもう数週間からひと月、遠方に行きっぱなしでした。北海道はさすがに飛行機でしたが、だいたいの場所は前ノリで夜行列車で行くことが多かったですね。ですから、子どもなのに旅慣れたというか、十二時間くらい電車に座っていても大丈夫な感じでした。

――映画のなかでもあの親と子のお遍路は吹雪いている竜飛崎やら新緑の亀嵩やら、実にさまざまな場所を旅しているわけですが、そんな中で鮮やかに覚えている場所などありますか。

なにぶんまだ小さかったので映像としては断片的な印象しかないのですが、やはり「カメダケ」という言葉は撮影中から凄く印象に残ってます。でも一般的にも『砂の器』といえば「カメダケ」が話題になりますものね。ある時に僕がそんな事をやっていたことなど知らない方々と話していたら『砂の器』の話題が出て、まさか僕がそこにいるとはどなたも気づかなかったんですが、やっぱり「『砂の器』といえばカメダケだよね」とかおっしゃる方がいて（笑）。その後もドラマで最近まで幾度もリメイクされているので、よく話に出るんですが、そういう時はうつむいて「いや、僕は見てません」（爆笑）とお茶を濁すようなことが何度もありました。

――『砂の器』の舞台の亀嵩には行ったことがありますが、仁多米・仁多牛といった農業・酪農の産地としても知られる、本当にひなびた田舎ですね。映画で春田さんと加藤嘉さんの親子がたどりついて緒形拳さんの巡査に出会う立派な神社に行きましたら、松本清張さんの揮毫で『砂の器』の碑というのがありました。そこを筆頭にのべ何か月くらいロケ

に行っておられたのでしょう。

およそ十か月ですね。いろいろなロケ地に出向いただけでなく、とにかくいちいちが丁寧な撮り方をするわけです。今のようにすぐモニターでテイクを検証できるわけもないので、同じシーンの同じ演技を念入りに幾度も撮ってたんですね。あの冒頭の僕が砂を盛って器をこしらえるシーンだけでも、夜明けに三日四日は撮り続けてました。その曙の短い時間帯を狙って何日も……ですから、この映画はかなりたくさんフィルムを回していると思います。もちろんいいお天気が毎日続くわけでもないので、野村芳太郎監督とカメラの川又昂さんが、別にケンカしているんじゃないですが、凄くまじめにこの後どうするこうすると議論している様子はよく覚えています。僕はただ言われるままに感情を作って演っていればよかったので気楽なんですが、わずか五秒十秒のカットに半日かけたりして、あの時代の大人のひとたちは本当に熱かったですね。

——ではその幾度も同じシーンを撮った、という印象が強いんですね。

いや、それはもう強烈に印象に残っていまして、よほどそんなやり方だったのでしょうね。ということは、この映画は大変な製作費がかかっていたのだと思います。今からすると実に贅沢な作り方ですよね。

——特に繰り返して撮ったなあと覚えているシーンはありますか。

あの浜村純さんの駐在さんが反抗した僕を道から下へ突き飛ばすシーンがありますよね。

——ええ、秀夫が和賀英良になっても残る額の傷ができるきっかけのシーンですね。

あの道から下に落ちるところは本当に何度も何度もやりました。そしてこのシーンは、本当にもともと僕の額にあった傷あとを活かして撮影されたんです。

——ええ!?　確かに第一稿には秀夫の額の傷の設定など書かれていないのですが、ここは春田さんの本当の傷あとから発想されたということですか。

詳しい経緯は知らないのですが、そんなふうに聞きました。

——それは驚きの逸話ですね。実際非常に印象的なシーンですが、あれは浜村純さんに突き飛ばされた秀夫が向こう側に落ちていくから、どんなふうに転落しているのかは見えませんが。

きっと僕が実際に落ちて行くなどひど過ぎて見せたくないとか、そんな節度があったんじゃないでしょうか。それはそうなのかなって、演っている時もなんとなく思っていた気がします。

——あれは額に大けがをするシーンですが、実際はさすがにそんなに落ちてないんですよね（笑）。

ええ、下にはマットが敷いてあって、もちろんケガはしないようになっているんですが、ただ、落ちる時に向きを変えてやってみてほしいとか、野村監督からいろいろなことを注文されて、何度も何度も落ちましたね。こちらはカメラにどう映っているのかわからないから、とにかく言われるままに。でもそういう肝になるカットのところは、野村監督やカメラの川又さんたちが凄く熱っぽく話し合って進めていたのは覚えています。

——当時、春田さんは既に様々なテレビ映画やスタジオドラマの現場に行っておられたわけですが、やはりそういう現場に比べるとテイクは多いなあという印象だったわけですね。

はい。特にさっきの夜明けのシーンと道から落っこちるシーンは、とても多いなと思いました。それは何か失敗があってなのか、悪くはないけどこだわりがあってもっと多くのテイクから選びたいのかわかりませんが、とにかく何度も撮り直すんですね。もし大人の俳優としてこの作品に入っていたら、そのへんの作り手の意図もわかったんでしょうが、なにぶん子どもなもので〝僕はやっぱりダメなのかなあ〟って反省ばかりしてました（笑）。まあ、万事うまく行ってすぐ終わることもたまにはあったんですが……。現場もいろいろあって、あらかじめ「ここをこう直してほしい」と言われてやり直すことも多いわけですが、『砂の器』の時はむしろ僕にいろいろ演じさせてみて、そこからいいものを拾ってゆくやり方だったような気がします。

——野村監督は大人の俳優たちについてもそうだったんでしょうか。

いえいえ、僕は大人の俳優さんたちの演技もずっと見て勉強させてもらっていましたけれど、監督はそういう方々については口頭で希望を仰っていましたね。でも、とにかく子どもの僕については何も仰らず、どんなふうに演じるのかを見ておられました。

——でもそんなに粘って撮ったシーンも、たとえば冒頭の夜明けの砂の器を作る場面など、あえてとてもさりげない感じに編集していますよね。

そうなんです。あれだけくり返しやったのに、「あれ、こんなにさりげなく使うんだ」と試写会の

『砂の器』ロケ先でできた地元の友人。学校に行けなかったのでロケ地で友人ができるのが嬉しかった。

『砂の器』では台詞はないが、撮影時は「帰命頂礼 世の中の……」と御詠歌を奉詠していた。

『砂の器』地方ロケでスタッフとともに移動中。
奥に野村芳太郎監督も。

時に観て思いましたね。でもそういう意味では、この映画は大人の俳優として演ってみたかったですね。子役だとどうしても言われたことを一所懸命消化しておしまいなんですが、大人だったらこの仕事には全く別の感動があったと思うんですよね。

――この仕事は俳優にとってはいろいろと糧になりそうなところがありますものね。

ええ、これに出たらいろいろな栄養を持って帰って次につなげられたんじゃないかなあと思うんです。

――なるほど。しかしそれにしても、たとえば黒澤明監督の映画などを観ていると、子役もかなり厳密に台詞まわしや動きが指定されている印象を受けるんですが、野村監督の映画はそれこそ秀夫を筆頭に、『影の車』や『鬼畜』のような子どもが重要な役で出てくる作品を観ても、なんだか凄く自然ですよね。野村監督の当時の克明な演出メモを読んでみると、どんなタッチで何を核にして撮るかの計算があらかじめしっかりなされているので、現場で迷いがないというか、大枠でその狙いにはまっていれば何も俳優には仰らなかったのではないのかなと思いました。だからこその、あの演技の自然さが担保されたのかなと。

そういえば、野村監督は本当に僕には何も仰らなかったですね。ある部分に限ってはそんなふうに幾度もやり直しがあったのですが、こうしてああしてという細かな指示は一切なさらなかった。とにかく暑いなか寒いなか、プロフェッショナルの大人たちの意気ごみはものすごくて、その熱気のなかに子どもの僕がポツンといる、という感じでした。だから実は、製作部には僕を専門に面倒見るプロデューサーの方がいらしたんです。空き時間も含めて僕に付きっきりで、用事があっても「すぐ戻ってくるね」というふうで。待ち時間になると近所の食堂に僕を連れて行って時間調整してくださったり、そんな方もちゃんといたんです。本当に疲れ知らずの子どもの相手を寝るまでやってくださって、実の父親よりもその方とキャッチボールしてた回数のほうが多いくらいです。

——とはいえ、よくもまあそんな大人の集団に長いこといられましたね。

ええ、大人のスタッフさんたちはワイワイ移動するんですが、そこに子ども一人混ざってて、はたから見るとなんであの子はそんな一団にいるんだろうって不思議だったと思いますよ。

——何か笑えたエピソードなどありませんでしたか。

もう忙しくて、あの旅路の衣装のまま食堂に飛び込んでごはんを食べるというようなことがあると、もういろんなものが出てくるんです……何しろお遍路さんなもので（爆笑）。普通のいでたちのプロデューサーと食事してると、おまんじゅうから葡萄から（笑）いろんなものが出てきてましたねえ。それは面白かったですね。そういえば、竜飛崎の撮影は寒さがほんとうにひどかったんですが、お父さん役の加藤嘉さんがずーっと僕をハグしてるんですよ。あれもきっと僕が暖かかったからだと思いますが（笑）。

——そういえば、加藤嘉さんはどんな感じだったのですか。

いやもう、加藤さんは本当に気を遣って優しくしてくださって、感謝するばかりでした。あれ以来お仕事でご一緒したことはないのですが、テレビドラマで加藤さんが出ていらしたりすると、意識してちゃんと拝見していました。

――その加藤嘉さんと春田さんの親子の旅路は、もう催涙弾的に日本じゅうの映画館の観客の涙をふりしぼって、魅了して、幾度も劇場に足を運ばせることになったわけですが、先ほどの亀嵩駅での別離の場面は、もう何度観ても涙の耐性が破られるというか（笑）壮絶なものがありますね。あそこではスタッフも撮影しながら泣いていたとか。

あの場面では当時SLがすでに普通には走っていなかったので、特別にC12を呼んで動かしてもらったんですね。駅の別れのところは亀嵩駅ではなくてお隣の出雲三成駅で、そこが一部複線化していたので、そこにSLを待機させてはタイミングを見て動かして……みたいなことをやっていました。僕が走ってゆくのも本当に線路上でしたし、今だとなかなか考えられないようなことをやっていますね。僕も樋口さんとお会いしてから、そういえばあの風景はどうなってるのかなと思ってネット上で出雲三成駅あたりを探したら、ちょうど木次線と並走する道路がありまして、まだなんとなく当時が偲ばれるようなポイントが何か所かありましたね。当時のロケセットは、戦時中の亀嵩だったわけですが。

――設定は昭和十七年ですからね。緒形拳さんの駐在所にはよく見ると戦意高揚のポスターが貼ってあったりします。

再現されているのはぼくらの知る昭和のまたはるか昔の世界なので、電話機なども見たことがないようなものが置いてあって、おまわりさんの制服も真っ白で、美術さんが「昔はこうだったんだよ」って教えてくれたり。ロケセットもけっこう実際のお宅をお借りしてた記憶があるんですが、そこに汚しをかけたり、割れたガラスを接いで使っているように見せたり、いろいろ工夫してましたね。

――旅路のなかでは、春の花盛りにいじめっ子たちに囲まれる哀切なシーンが実によく撮れていますね。

撮ったのは、長野のあんずの里……あれはあんずの花なんですね。その方面では、僕が遠くの学校の運動場を眺めて、校庭の子どもたちを羨ましく眺めている場面なども撮りましたね。あの場面は、どうしてもそうやって仕事で全く学校に行けない自分自身を重ねていました。

――あそこはそうかなあと、もちろん思いましたが、やはりそうでしたか。

あそこでの撮影は記憶に残っていますね。さすがに学校に行きたいなあって、すごく思いましたから。なにしろ『砂の器』の時みたいにずっと欠席していなくても、一時間二時間だけ出席して早退だなんてことはざらにありましたから。

――でもそんなふうに行きたいなあと思った学校にたまに行くと、そんな春田さんの思いとは関係なくやっかみやいじめみたいな事があったんじゃないですか。

そうなんですよ。ですから、たまに登校すると「おい、誰それのサインもらって来いよ」「写真撮って来いよ」なんて言ってくる子が一部にいまして。そういうことを言われにくくする工夫をしたりしてましたね。

――工夫ってどんなことをするんですか。

たとえば休み時間に話しかけられないように姿を消すとか（笑）。

――それはまた大変ですねえ。

ええ、だからよく「あいつ、何様のつもりだよ！」なんて言われてたみたいです。僕としてはただ普通に学校に来たかっただけなのですが……。でもおおかたの子は、ただのクラスメートとして付き合ってくれていたので、学校にも行こうと思ったんですね。それにとにかく卒業できるように出席はしないといけないし。ただ、なかなかそれも難しかったので、学校が気を遣ってくれて特別にお目こぼしがあったり……そんなことを他の父兄の方々がどう思っていたかも微妙なところなんですが、ただ当時はベビーブームの子どもたちの時代だったので……。

――クラスがたくさんあって生徒の数が多かったから少しは紛れられたんでしょうか。

ええ、それこそ一学年七クラスくらいあったのかな。学校には人数が多いぶん、いろいろな家庭の子がいましたからね。それでもたとえばよそのお母さんが僕の特別待遇について怪訝に思っているらしいとか、そんなことを子どもどうしの会話のなかで聞いたりして（笑）。

――それはまた複雑な思いをされていましたね。

全くそうなんですよ。ちょっとやはり普通の子どもとは違う、そんな境遇で、いろいろな偏見や無用の嫉妬みたいなものと闘っていた……かなり変わった人生だったと思います。

――しかしそんな目にあっても、子役という職業について根本的に嫌だということは全くな

かったのですね。

それはなかったんです。なぜなら物ごころつく前から、目の前にはホンがあって周りにはプロの大人たちがいて、鬘かぶってドーラン塗って……という状況が当たり前にあったので、言わば役者さんの息子が自然と幼い頃から役者修行をさせられているのと同じで、そこには疑問がなかったんです。

――さて、そんなろくに学校にも行けない長い撮影の日々を経て、完成した『砂の器』は一九七四年十月十九日に松竹セントラル、渋谷パンテオン、新宿ミラノ座という今やなき「セ・パ・ミ」と呼ばれた千人以上を収容する松竹東急系のロードショー館で公開されました。これは邦画としては別格の大作扱いだったのですが、完成後の春田さんの思い出はいわゆるキャンペーンに移るわけですね。

そうですね。映画の宣伝で番組に出たり、試写や公開の際の舞台挨拶に立ったり、映画への受賞関係に出席したり……ですね。舞台挨拶はけっこう多くて地方も回りましたが、あれは自分のなかではちょっと不思議な空間という印象があります。当時もあのラストの四十分の同時進行は凄い売りで、お客さんもたくさん入ってました。大人の俳優さんたちからは「舞台挨拶ではちゃんと映画のことを話すんだぞ」って言われて、陰でこっそり練習していましたね（笑）。司会の方からは「食べ物では何が好きなの？」みたいな質問が飛んで笑いを呼んだり……そこでなんと答えたのかは忘れましたが（笑）。

――春田さんは当時この映画の完成版をいつご覧になったんですか。

時間が合わなくて試写では観られなくて、舞台挨拶の時に初めて観ました。でも子どもなのでストーリーでは観ていなくて、場面場面でロケ地の楽しい思い出をふりかえるような感じでしたね。あのロケセットでは地元のおばちゃんがあんずをくれたなあとか（笑）。『砂の器』の前後は劇団を離れてフリーになっていたので、そういう大人たちの仕事場にずっとひとりでいたこともあったんですが、劇団を出てしばらくして芹川事務所というところからお誘いがあって所属することになりました。

――『砂の器』の後はずいぶん仕事が増えたのではありませんか。

はい。あれほどの話題作だったということもあって、その後はけっこうさまざまな仕事がたてこんでドタバタしまして……。映画、ドラマ、コマーシャルの出演に、テレビ、ラジオ、新聞、雑誌での取材などいろいろとかけもちして過密スケジュールでした。少年マンガのドラマ化作品などもありましたし、変わったところではクロード・ルルーシュの映画『男と女』の子どもの吹き替えをやったこともあるんですよ。何か新しいこともやってみようよと言われまして。

――ドラマではない番組にも出られたりしたのですか。

他の女子の子役さんと『徹子の部屋』に出たり、『オールスター家族対抗歌合戦』みたいな番組で、実際の家族とではなく、ドラマ上の家族の一員として出たこともありますね。そういうのに出ると、近所の人から「見たよ」「見たよ」って言われましたが、僕は全然見てなくて（笑）。芹川事務所には樋口可南子さんも所属されていまして、それで樋口さん初主演の『こおろぎ橋』にも出ているんです。樋口さんが田舎の学校の先生で、僕が問題を起こす生徒みたいな役だったと思うんですが、台詞や細

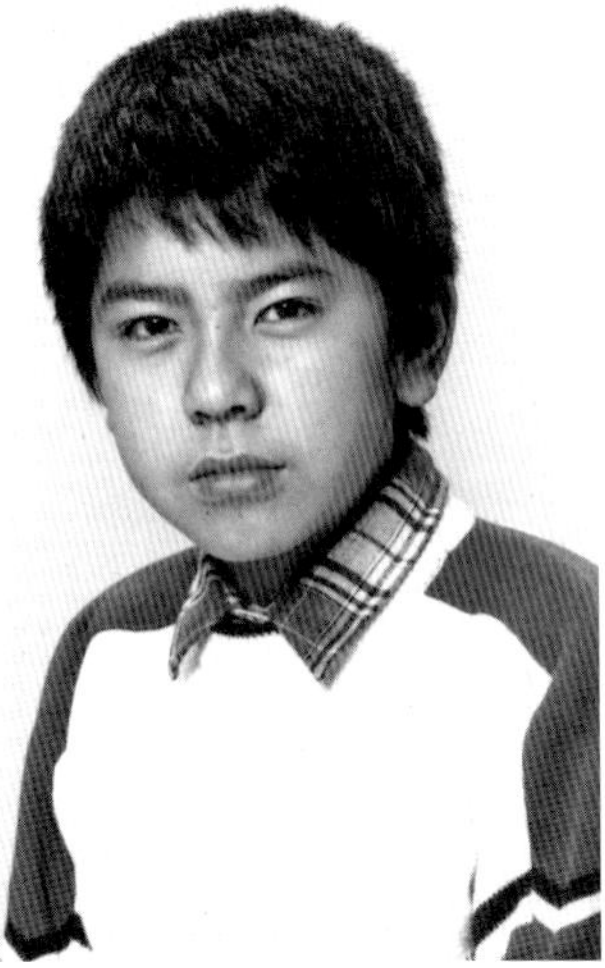

映画『ガラスのうさぎ』の頃。

テレビ朝日『長七郎天下ご免！』の撮影時、大和田獏と（左端）。

かい設定は思い出せないですね……とにかくたくさんのテレビやラジオの仕事がぎゅうぎゅうに詰まっていので、何がどれだったのやら。これは忘れてるというよりも、記憶が上書きされ続けた、という感じです。仕事が終わるやいなや、そこで覚えた台詞をすぐに次の台詞で上書きしないといけませんからね。

――そんななかでも覚えている作品はありますか。

NHKで北大路欣也さんが演られていたドラマ『あめりか物語』や、これもTBSで北大路さんの『男なら』、里見浩太朗さんの『長七郎天下ご免』、映画だと千葉真一さんの『少林寺拳法』、その頃はやっていた映画『がんばれ！ ベアーズ』の日本版というふれこみだった『がんばれ！ レッドビッキーズ』……そのほか、もう一話だけの顔出しとか、ちょっとひとつひとつ覚えていられないくらいの量の作品に出ていました。

――『砂の器』以後の数年間は大変な出演ラッシュだったのですね。

一週間テレビをつけてると、まず出ていない時はないというくらいでした。でも今ならそれこそ出演作は記念にビデオにでもとって残しておこうという発想にもなるのでしょうが、当時の自分にとっては出演して上映、放映されたら「もう終わったもの」として忘れてしまおうとしていたんです。

――ではたいていの作品は、「演じて終わり」だったのですね。

当時の自分はそんなふうだったんです。ところが、中学生の頃『はだしのゲン　涙の爆発』が文部省推薦になって東京都の学校で授業の一環として校内上映されることになってしまって。これで学校

樋口可南子が売り出した頃の芹川事務所に所属。
子役の水野哲の顔も。

のみんなと一緒にスクリーンのなかにいる自分を観るというはめになって、これがちょっとショックなくらいの気分になったんですよ。なにしろ終わった後に先生が、今日はこの主演の春田くんが来ていますと紹介されるので、生徒全員がふりかえってこっちを見るんです。これはつらかった……。あの映画のスタッフには本当によくしていただいた思い出があるので、こんなこと言っていてはいけないんですが、普通の中学生として過ごしたかったのに、学校生活がちょっと気まずくなりまして。

――そういう子役としての芸能活動に対して、学校の理解はあったのですか。

普通の都立の学校でしたが、学校自体には理解がありまして、ほかにも二、三名ほど子役の人が在校してました。それで、僕がしょっちゅう仕事で学校を休むもので、「うらやましいなあ。いつも普通に登校してると自分は仕事が少ないと思われちゃうなあ」ってその生徒が言うもので、なんだか仲よくなれなかったり……。僕としては逆の考えで、そうやって皆と一緒に学校で過ごしたかったんですけどね。でも、当時子役をやっていた人はみんなこういう思いを共有しているんじゃないかな。

――のんきにテレビや映画で子役の方々を観ていた私たちからすれば、その方々がまだ子どもなのにそんな大人の人間関係のような悩みを持っていたなんて、想像し難いことでした。

ええ、しかも僕は芸名でなく本名で通していたので、子役としていろいろ考えたり悩んだりしたことを私生活でもしょいこみ過ぎてしまったふしがあって、そんなに頑なにならなくてもいいのに、自我の扉をギューッと閉ざしてしまったようなところがあったんです。

――でも、そうなってしまうほどのことが当時あったわけですね。

当時もそうですし、今もたとえば、気さくにＳＮＳなどで知り合った方が、僕の昔の仕事をどこかで知ってしまって、急に遠慮がちになったり……なんて、やりにくいことが時々ありまして……いや、そんなの気になさらないで、今まで通り気軽にお願いしますとこちらは申し上げるばかりなんですが。でもこういう特殊な立場って、僕みたいな経歴の人間にしかわからないことなので、なかなか理解してもらえないんです。

――そんな大変な子役時代に、何か子どもらしい好きなこと、趣味みたいなものはあったんですか。

なにしろ鉄道での移動が多かったので、今でいう鉄ちゃん、鉄道ファンでしたね。ロケ地に行く途中で鉄道の写真を撮ったり、切符を集めたり……それくらいですかね。いちばん簡単にできた趣味でしたから。移動は寝台車が多かったので、あの寝台の揺れる感じとか好きでしたね。そんな趣味が十五、六歳くらいまで続いたのかな……以後は全く乗っていません。子役としての生活も、そのへんでひと区切りだったんですね。

――そのあたりでいったん区切りをつけたというのは、わけがあったのですか。

ひとつには先ほど申し上げたような家庭の環境が変わったということ、そしてもうひとつはちょうどそのくらいの年齢って、やっぱり子役から大人の俳優になる境目なんですね。そのことは自分でもわかっていまして。もちろん普通の子どもよりはずっと大人たちに紛れて仕事をしている時間は長かったわけですから、相手の表情や気持ちに合わせて演技するということもわかっていたとは思うんですが、それでもこれまでのような子どもの演技ではだめなんだなということに気づいていたんです。それで子役から脱け出さないといけないという意識があったのですが、そういう時に、まさにその「子役 春田和秀」として積み上げてきたイメージというものは自分にとってあまりにも重かったですね。この頃が分岐点でした。幼い頃から芸能活動をしてきて順調にいろいろなことを整理して大人の俳優になっていく方は凄いな、という思いしかありませんでした。彼らのように自分はいろいろなことにうまく落とし前をつけられないなあ、と。

――しかしそれだけ子役としては売れていて、さまざまなドラマや映画に引っ張りだこで、稀代の名作にも出ている……となると、なかなかその年でやめるということは思いつき難い気がするのですが。

まあ確かに仕事が途切れたわけでもなかったので、事務所からもなぜやめるのか、ここまで頑張ってきたんだからもっとやろうよと引き留められたのですが、それでもお断りしまして。所属していた芹川事務所は大村崑さんもいらしたんですが、子役としては自分が看板だったので、急にやめて迷惑をかけたとは思います。まあ自分なりに、こういう役を演じ続ける仕事でずっとやって行けるのだろうかという不安もあったんでしょうね。決して当時の仕事ぶりがダメだったとも思えないのですが、とにかくそう思ってしまったんですね。たとえば自分の人生をもう一度やり直せるのならば、ここでの決断はもっと注意深くやりたかったなあとは思いますけど、とにかくその時の自分はそこでピリオドを打ちたかったんでしょうね。

――そこで売れっ子の子役から訣別して、どんな人生を歩まれたんでしょう。

まずは普通に高校に行って、普通に就職したわけです。学校推薦でダンロップに勤めていたんです。子役をやめた後の三年間で、真反対の世界だけど自動車業界に行きたいなあという関心が湧いてきまして。

――鉄道に加えて自動車も好きだったんですね。

ちょうど東映大泉撮影所で仕事をしていたら、『トラック野郎』シリーズや『サーキットの狼』などが次々に映画化されていて、自分も一番星のトラックの横でニヤニヤしたりしていたんです。大泉のスチール担当のおじさんと仲よくなったら、ネガをたくさん見せてくれて「好きなクルマの写真を焼いてきてあげるよ」なんて言ってくださって。そんなふうにクルマには興味があったので、ダンロップに入ったんです。

――職種はどんな方面だったのですか。

自分は現場職をやりたかったんですが、けっこう小さい時から大人に囲まれて、人とお話しするのが好きだったので、通常は現場職をやってから営業職に行くところを、いきなり営業にさせられたんですね。しかも二年目からは異例の本社勤務になりまして、お客さんとのおつきあいの場もぐんと増えました。するとまた、『砂の器』のことがどこかでバレてしまうんです。

――それはご自分で話されたわけでもなく、そうなってしまうのですか。

高校の時も、就職した後も、自分は『砂の器』のことは一切誰にも話しませんでした。ところが『砂の器』という映画はとても評判がよくて盛んにリバイバルされていましたから、本名でやっていた僕はどうしてもその過去に気づかれてしまうんですね。本当にどこに行っても〝あの映画の子役だったんですね〟って言われてしまう。それで結局三年で会社を辞めました。

――そこはちょっと私は誤解していたところですね。春田さんは職業的俳優をおやめになってずっと市井に「潜伏」されていたわけだから、そこまであの『砂の器』の役に追いかけられていたとは思わなかったんです。

最近も見知らぬ俳優さんから「あの映画を観て育ちました」って言われたぐらいで、もうずっとそんなことが続いていたんです。やっぱり名前の印象が残っているらしくて、芸能界を離れてずいぶん経っても、わかる人にはわかるようなんですね。みなさん話してみるとやはり『砂の器』の印象が強いようで、どこへ行ってもあの役柄のイメージと比較されてまして。そんなことが本当にずっとあったんです。かつての子役時代の自分は出演した作品も見ていなかったり、お仕事として演じたらもう終わりと思って、またそれが潔くもあると考えていたんですが、『砂の器』に限ってはもう逃れられないんだなと初めて覚悟をしましたね。それがいいとか悪いとかではなく、そういうことなんだなと。ですから、自分に出来ることといえば、せめてそれに触れずに身を潜めていることだけだなと思いました。それに自分はとうにスクリーンの外側に来てしまっているのに、皆さんのなかでの僕はずっとスクリーンの中にいるんです。だから、そういうファンの方の気分を害さないように、あまり違うイメージに見えないように気を遣ったり（笑）。仕事の飲みの席や会議の席で〝こいつは実は……〟って紹介されて〝ああ観た観た！〟と驚かれることもよくあったし、たまに会う方が気づいて〝実はそうだったんですね〟って言って来てくださることもありました。そういう方々が大切にしている作品でのイメージを損なわないようにしなきゃな、と思うことしきりでした。

――それはそれは大変でしたね。よもやそんなことが水面下で起こっていたとは……。今のようにネットやSNSやらが無い時代だから、まだよかったかもしれませんが。

今も自分はあいかわらず子役時代のことは極力伏せているわけですが、いま自分がいるクルマの業界のイベントなどで挨拶などさせられると〝凄く度胸すわってて、場慣れしていらっしゃいますね〟と言われたりします（笑）。そこから先は当然話さないんですが……。

――最初の就職先を辞めて、現在は自動車のカスタム専門ショップを経営されているわけですが、このカスタムカーの世界に出会われたのはいつ頃なんでしょう。

最初の会社を辞めて、しばらくいろいろな仕事を経験するうちにカスタム関係が面白いなと思うようになりまして、本格的には二十八歳くらいの頃からこの仕事を始めました。この過程で、『砂の器』や子役時代を全く知らない友だちをたくさん作りまして（笑）。まあ本当に遅まきながら、地に足のついた人生がここからスタートした感じでした。もともと小さい時も細かい部品でプラモデルを作ったりするのは好きでしたので、いろいろなディテールの仕様を考えて商品にするクルマのカスタムというのは、性に合ってましたね。また、子役時代は仕事優先でなかなか友だちが出来なかったので、この仕事を始めてぜひたくさん友だちを作らないと、と思いましたが、カスタムという共通の趣味、仕事があるといろんな方と親しくなる機会も増えるんです。

——そのカーカスタムの知見を求められて、園子温監督『TOKYO TRIBE』の出演車輌のコーディネートを依頼されたというのは実に面白い展開ですね。『砂の器』の子役ということではない、現在の天職をもってしての現場との再会。この撮影への車輌提供の仕事というのはどういう流れでやって来たのですか。

僕はカスタムの世界を広めたいので、いろいろとイベントもやっていまして、ある自動車専門学校の文化祭のお手伝いをもう四、五年くらいやっているんです。言わばプロ野球選手が野球少年たちを教えるようなもので、文化祭でカスタムの実演をしながら生徒さんたちと一緒に盛り上がって、何かこの世界の楽しさを申し送りできたらいいなと。そんなことをやっていましたら、たまたまそこへ面白いクルマを探していた日活の制作スタッフの方がいらしたんですね。それで「面白いクルマ作ってますね。実は今度こういう映画をやるんですが、ご協力いただけませんか」と仰るので快諾したんです。

——でもまたこの現場で『砂の器』時代のことがバレたそうですね。

はい。バレないように名刺もひらがなにしてあるんですが、ちょっとした事から気づかれまして。でも現場では完全にスタッフの一員として美術さんと一緒にクルマに汚しかけてましたね（笑）。それでちょっと出演もやりませんかと言われて、エキストラぐらいならと遊びで受けましたら、いろいろいじくられて後ろのほうにところどころ出てますけど（笑）。

――園監督には『砂の器』のことは伝わっていたんですかね。

いやそれは制作の方が話していないと思いますよ。でも、自分が現場の流れやタイミングなどをよく知っているので「こいつはやたら知ってるんだけど何者だ」的な（笑）印象があったのか、気持ち悪いくらい距離を置かれてましたね（笑）。それと、現場に立っているとベテランのスタッフさんに見えるらしくて、やたらキャストさんが段取りのこととか聞いて来られるのがおかしかったですね。

――久々にそういう現場に入ってどんな印象でしたか。

三日間のロケに付きっきりだったんですが、僕はクルマだけの担当なので、空き時間はいっぱいあるわけです。それで撮影の流れをずっと見ていたんですが、もう昔とはカメラワークから時間の組み方から全然違うなと非常に感心しました。時間がとにかく有効に使われてるな、という印象でした。

――しかし『砂の器』という映画はこうして世紀をまたいでも春田さんを追いかけてくるわけですが、完成後の舞台挨拶で観て、その後はどこかでもう一度見直す気持ちになれたんでしょうか。

なかなか難しかったですね。公開の数年後にテレビの映画番組で放映されたんですが、この時はずっとチャンネルを変えてましたね。もっともこれは『砂の器』に限らず、ドラマの『白い地平線』などもこの前CSで放送していたので、ちょっと見てみようかなと思いつつ、やはりやめましたから。結局家族も誰もいないところで一度だけテレビ放映されてるのを観ただけでしょうか。いや、なんでおまえは観ないんだと怒られそうで申し訳ないのですが（笑）。

――本当に春田さんにとってはさまざまな思いがあり過ぎる作品なんですね。しかし子役から俳優をスタートされた方は皆さん、子役時代の強烈な印象と自分自身を比較され続けて、本当に大変ですね。

ええ、それだからその境目の子役でもないし、まだ大人の俳優の役もできないような時期に、本当に不安定になるんでしょうね。演じられる役がなくなっていきますからね。今は子役が子役として守られていて、もうちょっと落ち着いた環境で育てられていると思うので、こんな形であれば自分ももう少しうまくスライドできたのかもしれませんが、当時はオトナの中に子どもがポツンという状況でしたから。時代が今のようだったら、自分も俳優活動をもう少し面白くできたかもしれないないなあとは思います。

――ご結婚されたのはいつ頃でしょう。

二十七歳の時ですね。男の子がひとりいまして、もう二十二歳でやはりクルマの仕事をやり始めています。まあしっかり生きてくれればいいんですけど。ちなみにうちの女房も子どもも、全く僕の子役時代のことは知らないし、まあ子役をやっていたぐらいのことはどこかで聞いたらしいですが、何もふれてこないですね。子役のことを知ったら普通はいろいろと芸能界のことなどを聞いて来る方が多いわけですが、女房は最初から全くそこにはふれなかったんです。いまだ『砂の器』も観ていないですし、そういう世界とは違う人生をしっかり楽しんでいる感じですね。今や私もそういう子役時代を捨ててからが自分のまっとうな人生だと思っているところもあります。

――しかしこうして春田さんのお話を伺っていると、「子役」という職業や、「子役」にとって決定的な作品が、いかに子どもに深甚な影響を遺すものなのかということに気づかされて、言葉を失います。もちろん「子役」の仕事は大人の俳優にはなし得ない創造的な営為でもあるわけですが、そこでまだ情緒も性格も定まっていない子どもが大人以上に身を削っているという側面もあるわけですね。

全くです。実際、こうやって当時をふりかえってもいいかなと思えるようになったのもごく最近のことで、こんなにあらたまって『砂の器』のことをお話ししているのは初めてのことなんですね。女房や子どもとあの映画のことを話したことも一切ありませんし。それだけあの映画についてはさまざまな思いがあって、なかなかそんな気持ちにもならなかったのですが、一方では本当にたくさんの皆さんがあの作品に思い入れて語り継いでくださっているのに、自分は言ってみれば「演りっぱなし」で別の世界に行ってしまったわけじゃないですか。そんなことでいいのかな、とようやく思うようになってきました。

――そういう意味では、私はずっと三木謙一巡査みたいな気持ちで何十年も「秀夫は今どこで何をしているんだろう」（笑）**と探していたので、こうしてひょっこり邂逅かなったことが本当にありがたいですね。**

この四十年近く子役の頃のことは全く封印してきたので、こういった事をお話しする機会も全くありませんでした。普通に仕事のことを話しているだけなのに、自慢みたいに聞こえるかもしれませんしね。俳優のお仕事は、語る側はふつうに「お仕事」のこととして話しているのに、どうしても自慢みたいに聞こえて話しづらいことは多いでしょうね。

――**子役の時代について、自分なりの総括はできた感じですか。**

もう物心つく前から当たり前のように現場にいて、これから自分がどうなっていくのかも見当つかないうちに、幼稚園から小学、中学と普通の方と違う子役の人生にいたというのは、これはもう自分ではどう説明していいのかわからないんですね。もともとの出発点が自分の意志ではないわけですからね。

――**「宿命」ですね。**

もう三十代になっても、「これまで何してたの」って聞かれても、それをどう総括して、どう説明していいかわからないんですよ。子役の歩んで来た道というのは凄く特殊なので、普通の職業の方ならわかりやすく説明できるのかもしれませんが……。だから、子役時代のことをこうやってお話しすることは避けていたんですね。逆に今やっているカスタムカーの仕事についてなら、皆さんと同じベースでお話できるので、何ら抵抗なくご協力できるんですが。とにかくいつも余計なことは何も話さないようにしていますし、今与えられた仕事をとにかく真剣にやらなきゃな、と思っています。

――**しかしその心の奥底では過去の子役時代の記憶を引きずってきた……。**

それは全くそうかもしれません。監督のような存在にこれこれの役をやってねと言われたら、はい、やります、という体質が身についているような気さえします。なかなかいろんなことをむげには断りきれない。それでも、テレビの「あの人は今」みたいな企画のお話が幾度かあった時はお断りしました。ただしこんなネット社会になってしまうと、ちょっと検索するだけで自分が何者か知られてしまって、もうそこは逃げられないし、こういうことも覚悟しておかないといけないのかな、という気持ちはありました。過去というものは消せないので、それについてちゃんと考えておくことは必要なのかな、と思い始めているところです。

春田和秀氏近影（2015年）。

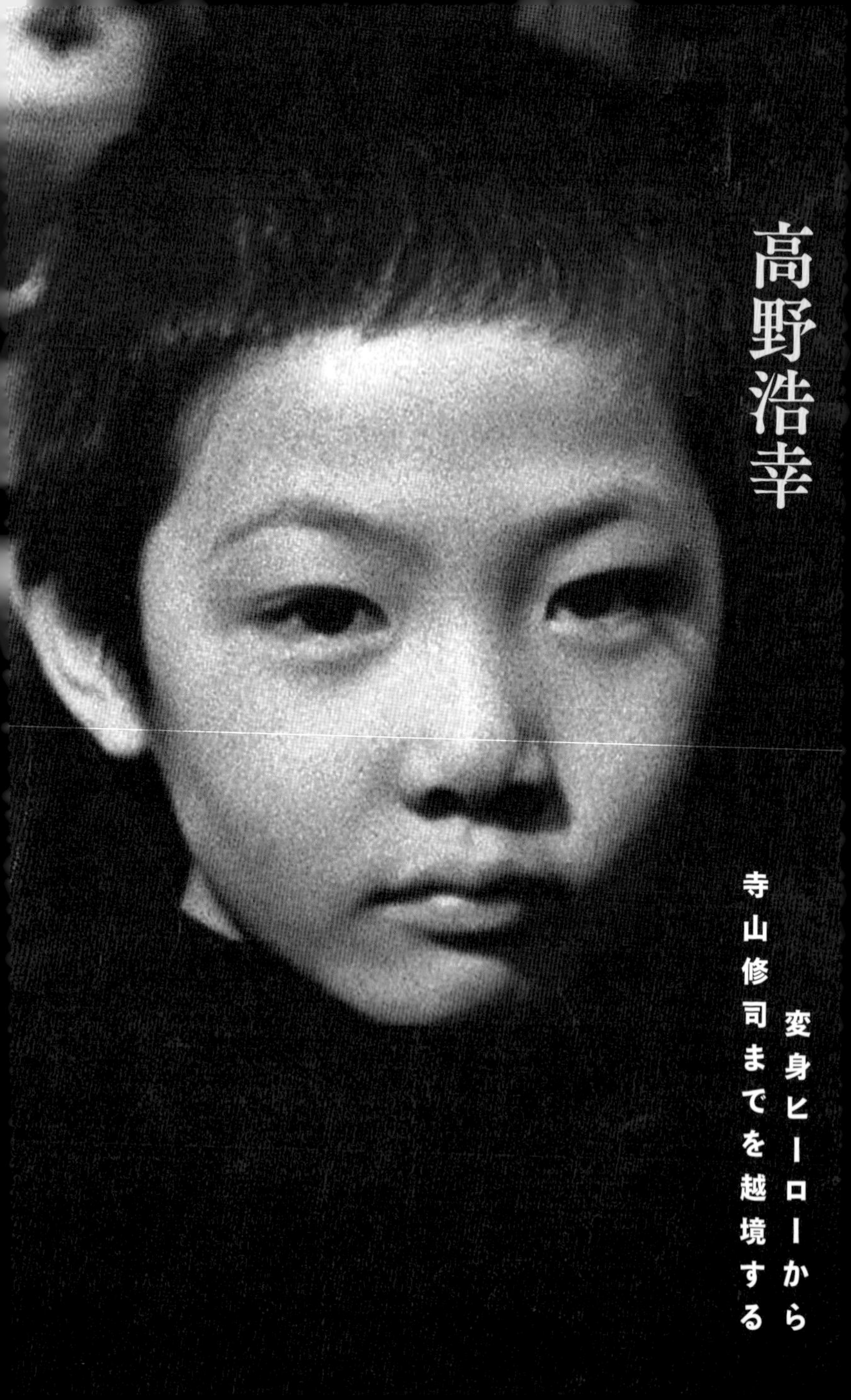
高野浩幸
変身ヒーローから
寺山修司までを越境する

現在も俳優活動を続ける昭和三十六年生まれの高野浩幸は、昭和四十年代前半から昭和五十年代半ばあたりにかけて、主にテレビの子役として目覚ましい活躍をした。特に昭和四十八年のテレビ映画『超人バロム・1』の主人公は当たり役で、「子どもがヒーローになる」という画期的な設定もあいまって熱烈な人気を集めた。このほか、高野は持ち前のナイーヴな表情が好まれて昭和四十六年の『帰ってきたウルトラマン』や昭和五十年以降のNHK〈少年ドラマシリーズ〉などの傑作といわれるエピソードで起用され、数々の子ども向け番組を中心にブラウン管で実によく見かける存在となっていた。

そして、高野の雰囲気は子ども番組に限らず、〈ポーラテレビ小説〉〈東芝日曜劇場〉〈NHK大河ドラマ〉などの人気枠のドラマでも活かされ、さらには寺山修司の目にとまって異色のATG映画『田園に死す』で寺山の分身ともいうべき少年を演じた。このように、高野は特撮ヒーロー番組からホームドラマ、さらには作家性の強いアートフィルムまでをまたにかけて活躍したが、それでも十代後半になって子役から大人の俳優への面変わりする時期にさしかかると、仕事のオファーは激減していった。

カラー受像機の普及が大きく進んだ昭和三十九年の東京オリンピック以後に活動を始めた高野浩幸は、いわばテレビの高度成長期の真っただ中で膨大な仕事をこなしていたわけだが、この時代のテレビはあたかも子役を一種のキャラクターのようにとらえていたかもしれない。先行世代とは違って、高野をはじめとするこの時期の子役たちは「子どもの人気者」という枠内で愛玩され、消費され、その面立ちに大人の気配が侵入してくるやいなや使命は終わったかのように出番を失った。

そんな慌ただしいテレビの成長期ならではの子役の宿命と、当時の心境について、高野は包み隠さず答

えてくれた。

――高野さんは、どういうきっかけで子役になられたのでしょう。

親父が幼い頃の僕に「将来何になるんだ？　お父さんみたいに印刷屋をやるか？」と聞いたら、僕が「それはいやだ」と言ったらしいんです。そんな時にたまたま新聞で児童劇団の劇団いろはが子役を募集しているのを見つけて、試しに門を叩いたら入れてくれたんです。一九六七年のことですね。

――親御さんは全く芸能方面には関心がなかったのですか。

全く関心がないと思っていたんですが、数年前に父と話していたら、どうやらもともと父自身が俳優になりたかったらしいんですね。昔、下高井戸あたりの家から日曜日に自転車で甲州街道下って、三十分くらいかけて調布に行っては、日活撮影所の門のあたりをウロウロしていたこともあったらしい(笑)。「いっそ門の中に入っちゃえばよかったのに」って言ったら、「いや、お父さんは背も高くないので諦めてたんだけど、なんとなく撮影所の門の前をうろちょろしちゃったこともあったんだよ」って言うんです。「じゃあもしそれで俳優になってたら、僕は生まれてなかったかもね」なんて言って笑ってたんですけどね。

――では劇団いろはの募集広告を見つけたお父さまには、息子に夢を託す気持ちもあったわ

けですね。

そうなんでしょうね。当時はお風呂もないおんぼろアパートに親子三人川の字で寝てたような生活だったんですけど、どうも父がその広告に気づいて母に「ここにハガキ書いて出せよ」と言ったらしくて、母は「そんな、この子にテレビの子役みたいなのは無理よ。受かるわけがない」と言い返したんだそうです。当時その長屋には五人も六人も僕とおない齢くらいの子どもがいたわけですが、父は「親の欲目かもしれないけれど、ヒロはこのアパートの中でいちばんかわいいんだから、きっと受かる」と言い張ったんだそうですよ（笑）。

――高野さんがいちばんかわいかったであろうことは疑いないでしょうね（笑）。

そんなことはないんですが、とにかく父に説得されて母も応募のハガキを書いて、小学一年生になりたての時期に僕は劇団いろはに面接に行くことになるんですね。それで受かって証書が来て、五月に入団、毎週土日には劇団に通い始めました。

――ご両親はいろいろ応援、協力してくれたんですか。

気持ちではそうなんですが、うちはもう貧しくて両親とも仕事にかかりきりだったので、いわゆるステージパパやステージママになる時間も余裕もなかった。共働きで、父は時には印刷所の輪転機を徹夜で回し続けなきゃいけない時もあったし、母もパートで早朝に出て行ったら夜の六時七時くらいまで帰ってこない……そんな感じだったんですね。それでもしばらくはさすがに母も心配だったようで、現場についていきてはいましたけれど。

――今どきの子役と違って過保護ではなかった……。

それどころか、この劇団入りたての頃、父は僕に「劇団から電話があったら断らないでなんでも全部行け」って言うんですよ。そもそもこの小一の頃は全然仕事が入らなくて。たぶん十か月くらいの間は、どんなオーディションに行けども行けども落ちてたんです。それこそNHKの朝ドラとかTBSの『泣いてたまるか』のような人気番組のオーディションを落ちまくってました。そういう番組のエキストラをやった記憶はあるんですが、いい役には全く採用されませんでした。

――劇団では演技の練習はやっていたんですか。

毎週日曜に演技指導があって、そこで発声練習もやってました。僕ら小学生たちだけだと人数が少ない時は、青年部のお兄さんお姉さんたちも一緒になって練習してましたね。

――お仕事が増え出したのは、いつ頃からでしょう。

小二になった頃からだんだん芽が出てきて、NHKのテレビ小説『旅路』や、TBS『ウルトラセブン』の実相寺昭雄監督の回（「円盤が来た」）に出演しました。そしてこの頃になるともう母もついてこなくなって、ひとりで現場に行っていました。

――今よりたぶんずっと荒っぽい当時の現場に、小二のお子さんがひとりで通っていたんですか。それは早熟ですね。

「お母さんはお父さんと共働きしないとやっていけないので、そろそろひとりで行きなさい」って言われたんです。『ウルトラセブン』は今はなき東宝ビルトで撮っていたので、当時住んでた世田谷の

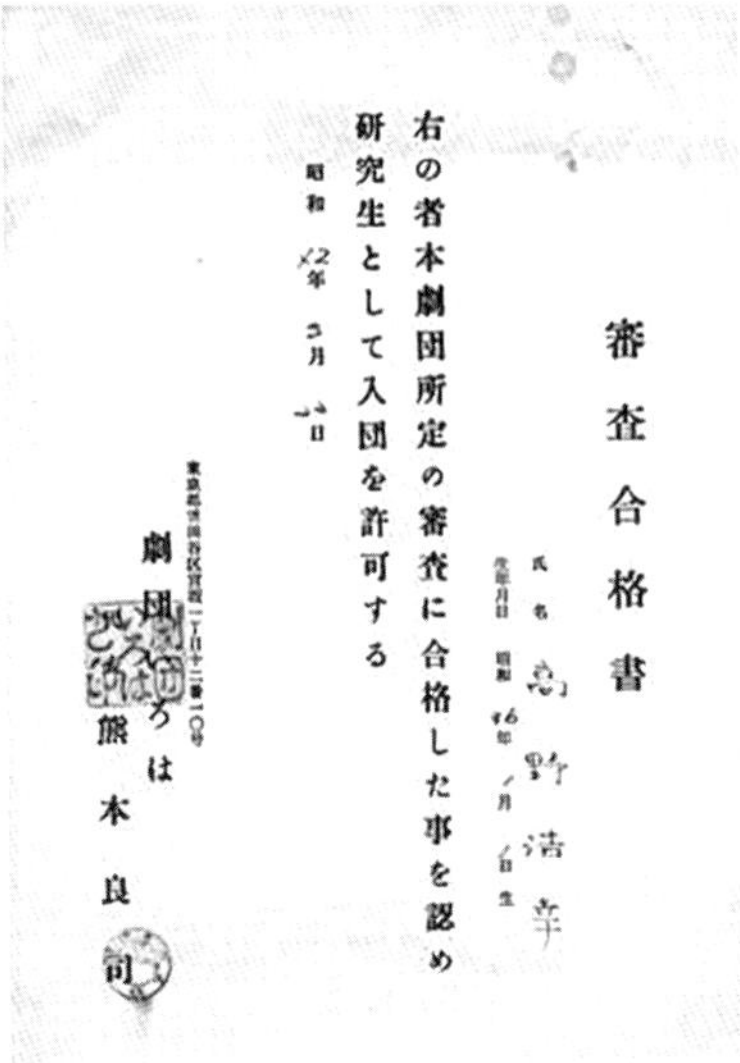

審査合格書

氏名 高野浩幸
生年月日 昭和36年1月6日生

右の者本劇団所定の審査に合格した事を認め
研究生として入団を許可する

昭和42年3月 日

東京都世田谷区宮坂一丁目十二番一〇号
劇団いろは 熊本良司

6歳時。劇団いろはの審査合格書。

2歳の時、母の実家にて。

佃島のお祭りにて。

上町からはバス一本で行くには行けたんですけどね。親に三百円もらって出ると、往復のバスが往復三十円でお昼にカレーやうどん食べても八十円とか五十円、それにジュース飲んだって百円お釣りが来て親に返してるような感じでした。まあレギュラーが決まるとNHKでもTBSでも行くところは決まっちゃうので、親も安心して小遣い持たせて行かせていたんでしょうね。そこからは父も母も一切ついてくることはありませんでした。

――それは独立心も旺盛になりますね。そしてお仕事も着実に増えていった……。

『ウルトラセブン』の後しばらくして、TBSのポーラテレビ小説の第一作『三人の母』にレギュラーが決まりました。昭和の書家の重鎮・沖六鵬先生の生涯を描く作品だったんですが、僕は主人公の「初代」(幼年時代)をやらせてもらったんですね。実の母が加藤晴子さん、継母が馬淵晴子さん、養母が千野赫子さん。確かこの主人公を年代ごとに四人の俳優が演じて、僕はその最初の三か月くらいが担当だったんです。その成人した「四代目」を後にアニメ『機動戦士ガンダム』のシャア役で有名になる声優の池田秀一さんが演じておられましたね。

――小二で早くも大役ですね。しかし、全く経験のなかったお子さんがこうして演技を身につけていった過程というのはどういうものだったのでしょう。

それはもうだんだんと……日頃の撮影現場の中で、ではないですかね。もちろん劇団いろはでも毎週日曜には発声練習があって、そこにも通っていましたし、ぼくらの頃は子役自体の数が多くなかったし、青年部の高校生くらいのお兄さんお姉さんに混ざってレッスンしたりしていたので、そのお手本を見ていて覚えが速かったかもしれないですね。最初はエキストラでなんとなく参加していたのが、ちゃんとスタジオでの撮りに出るようになると、本読みと立ち稽古が二日間、本番が二日間……というスケジュールで三か月ずっと続くんです。この間にようやく演技ができるようになっていったのでしょう。

――しかし大人のスタッフばかりの中で、小さいのによく堂々とお芝居ができましたね。

いやあ、母がついてきていた初めの頃は、僕も全然わかっていなくて。この頃『コメットさん』のエキストラをやったことがあったんですが、残っている映像を観ると、猿回しを眺めている子どもたちの一人という役なのに、意味もなくうろちょろしてますからね（笑）。まだ何をやってるのかもわかってなかったんでしょう。それがやがて台詞ももらえるようになって、まあ監督や皆さんの言われるがままにしていたんでしょうね。門前の小僧習わぬ経を読む、という感じだったのかな。

――自然に演技が身につくほどに現場にいたというわけですね。

とにかく親父が「学校は行かなくてもいいから、主役だろうがエキストラだろうがレギュラーだろうが単発だろうが、いただいた仕事は全部行け」というので、劇団の稽古に行ってたのは半年くらいですけど、電話がくればエキストラだってどんどんやっていましたよ。それでロケバスの中でずっと待ちになって、「陽が落ちたので今日の撮影はありません」と言われて一日何にもしないで帰ったり……そんな毎日の積み重ねのなかで演技が身についたのかな。

――しかしよく小さいのに大人の現場になじんでいましたね。今は子役に過保護なのかもし

れませんが、当時の現場はけっこう荒っぽいでしょう。

ええ、僕らなんかちょっとおしゃべりしていたらすぐ怒鳴られるし、良くて「おい、和一」みたいに役名で呼ばれるけど、たいていは「おう、そこの坊主」ですからね（笑）。特に僕は一人で来ていたから、なおさらで。

――たいていの子役のお子さんは保護者が付いてきていたんですか。

ほとんどついてきていましたね。それでみんなは出番が済むとお母さんのもとに戻っていく訳ですけど、自分はそういうことがないので、待ちの時はカメラの後ろに行って……カメラの横だとパンしたら写っちゃうかもしれないけど後ろは大丈夫だと子どもながらに気づいて……大人の俳優さんたちの演技を眺めていた。でもこれが結果的にはとても勉強になったはずなんですね。もちろんよその子のお母さんたちが来ているのを羨ましくも思いはしましたが……。うちの親は全くステージママみたいになることもなく、現場にもついて来なかったし、番組の放映もほとんど見てないですよ。でも、僕がたとえば時代劇に呼ばれて大川橋蔵さんのそばなんかに座ってたりした時なんか、本当は橋蔵さんにサインもねだって握手もしてもらいたかったんだよって最近になって告白してましたよ（笑）。でもそんなことしちゃいけないなとガマンしていたらしい。

――でもやはり子どもですから、もちろんご両親の助けでうまく行ったこともありますよね。

『三人の母』を急遽撮り直すということがあって、父が学校に呼び出しに来てＴＢＳにタクシーで連れて行ってくれたんです。よくお金あったなあと思いますけど、世田谷の上町から赤坂まで乗せていってくれて、昔のTBSテレビの玄関を入って、確か五階にスタジオがあって、そこまで一緒に来てくれたんですね。ところがそこに待ち構えていたスタッフさんが「おお！　和一着いたか！」って僕を役名で呼んで中に連れて行ったら、父だけ取り残されちゃったんです。父は十五歳で栃木から出てきて後は職場と家しか知らないみたいな、東京の田舎っぺなんですよ。だからもう一人でどこにどう行っていいかもわからなくて、エレベーターを三回往復したって言ってましたよ（笑）。母は何も言わなかったし、父も「人に迷惑かけるな」だけでしたね。

——最初に台詞をもらった作品は何でしょう。

それはNHKの朝ドラ『旅路』だと思います。両親役が山田吾一さん、長山藍子さんなのですが、きっとそこで台詞があったはずなんです。ちなみに一九六七年に『ウルトラセブン』の〝円盤が来た〟、翌六八年に『怪奇大作戦』の〝霧の童話〟と円谷プロの人気シリーズにゲストで出させて頂いたんですが、今この二作で比べると演技が段違いなんですよ。というのも、この間にTBSのポーラテレビ小説『三人の母』をまる三か月やっていて、そこで週四回みっちり現場に行っていたので、演技が進歩したんでしょうね。『三人の母』はスタッフにもとてもかわいがってもらったし、高野君、ではなく役名の「和一」「和一」と呼ばれてました。まあ子役の頃は役名で呼ばれることが多いんですけれど。

——幼くしてNHKと民放の看板である「テレビ小説」を経験したんですね。

『三人の母』は、TBSがNHKの向こうを張って連続テレビ小説をやるというので、力を入れていたと思うんですが、その頃番宣で面白いことがありましたね。ちょうど放映開始の頃に公開された映画の『オリバー！』で子役のマーク・レスターが人気者になっていたので、日英の名子役がご対面という企画があって、ＴＢＳを訪問したマーク・レスターに会ったんですよ。『三人の母』では二谷英明さんと馬渕晴子さんが僕の両親役だったんですが、英語がご堪能な二谷さんが僕に「ねえ和一（役名）、マークに会ったらHow do you do? って言うんだよ」って教えてくれまして（笑）。でもこういう目立った役もあれば、子どものエキストラもたくさん引き受けていて、日活の戦争映画なんかにも行きましたね。そういう子どもの役はたいてい坊主頭だったので、当時はほとんど頭を刈っていました。

――しかも舞台までやっていたんですよね。

ドラマも映画も舞台もなんでもやってましたが、まだぎりぎり映画会社も映画を作っていたし、同じ監督が気に入って何度も使ってくれたりして、仕事は多かったんです。ドラマの『三人の母』に石井ふく子先生のお父さまの伊志井寛さんが出ておられまして、当時はまだ石井先生はまだＡＤだったと思うんですが、お父さまがご出演のスタジオにはちょくちょく顔を出されていたんです。自分は伊志井寛さんがそんなに偉い方だとは知らなくて、優しくてこよりなんか作ってくれるおじいちゃん役の人ぐらいにしか思ってないわけです。ただ時々石井先生がいらっしゃるのはなぜだろうなあと（笑）。でもそこで石井先生が僕を見ていてくださったおかげで舞台も経験できました。当時チルチルミチルの『青い鳥』のミュージカルに大勢の子役と一緒に出るのでお稽古してたんですが、マネージャーさんが来て「あ、もうこっちはいいから」って言うんです。それで「こっちやろうね」と連れて行かれたのが石井ふく子さんのところで。『三人の母』をひっくり返して『母三人』という舞台を大阪は新歌舞伎座でやるというので、これに一か月呼ばれて行くことになったんです。この時も母が来たのは初日と中日と楽日の三日だけで、大部屋の方々にかわいがってもらったりしていましたが、基本は舞台終わると一人で旅館に帰って一人部屋で寝るんです。そんな子どもがひとり晩ごはんにお好み焼き食べに行ってましたからね（笑）。これが小学校三年の終わりくらい。以来、石井先生には〈東芝日曜劇場〉などの作品に、折にふれ呼んでいただきました。

――『ウルトラセブン』の〝円盤が来た〟は、当時鬼才として注目され始めていた実相寺昭雄監督の作品ですが、よもや監督のことは覚えていませんよね。

いえいえ、小さいながらに案外覚えていまして。鬼才と言われていますが、その時の子どもの僕には「普通のおじさん」という印象です（笑）。そしてもう言われるがままに演じていました。サイケ宇宙人と言われるペロリンガ星人の着ぐるみを見た時に凄く驚いたのを覚えていますね。あの全身に油絵の具を塗りたくったような……あれは確か実相寺さんのアイディアだったとものの本で読みましたけれど。でも自分の演技はたどたどしかったですね。後で劇中の天体観測青年フクシン君を演じていた文学座の冷泉公裕さんと懐古番組で対談した時に聞いたのですが、冷泉さんもこの時ドラマが初めてで、相手役の僕も子どもで、この二人が緊張しないで自然にやりやすいように、ずっと実相寺さんは遠くから望遠で撮ったり、ぐんと俯瞰で撮ったりしてたそうなんですよ。作品を観なおすと、確かにそうなんですよね。カメラが見えない位置から撮っているんです。自転車の冷泉さんと一緒に土手にいるところなども、ずいぶん遠くから撮ってたのを覚えてますよ。冷泉さんはこれで実相寺さんに気に入られて、実相寺組の常連俳優になりましたよね。

——実相寺さんは子役らしい子役が好きじゃないので『ウルトラマン』にも子どもを出したがらなかったわけですが、高野さんのようにナイーヴな少年は例外的に好きだったのでは。

そうでしょうか。そういえば、あの頃テレビ映画はアフレコで、そのアフレコもたどたどしかったんですが、実相寺さんは僕が子どもらしい明朗な声じゃなくてハスキーボイスだったのがよかったみたいですよ。当時の僕の声は他のふつうの子どもに比べると低いトーンでハスキーな感じで、それがとても特徴的だったんでしょうね。別にめちゃくちゃ演技がうまかったとも思えないので、きっとオーディションに受かったのはその声の雰囲気のおかげだったのではないかと。

——ええ、実相寺さんは高野さんのような雰囲気はお好きだったと思いますよ。

僕はよく育ちがお坊ちゃんだと勘違いされたんです。実際『バロム・1』の頃なんか確かに設定も裕福な家庭の半ズボンのきちんとしたお坊ちゃまという感じ。でも実態は両親必死で働いていて、中一になるまでずっとトイレも共同の長屋住いでしたから。ある日母親に「ひとりっ子だけど兄弟欲しい?」と尋ねられて「貧乏だからいいや」って答えたくらいですからね(笑)。まあ欲しいって言えばあの両親は兄弟をつくってくれたかもしれないけれど。だから、そういう境遇の実態が子どもながらになんとなく顔に出ていて、ちょっと風貌の翳りがあったんでしょうね。最初の頃はそのせいであまりオーディションにも受からなかったらしいんですが、その実際の顔が、『セブン』や『三人の母』の役柄にははまったんですね。俳優って日常生活のありようとか日頃の考え方などが演技ににじみ出てくるわけですが、当時の僕はそういう影があって、それを一部の監督、演出家の方が気に入ってくれたのですね。

――なるほど。確かに子どもながらに愁いのある表情でした。TBSの名職人ディレクターの飯島敏宏さんが演出された『怪奇大作戦』〝霧の童話〟の村の少年役もそれが活きていました。

『怪奇大作戦』の時は、飯島敏宏さんがオーディションで気に入ってくださったんですね。先立つ『ウルトラセブン』や『戦え！　マイティジャック』の頃よりぐんと演技も出来るようになっていたんですが、ただ現場で山羊がとても怖かった（笑）ので、おっかなびっくり演っているところがありました。でも演技は、今観ても臆することなく演じていて、やっぱり『三人の母』で三か月間みっちりと主役をやらせてもらった成果は大きかったですね。『怪奇大作戦』の時に一度だけ撮影がナイターになって、母が付き添ってたこともありますが、昼間のシーンはもう全部ひとりで行っていましたね。『怪奇』でちょっとませているというか、大人びたことをやっているなあと思ったのは、事件が収束してSRIの勝呂誉さんが「ああ、ここにいたんだね」とお地蔵さんのところにいる僕を見つけて「もう帰っちゃうの」とお別れの場面になるわけです。すると僕がちょっと走って行ってから勝呂さんの方を振り返って、後ずさりで去ってゆくんですね（笑）。特になにか飯島さんにこうしてねと言われた記憶もなく、当時の自分としては何も考えずに普通にやっていたんですよ。しかも振り返って後ずさりするところも慌てて段取りっぽくやるのではなく、しみじみと雰囲気を出しながらある程度ゆっくりやっているし、DVDで再見してびっくりしたのは後ずさりしながら横にあったススキを取るんですわ(笑)。わが事ながらこの子役うまいな、今の自分にこんな演技できるかなあと感心しましたよ。ひとりっ子だからその頃は淋しくもの思うことがよくあって、だから自分をかわいがってくれた勝呂さんと別れる気分が自然と出たんじゃないかなとは思うんですが……。別れたくないけど仕方ないんだという感情の表現を、大人でもなかなかこうは出来ないと思うので、まさにこれは子役ならではの演技だったんでしょうね。小二から小三になる頃です。

――大人の演出をさらりと超えてしまうんですね。

ただよく覚えているのは、『怪奇大作戦』の時も『三人の母』の時も、そういう想定以上のものを引っ張り出そうとするディレクターは具体的にこうしてああしてとは言わなくて、「高野君、今のこの場面の感情はこうだからね」とだけ解説してくれました。この頃になってやっとただ台詞を覚えてしゃべってるだけじゃなくて、背後の感情を表現する演技になってきていますね。

――私は『怪奇大作戦』を当時白黒テレビで見ていて、飯島さんの丁寧な演出と高野少年の名演にさめざめと泣かされましたね。あの少年も伝説の村で鉄砲水にのまれて死んでしまったのかと。飯島さんがその鉄砲水に小学校の鼓笛隊の音をかぶせたりして本当にぐっと来るんですよね。当時はいぶし銀の名優さんがご健在で、『怪奇』でおじいちゃん役をやった吉田義夫さんなんか凄く印象的でした。時代劇の悪役などもたくさんやっておられましたが、子どもたちにはテレビ映画『悪魔くん』のメフィスト役で知られていま

した。

でも残念ながら自分はその頃はそのメフィストを知らなかったんですよ。それこそ『バロム・1』の小林清志さんが次元大介というのも知らなくて……『ルパン三世』が大好きだったのにですよ。そんな方々に囲まれていたのに気づかなくて惜しいことをしましたが、後で知って驚くんですね。『ルパン』はずっと観ていたのに当初視聴率が振るわなくて、それで『超人バロム・1』に代わった訳です。そこに次元の小林清志さんが相棒の猛の父親役で出演してたんですが、全然気付かなくて。中学に入ってから友だちに「次元大介と共演してたのにサインもらってないの?」とか言われて（笑）「え? それ誰? いったい何?」ってひとりでびっくり仰天してました。いかに凄い方、えらい方とご一緒させて頂いているかなんてことにまるで無頓着だったんですよ。でもぼくみたいに子役あがりではなくて、大学くらいの年齢から演技を勉強してこの世界に入って来る方は、ぼくらなんかよりもそういう事に詳しいんです。たとえば「高野君って昔、唐十郎さんの子ども役をやってるんだね」と言われて「唐十郎って誰?」「え、知らないの!」「知らない知らない、偉い人?」「ええ、知らないじゃなくってさあ」（笑）みたいな会話によくなりまして。だから若山富三郎さんともご一緒させていただきましたけど、どういう方だかわかってなかったんじゃないかなあ。臆することなくやってましたが、知らない者の強みですね。他の役者さんがどんな方だとか、本当に全く気にしなかった。

——円谷プロの『恐怖劇場アンバランス』は内容の特異さゆえに一時お蔵入りしていた作品ですが、市川森一脚本、唐十郎主演の『仮面の墓場』も異色の作品でしたね。ああいう作品

にまで出演されていたというのは驚きです。

『仮面の墓場』は唐十郎さんの子ども時代を演じて、最初と最後に出て来るだけなのでちょっと呼ばれて行っただけですね。砂浜掘ってたら義眼が出て来るシーンと海辺を走ってるシーンだけ。唐十郎さんと絡んでるところもありませんしね。でも観た方からは「いい作品だね」って言われる。出る作品出る作品、そうやって評価が高いので、なんとかこうやって俳優を続けられてきたのかなって思います。

――しかし、実にたくさんの子ども向け番組にゲスト主役で登場されていましたね。

さっきの『ウルトラセブン』『怪奇大作戦』に始まって『戦え！　マイティジャック』『シルバー仮面』『帰ってきたウルトラマン』『スペクトルマン』『仮面ライダー』、そして代表作になる『超人バロム・1』に至るまで、主な特撮ヒーロー物にたくさんゲスト主役で出ていましたね。これらは全部オーディションだったんですが、だいたい受かるようになっていました。よくヒーロー物にたくさん出ていたから愉しかったでしょとか言われるんですが、全くそんな気分ではなかったですね。確かに『シルバー仮面』なんかも放映をテレビで見てましたけど、「ああ、あの番組に出られるんだ！」「ヒーローに会えるんだ」という感覚は全然ありませんでした。

――当時爆発的に人気のあった『仮面ライダー』に出た時もそんなものですか。

ええ、駅から歩いて生田スタジオに行ったら雨ざらしの初期サイクロン号がそのへんの壁にたてかけてあって「ああ、これがサイクロン号かあ」ってただそう思うだけで(笑)。仮面ライダーに会えて嬉しいなんて気持ちは皆無でしたねえ。ただ『超人バロム・1』の時はいつもと違って自分自身がヒーローになったわけなので、少し嬉しかったのは覚えています。朝はいつも学校の友だちが一緒に登校しようと「たーかのくん」と家に呼びに来てくれてたんですが、その日は主役のヒーローとしてのスチル撮影が入ってたので学校は行けなかったんです。なので、みんなにそう断った後、すぐに自分もいつものように木のカゴにサンドイッチとハンカチを入れて、ひとりで家を出たのですが、その時一瞬スキップしたのは覚えてるんです（笑）。

――やっぱり主役で自分がヒーローというのは、さすがに嬉しかったんでしょうねえ。でも『バロム・1』も現場に入ったらいつものお仕事モードなんですよね。

全くそうですね。ただ同じ主役だった猛（相棒役の飯塚仁樹氏）が体格もいいし、歳もひとつ上だったので、けっこう僕にライバル心を持ってたらしいんです。それであっちはしょっちゅう「健太郎（役名）は子どもだからなあ」なんて言って来るんですが、僕の方は淡々としてて（笑）。

――しかし猛役の飯塚さんは亡くなってしまったようですね。

なんでも四、五年前のことのようですね。僕もそれを知らずにいたのですが、あるヒーロー物のファンの集まりに呼ばれて行ったら、控室にある方がいらっしゃって「自分は上野のほうに住んでいるのですが、よく猛役の飯塚さんと行きつけのスナックで一緒になりまして、一緒にカラオケで『バロム・1』の歌をうたったりもしてたんです。でもある時から顔を見なくなったので、マスターに聞いたら〝亡くなったみたいだよ〟と聞かされてびっくりしました」と。どうも足を悪くしてひきずっていたようで、酒やたばこもけっこうやっていたらしく、あまり体の調子はよくなかったようなんですが。実は、僕がまだ二十五歳くらいの頃に、ある人から「自分は高校時代に飯塚くんの友人だったんですが、彼は婚約者もいたのに亡くなってしまったらしい」と教えられて、驚いた僕は慌ててその情報を流してしまったんですが、これはどうもその方の勘違いだったようなんです。なぜかと言うと、その後になって、東映に着ぐるみを貸してくれる部署があるんですが、そこに飯塚という人が現れて「町内会の催しで使うので」と何か着ぐるみを借りに来たらしいんですね。返却の時にその部署の方としゃべって「実は僕は昔、東映の児童劇団にいて『バロム・1』っていう番組の主役の片割れだったんですよ」って話したらしいんです。それを聞いたファンの方が「まだ健在だったんだ」とびっくりして、教えられた住所を探して行ったらその場所は存在しなかったらしいんです。それでまた消息不明になっていたんですが、結局確かな情報としては五十歳くらいで亡くなってしまったということのようなんです。

――**『バロム・1』の撮影の後は飯塚さんと会うことはなかったのですか。**

『バロム・1』が終わって小学生時分には二、三度会いましたけど、中二くらいになったらもう会うこともなくなりましたね。彼は『バロム・1』の後は東映児童劇団にいたので、何か一本やったようなんですが、芸能活動はすぐにやめていたようですね。やっぱり再会したいなあとは思いましたし、これだけ情報が溢れてる時代になぜ居どころがわからないんだろうと不思議でもありましたけど、きっと本人も出て来たくなかったのかなあ。

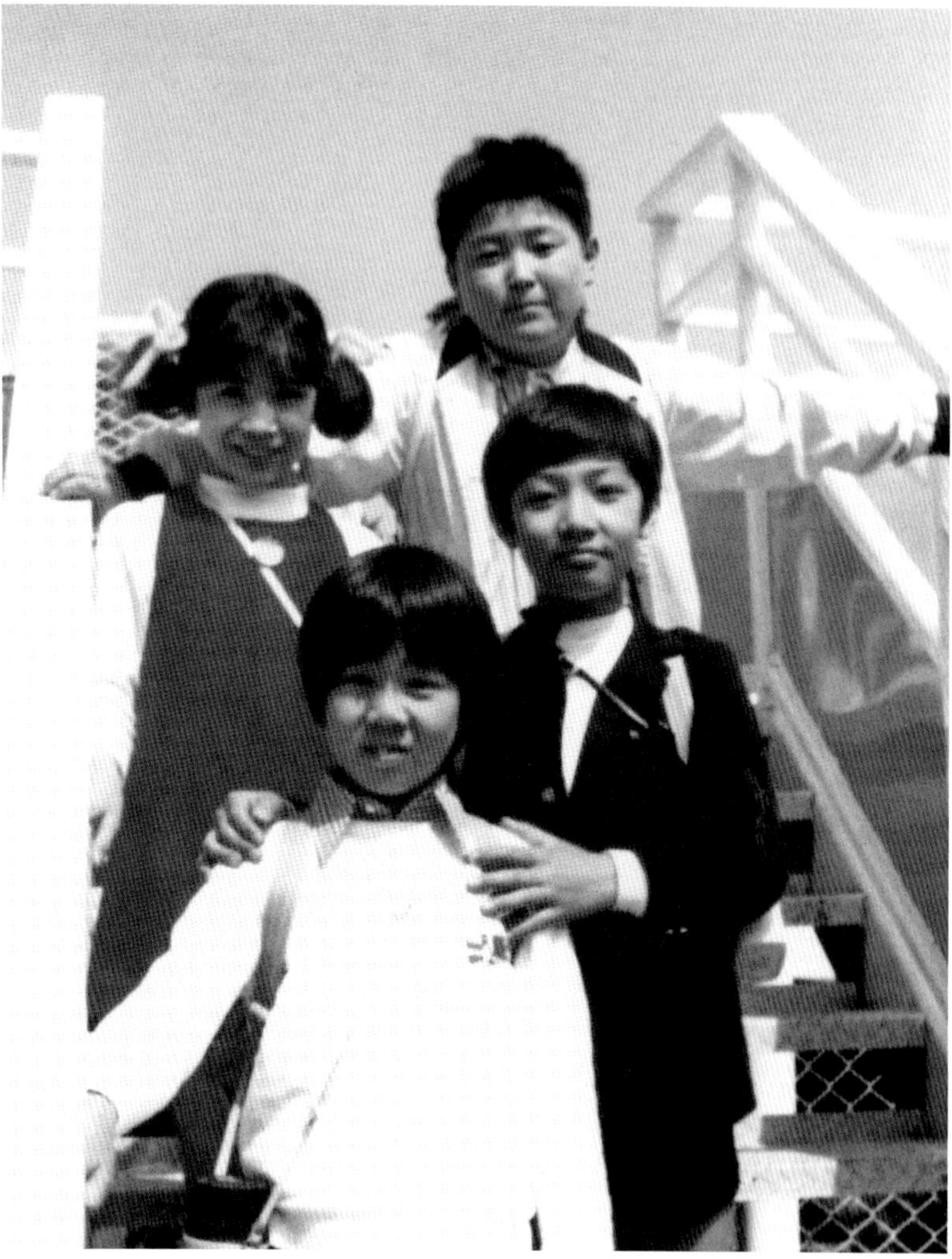

よみうりテレビ『超人バロム・1』の撮影時に
飯塚仁樹、斉藤浩子らと。

――『バロム・1』ももちろんオーディションだったのですか。

そうなんです。オーディションが終わると、別の部屋でさいとう・たかを先生の五巻ある原作マンガを読んでおいてねと渡されたんですが、それが面白くて。その本は後にけっこう貴重なものになって、九〇年代後半ぐらいに中野の〈まんだらけ〉で再会したら全巻セットで四万円になってました。思い出深いので手もとに置いておきたいなと思ったので、父からお金を借りて購入したんです。それを数年後にさいとう先生と対談する時に持参したら、先生がたいそう懐かしがって、「価値上げとこうか」と笑って全巻に署名したうえに「たかを」の落款まで押してくださったんですよ。親にはお金がなくなってくると「おまえ、アレ売って来いよ」とよく冗談を言われましたけど、本当にいい作品に恵まれたなあと思います。

――しかしさすがに『バロム・1』くらいの主役になると、もう近所をのんきに歩けないとか、そんなことはなかったのですか。

ああ、それはなかったですね。それに学校に行ってもみんな特に番組の話をするでもなく、普通に接してくれていたんですよ。稀に「俺は『バロム・1』なんか見てないぜ」なんて言う意地悪な子もいましたけど、それはかなり例外で。小学校高学年でしたが、クラスメートはまるで何事もなく普通に扱ってくれました。もっとも低学年の子は「あの先輩がバロム・1だ」って騒いだりしてたようですが(笑)、いじめみたいな事も全くありませんでした。後に『なぞの転校生』に出演した時もそこは同じで、みんな当たり前のこととして特別扱いせずにつきあってくれました。今もってその中学時代

『超人バロム・1』の変身ポーズ“バロム・クロス”は今も語り草。

『超人バロム・1』原作者のさいとう・たかをと。

高野が私蔵するバロム・1のアクション撮影用マスク。

の友人と会ったりするんですが、最近になって初めて「高野よう、俺黙ってたけど、あの頃気になって『田園に死す』なんか観に行ってたんだぜ」とか告白されてびっくりしたりしています。

――しかし『バロム・1』という番組は痛快な愉しい番組だったのに、最後は少々不遇とも言うべき展開になりましたね。

ええ、さいとう先生がせっかく子ども向けにいいヒーローを描こうと意欲を燃やしておられたのに、連載していた『ぼくらマガジン』自体が不振で廃刊になって最終回前に中断してしまいましたし、当時「ドルゲ事件」と言われたトラブルで、番組もせっかく人気が出てきたあたりで打ち切りになってしまって。

――通称「ドルゲ事件」とは神戸のドイツ人のドルゲ君という少年が『バロム・1』の悪玉ドルゲに名前を使われていることによりいじめに遭うかもしれないと、音楽講師の親御さんが氏名の使用を差し止める仮処分を申請したことを指しますね。親御さんの方は番組の中止までは望んでいなかったようですが、おそらくこの一件の影響もあって番組は三十五話で打ち切りとなりました。しかしこの一九六〇年代後半から七〇年代半ばまでの期間に、ヒーロー物も多いですが、実に多彩な作品に出ておられますね。

本当にたくさんの役をやらせてもらいました。『サインはV』『無用ノ介』『ハット・ピンキー!』『虹』『金メダルへのターン』『アテンション・プリーズ』『おくさまは18歳』『春の坂道』『冬の雲』『すし屋のケンちゃん』『時間ですよ』『刑事くん』『美人はいかが?』『国盗り物語』『どっこい大作』『特

8歳時。TBS『ジャンケンケンちゃん』撮影にて。

7歳時。TBS『戦え！マイティジャック』撮影にて。

10歳時。『帰ってきたウルトラマン』の頃。佃島にて。

別機動捜査隊』『ゆびきり』『出発進行』『冬の貝殻』『日本沈没』……などなど、ゲスト主役で出させていただくことも多かった。おかしかったのは『どっこい大作』のアフレコに行ったら、七つくらい違う名子役の金子吉延さんに〝バロム・1がアフレコに来た！〟って言われまして（笑）。

――『サインはV』や『アテンション・プリーズ』はTBS日曜夜七時のタケダ・アワーに続く不二家の枠で青春物、スポ根物が人気でしたね。

『サインはV』はメインの岡田可愛さんや范文雀さんではない他のメンバーに絡むエピソードだったと思いますが、これもやっぱり悪い子じゃないけれどちょっとひねくれてるような、影のある子の役でしたね。『アテンション・プリーズ』は残念ながらあまり覚えてないのですが、これもヒットしていた大映テレビ室の『おくさまは18歳』では三人のわんぱく坊主のひとりでしたね。でも実は最初からではなくて、途中までやっていた別の子が急遽何かの事情で出られなくなって、途中から入ったんです。でも岡崎友紀さんの取り巻きの準レギュラーみたいな役で七、八本やったのかなあ。昔はけっこう『マグマ大使』のガムみたいに、子役が何かの事情で途中から変わるということはよくありましたね。でもこの『おくさまは18歳』なんか、今観るとみなさん演技が凄く大げさでびっくりしますね（笑）。それがよかったのか、この番組は本当にウケてましたよね。まだ畑がいっぱいあったつつじヶ丘あたりで撮影してたんですが、とても楽しくやってた記憶があります。岡崎友紀さん、今もお変わりないですけど、とてもかわいかったですよねえ。

――劇画原作に人気のあった『無用ノ介』のことは覚えていますか。

これははっきり覚えてますね。さいとう・たかを先生原作で伊吹吾郎さんが主演。〝おいらの好きな無用ノ介〞っていう、僕がゲスト主役みたいな回で、伊吹さんが悪い奴らにす巻きにされて冷たい川を流れて来る……それを助けて親と一緒に介抱するというお話。監督の土屋啓之助さんにもかわいがっていただきました。ドラマの『日本沈没』もそうでしたね。僕が『無用ノ介』出ていた時に、さいとう・たかを先生が現場にいらして、主役を真冬の川につからせて風邪でもひいたらどうするんですかとおっしゃったので監督と喧嘩になっちゃって、プイッとお帰りになったらしいんです(笑)。ずいぶん後になってさいとう先生と対談する機会があった時に、「私は『無用ノ介』の現場にも行ったんだよ」とおっしゃるので、どんな話の時か伺ったら、それは間違いなく自分がいた時で(笑)とても驚きました。のちにある俳優さんとお話ししていたら、その方は当時『無用ノ介』の主役オーディションに行かれたそうで、そこに伊吹吾郎さんがいるのを見た瞬間「ああ、俺は負けた」と思ったらしいです。それほどまでに伊吹さんはさいとう先生の書く劇画の主人公にそっくりだったというわけです。伊吹さんにもスタッフさんにもとてもかわいがってもらいました。もっともまだ「坊主」とか、せいぜい役名でしか呼んでもらえませんでしたけれども。それに僕自身も、最初の十か月はあんなにオーディションに受からなかったのに、この頃になると僕がオーディションに来ていると、さっきの伊吹さんのお話ではないですが、みんな子役たちが「ああ、自分は受からない」と思ったそうなんですよねえ。でも自分自身は楽しいという気分ではなくて、とにかく台詞覚えて、現場に行って演じて……という日常を淡々とやっている感じでしたね。

――同じく当時子役としてとても売れっ子だった水野哲さんと、TBSの『ゆびきり』で一緒にレギュラーをやっていますね。木曜夜八時台の石井ふく子プロデューサーの『ありがとう』シリーズの後をうけて、凄い視聴率を弾き出したホームドラマでした。

『ゆびきり』は水野哲ちゃんと一緒の五人兄弟役で、みんな仲良くて愉しかった。TBSは小さい頃から秘蔵っ子扱いされていたので、最もなじんでいた局なんですね。TBSは「ドラマのTBS」の看板を掲げていたわけですので、本当にこの頃はいろんなのに出ています。『ゆびきり』の時、石坂浩二さんがポルシェの2シーターのオープンカーに乗っていらして、休憩中に横に乗せてもらって青山の方まで行ってお昼食べて帰ってきたんですが、普通なら手足届かないんじゃないかっていうくらいのところを石坂さんがカッコよく乗りこなして、もうその記憶が番組のこと以上に凄く印象的で（笑）「ああ早く免許とって車に乗りたい」って思ったんです。役ではパパさんパパさんって呼んでましたけど。長山藍子さんも当時をよく覚えてくださっていて、ちょっと前にお会いしても「あなたは全然変わらないわね」とおっしゃるんですが、変わらずおきれいなのは長山さんですよね。ずっと覚えていてくださるといえば、七七年の『明日の刑事』の時に、もうすっかりスターになっていた志穂美悦子さんが向こうから「高野くん、覚えてる?」って声をかけてくださってびっくりしたんです。というのも志穂美さんはジャパンアクションクラブの研修生の時に『バロム・1』の現場を見にいらしてて、休み時間の時に僕と遊んでくださっていたんです。まさかそんなことになろうとは思わないので、自分も申し訳ないのですが全く覚えていなくて（笑）謝りましたけれど。

――それはまたありがたいことですね。こうして東京をベースに子ども番組以外のホームドラマ、青春物から時代劇までたくさん出演されていたわけですが、京都の現場はなかったのですか。

『銭形平次』『新五捕物帳』『鬼平犯科帳』といった時代劇の人気番組にも出ていまして、小三の時に『銭形平次』で初めて東映の京都撮影所に呼ばれました。この時たまたま父がタクシーの事故でムチ打ちになって、仕事を休んで家で養生してたものですから、京都まで付き添ってくれたんです。父が現場に来たのはこの時だけじゃないかな。『銭形平次』はたぶん三本くらいやっているはずで、面白かったのは最初に行った時はスタッフさんが大川橋蔵さんを「親分！　出番です」って呼びに来るんです。それが翌年行くと「社長！　出番です」に変わって、さらに明くる年に行くと「先生！　出番です」に変わって行ったんですね（笑）。子どもごころにヒットすると凄いなあって思いましたよ。でも僕なんかは京都では「ぼん、ぼん」って呼ばれるか、せいぜい役名で呼ばれるか、でした。

――京都のスタッフはやはりおっかなかったんですか（笑）。

京都の現場スタッフは怖いと言いますが、きちんと「おはようございます」「ありがとうございました」「お疲れさまでした」と挨拶していればそんな事もなかったんです。確かにスタッフは荒っぽかったりしましたが、さぼってる人や礼儀に欠ける人に厳しいだけで、そういうところをきちんと見てるってことなんですよね。でもやっぱり東京でやるのと違うなあって思ったのは、同じ時代劇でも京都の場合は二日くらい前乗りして鬘合わせをやったりするんですが、どうも僕の頭がうまく合わなかったらしくて、毎回職人さんにトントン打って作ってもらってた。それから、大人の役者さんが衣裳の着物をたたまないで返してたらこっぴどく怒られていたので、自分なりにたたんで返却していたんです。するとある時、衣裳さんが「ぼん、着物のたたみ方知らんのか」と小学生の子どもに本だたみの仕方を教えてくれたんです。ありがたいことづくしですよねえ。

――ところでこんな多忙のなか、学校にはほとんど行けなかったのですか。

たぶん半分くらいしか行ってないんじゃないかな。でも小学校三年生くらいまでは、不思議とそれでクラスで浮いちゃうということもなかったんですよ。たとえば自分が『ウルトラセブン』に出ても、みんなそれは見てもいなかったようだし、いや見ていても別に放っておいてくれてる感じでしたね。先ほども言いましたが、本当にいじめに遭った記憶もないですし。先生も理解があって、たとえば急遽劇団からどこそこの現場に行ってくれないかというお願いが舞い込んだりすると、母が学校にその旨電話をして、先生の許しを得て三時間目や四時間目から早退して現場に行く……なんて事がありましたからね（笑）。

――その昭和っぽいはからいはありがたかったですね。

面白かったのは、そうやって急に呼び出されて日活なんかに行くと、台本を渡されて映画のアフレコをやらされるんです。つまり、自分じゃない別の子の台詞を僕が読んで吹き替える（笑）。こういうケースはけっこう頻繁で、知らない子どもの声が僕になってる事がよくありましたよ（笑）。たぶん現場で出来なくて積み残しになっていたんでしょうね。普通のある程度売れてきた子役のご父兄なら、

「高野浩之」時代はアイドル的なイメージ。

15歳の時の事務所プロフィール写真。

こういうこまごまとした急な仕事は「学校もあるので」と断っちゃうんでしょうが、なにせうちは父が仕事は全部断らなかったもので。夜勤明けで帰ってきて寝てた父が依頼の電話を受けて、それを学校に連絡してきたり……そんなこともよくありました。その頃は長屋だから電話が共用で、鳴るたびに「高野さん電話ですよ」って呼び出しがあったんです。でもあまり頻繁にうちが使っていると迷惑がかかるということで、頑張って部屋に電話を引いてましたね。そうやって、特に父が率先して協力してくれたおかげで今の自分がいるのかなって思います。

――なるほど。こんなメジャーな仕事のラッシュのさなかに、あの異色、異端の極みであるATG映画『田園に死す』の話が降ってきたわけですね。

中三の頃にNHK少年ドラマシリーズの『なぞの転校生』をやるのですが、その前にあるのが『田園に死す』です。中二の秋口に撮影してましたね。夜七時くらいに事務所から急に「これからオーディションなので」と電話がかかってきて、車で迎えに来てくれて何のオーディションかもわからぬうちに渋谷の天井桟敷に連れて行かれたんです。僕は寺山修司さんなんて知らなかったけど、着いたら寺山さんが座っていらして。とにかく眼光鋭かったですね。寺山さんは怖いという印象はなかったんですが、行った場所が暗くて寺山さんと二人っきりで、〝え？　こんなとこでオーディションやるの？〟って怖くて（笑）。台本をぽんと渡されて、「これ、時間かかってもいいから読んでくれる」とおっしゃるので、確か四十分くらいかかって読んだんじゃないかな。その間ずーっと待っていてくださって、「読みました」って言ったら寺山さんが「じゃあ僕と読み合わせしてくれるかな」と。そ

1976年、「高野浩之」名義で歌手デビューした頃。

レコード会社企画でファンと避暑地で「宿題合宿」。

んなところへひとりの女性がいらして、寺山さんに「あなたの子どもの頃に似てるわよね」っておっしゃった。寺山さんのお母様だったのですけど、このひとことで起用が決まったんです。もうその翌々日には夜行列車で恐山に行って、まんま二十日間撮影に参加することになりました。

――あの恐山の撮影現場はとんでもないものだったのではないですか（笑）。

恐山の境内の二十畳くらいある広間で天井桟敷の役者さんたちは男女問わず雑魚寝状態で、大きい鍋でカレーなんか食べて、風呂は硫黄の匂いがきつい温泉で……なかなか慣れるものではなかったんですが、そういうところに放り込まれたんです。温泉は男女混浴で天井桟敷の人たちなんかお構いなしに一緒に入ってて、僕も団員の女の人に「一緒に行こう」って誘われて、恐れをなしながら行きましたけど（笑）。

――寺山さんは高野さんに何か特別な注文をなさるんですか？

現場で寺山さんに言われたのは、いつも劇中の高下駄を履いて慣らしておいてね、ということでした。恐山の道も、八千草薫さんと駆け落ちする線路の脇道も岩や石がたくさんあって歩きにくいところばかりだったんですが、運動をやってたせいか意外に苦にならなかったのを覚えています。高下駄は初めてだけど、時代劇で下駄もよく履いてましたしね。寺山さんには「機関車のまねをしてくれ」と注文されて、木にもたれている八千草さんの周りを一所懸命機関車ふうに旋回したり、木に登ってみせたり熱演したんですが、四回くらい演ったところで寺山さんがぽつりと「ヘタだなあ……まあ、いいか」（笑）って言うんですよ。これはちょっとショックだったなあ。

――それはおかしいですね。しかし思春期の少年にとっては、かなりどぎついシーンもありましたよね。

そうですね。やっぱり強烈だったのは本堂のシーン。監督とカメラの鈴木達夫さん、スクリプターの男性、そして新高恵子さんと僕だけのメンバーで撮りました。二人で言う台詞は決まっているわけですが、何も注文はなかった。でも新高さんはワンピース脱いだらすっぽんぽんで何も着ていないし、こちらは「ええっ?」と驚くばかりで、まあそれはおっしゃる通り思春期だから恥ずかしかったですよ。あれは新高さんにつかまって身ぐるみはがされるんですけど、もう本気になって逃げてましたね(笑)。どういうふうになっていてもたぶん寺山さんとしては大丈夫だったのでしょうが、僕としては演技なんだから体が反応しちゃいけないと思って、ずっと逃げまわってました。とうとう寺山さんから「もう抵抗しなくていいから!」って声が飛んで……けっこう長いシーンで衝撃的でした。このとんでもないラブシーン以来、僕は濡れ場さえ経験してないですよ。学生の役でほっぺにチュッみたいなシーンはあるけれど、こんな本格的なラブシーンは以後ありません。

――そういう、なんとなくラブシーンなどは縁がなさそうな高野さんだから、あのシーンは余計に衝撃的でしたね。あの白塗りは抵抗なかったんですか。

まあ何か意図があるんだろうなって、もう言われるがままで。眉毛も寺山さんがこんな感じでってメイクさんに言って、ああいう丸い感じになりました。ただあの白塗りの顔は自分では鏡でも見ない限りは意識しないので、自分というよりは八千草さんのほうがやりづらかったんじゃないですかね

（笑）。今思うとですが、いきなりあんな白塗りの子ども相手じゃ演技しにくいんじゃないかなあ。でも、もうそういうことのいちいちにびっくりしていられないくらい、恐山に行ったら全てが衝撃的なことの連続で。

——突飛なイメージの連続ですものね。

寺山さんは急に「月を赤くしよう」とか言い出すし、例の雛壇が川を流れてくる思いつきなんかその最たるもので。そのアイディアが出たら、スタッフがみんなで発砲スチロールで五段六段ある「浮く雛壇」をえいやっと作っちゃうんですから、凄いですよ。田んぼの真ん中で将棋をしているシーンも、あのセットの組み方を見て、僕は普通の居間のセットで普通に演技することしか知らなかったので「ああ、こういうセットを作って、こんなところから撮るなんてやり方があるんだ！」って、それは驚きましたよ。このへんにあった障子がいきなり遠いところに行っちゃったりしても平気だし。もうセットがいわゆるセットではないから、「ああ、本当になんでもありなんだな」って思いましたよ。最後に八千草さんが原田芳雄さんと心中するところも、最初はセットで普通に囲ってあったのに全部外側に向けて開かれてるじゃないですか。そんなのありえないんだけど、寺山さんの世界だと納得しちゃうんですよね。

——そういうのは現場にいても凄い意図だなって子どもながらに思ったんですね。

ええ、なんだかわからないんだけど、とにかくびっくりして凄いことやってるなあというのは子どもでもわかるんですよね。もちろん大きくなってそれを映像で繰り返し観るたびに、もっと理解できるようにはなりましたけれども。

――スタッフもよく寺山さんのああしたい、こうしたいにしっかり付き合いましたよね。

現場では鈴木達夫さんたちスタッフの方とはそんなに話はしなかったんですが、みなさんごく淡々とこなしてゆく感じで、僕も寺山さんとはよくお話をしていましたけど、無理なことを言われて怒られるなんて場面もなかったです。たぶんいちばん大変だったのは、寺山さんの思いや注文に必死で応えていた天井棧敷の人たちだったんじゃないかと思いますよ。

面白かったのは、僕と八千草さんが線路を歩くところで「ああ、ここにトロッコを走らせよう」と寺山さんが言い出したんですが、ぼくらには「トロッコをよける時は、そこにトロッコがあるという感覚は忘れて、トロッコは無いものと思ってよけてください」（笑）って注文をされるんですよ。当然向こうからトロッコが来るからよける訳なんですけど、それを無いものと思って、トロッコが近づいても普通にしててくれって言うんですよ。トロッコは目に見えてないものだと。そう言わるとなかなかよけるタイミングが難しいんですよ。

――伝説的なラストシーンをはじめ、東京のど真ん中でも意表をついて撮影されていますね。

当時中学でバスケやってたんですが、東京に戻ってきたら急に坊主頭になってるし（笑）、部の後輩に「いったいどうしたんですか」って驚かれたりしました。千葉の方の浜ではサーカス小屋の場面を撮りましたね。その後、表参道の今はなくなった同潤会アパート、最後が今でいうスタジオアルタ……当時の二幸の前であの伝説的なラストシーンを撮って、合計約一か月でクランクアップしたんですね。

――しかしいつも子ども向けドラマやホームドラマで見る高野さんが、こんなアングラな世界にいるというのは、当時としてはとても不思議な感覚でしたね。

そうかもしれませんね。よく子ども番組や時代劇、ホームドラマで、こういうアングラな世界とは対極のイメージで仕事していたから、当時の観客にとってはギャップがあったかもしれませんね。この作品はよくNHK少年ドラマの『なぞの転校生』の後だったんでしょうと言われるんですが、『なぞの転校生』のちょうど一年前なんですよね。『なぞの転校生』も大人びていたけれど、『田園に死す』はいっそう落ち着いていたよねって言われます。この後に『なぞの転校生』や日活の児童映画『新どぶ川学級』をやってます。これは森次浩嗣さんが学級の先生です。『サチコの幸』の三浦リカちゃんが主演で、僕は靴磨きの少年。

――『田園に死す』以前以後で役柄に変化はありませんでしたか。

あまりあれをやったからどうこうということはありませんでしたね。そもそもテレビも映画も舞台もわけ隔てなく何でもやって、バラエティに富んでいましたからね。ただ当時は、たとえばテレビにたくさん出て映画や舞台に行くと、「ああ、テレビの人やなあ」なんて、ちょっと差別的に言われたりしていた時代ですね。自分の方にわけ隔てはないんですけど、向こうにはまだそういう意識があったかなと思います。こちらは特に映画だから、舞台だから、特にこうしなきゃっていうものはなかったですね。

『田園に死す』で共演の元天井桟敷・新高恵子と
(2015年、撮影・樋口尚文)。

『田園に死す』の音楽を担当した元天井桟敷の
J・A・シーザーと(2015年、撮影・樋口尚文)。

——そう言えば、『田園に死す』の直前に公開された、実相寺昭雄監督のやはりＡＴＧ映画『あさき夢みし』にも少し出ておられますね。

『あさき夢みし』は坊主の役ですが、画面が暗くてよくわからないかもしれませんね。現場で貴族役のジャネット八田さんの泣きのシーンを見学してたら、泣き顔を撮るのに５テイクも６テイクもやって「そうじゃない。もっと泣いて。もっと醜く泣いて」と監督が追い詰めるんです。ジャネットさんが「私をそんなに醜く撮りたいの！」って泣き喚いて演技したらオーケーが出て、実相寺さんも負けないし、ジャネットさんも殺気立っていて、うわあ凄い現場だなあと思いました。

——では『田園に死す』に続いて出演されたＮＨＫ「少年ドラマシリーズ」の『なぞの転校生』のお話ですが、これもいまだ根強い人気があって、最近もリメイクされました。

『なぞの転校生』は、自分に関してはオーディションなしでした。「少年ドラマシリーズ」を担っていた吉田治夫さん、黛叶さんが演出のゴールデンコンビでしたが、本当に自由にやらせてもらいました。当初はなぞの転校生の山沢典夫の役が僕だったらしいのですがＮＨＫの児童劇団にいた星野利晴くんが相手役のオーディションに来ている時に発見されて、次元ジプシー役に抜擢されたそうです。無表情で感情を殺して芝居しないといけないので凄く苦労したんだよって後で言ってましたけどね。

——高野さんならどちらの役も出来そうでした。

「少年ドラマシリーズ」はけっこうナレーションも多くて、たいていは主役の子がやるんですが、これがちょっと台詞とは違う難しさがありましたね。普通の演技でもただ立ったままで台詞を言うんじゃなくて、何か食べながらとかアクションがあったほうが台詞も入ってくるんですが、ナレーションってとにかく淡々としてるじゃないですか。それとこの作品で初体験だったのは詰襟の制服ですね。自分は実生活では私服かブレザーだったので、詰襟というのはちょっと新鮮でした。

——いや詰襟は……『田園に死す』で経験されていますが（笑）。

そうでしたね！（笑）……いやあ、でもあれは特殊な世界観ですからね。皆さんには、『なぞの転校生』の時の詰襟の印象が凄く強いと言われるんですよ。確かにふだん着られないから嬉しかったかもしれないですね。この作品は全九話をほぼひと月で撮っていると思うのですが、一日リハーサルで二日本番みたいな感じでした。ただとにかく狭いスタジオの中だけで撮っていて、今日は学校のシーン、今日はマンションのシーン……といった具合に中ヌキしてまとめ撮りするので、まあ感情のつながりはホンで確認すれば大丈夫なんですが、髪型の変化などはさすがによくわからなくなってきて、朝学校に行くシーンと帰ってきた後のシーンがちょっと違うかなあ（笑）とか、けっこう大変でした。

——二〇一四年のリメイク版にも出演されましたね。

岩井俊二さんの演出でリメイクされて、僕もゲスト的に呼んでくださいましたけど、はたしてそこまでしていただけるほどの名作になっていたのかなあという感想は正直なところありますね（笑）。もちろん当時「少年ドラマシリーズ」には『タイム・トラベラー』というとても評価された作品があって、『なぞの転校生』はその延長でいい作品になって視聴率も良かったとは言われているのですが、どうなんでしょう。たぶんに当時の社会のムードなどが味方してる気もするんですがね。

――高野さんが俳優なのにそこまで客観的にご自分の作品をご覧になっているというのは素晴らしいことですね。

「少年ドラマシリーズ」といえば、この後に松本清張さんの「高校殺人事件」をドラマ化した『赤い月』でも主演をやりました。ヒロインは村地弘美さん。これは連続二十本と長い。橋爪功さんが余りにナチュラルな演技をされるのに衝撃を受けましたね。えっ、お芝居してないのかなって思うくらいに自然。あのかったるそうにボソボソとしゃべる感じが、そもそも橋爪さんのキャラクターなんでしょうけれども、とにかく仕草のひとつひとつも自然なので凄い方だなあと。またお亡くなりになった小松方正さんがあんなコワモテなのにとても優しくて素敵な方で、時々NHKの食堂にご一緒に行くと、高二の僕に「俳優ってどういうものだと思ってる?」って改まって聞かれるんですよ(笑)。「いやちょっと考えたことありません」と言うと「じゃ、演技って何だと思ってる?」と(笑)。「いやいや本当に自分はわからないので、小松さん教えてください」とお願いすると「俺たちの仕事は全部嘘だろ。だから嘘つきがいちばん上手いんだよ。この仕事は世界で唯一公明正大に嘘をつけるんだ」とおっしゃるので、なるほど!と感心していると「だから嘘に嘘を重ねて真に迫ることで評価されるんだけど、でも最終的に本物には勝てないんだよ。そこに近づけば近づくほど、やっぱり勝てないことがわかるんだ」と。さらに「ウサギとカメの話は知ってるよな。あれは現実にはカメはウサギに勝てっこなくて、ドラマのなかだけでカメが勝つ。俺たちはウサギが三歩ぴょんと飛んでる間にじわじわ一歩前に進むカメみたいなもので、絶対に縮まらない差を埋めるためにゆっくりと前に進む努力をするんだよ」と言われて、もう何が何だかわからなくなったんですけど（笑）。

――まさに大嘘つきですね（笑）。この後、民放の大作や『花神』といった大河ドラマに続いて、市川崑監督の「金田一シリーズ」にも出ていますね。

あの市川崑監督『女王蜂』では、ヒロインの中井貴恵さんの弟役で、片足がなくて雰囲気もちょっと怖い感じという設定で、こういう役柄はそれまであまりありませんでしたね。これはオーディションで決めて頂きました。でも、市川崑さんの現場って凄いなあと思ったのは、もう役者が入る時には撮影の段取りが全て出来ていて、セットに入ったら即テスト、というきびきびした緊張感があったんです。そんなの当り前と思う人もいるかもしれないけど、テレビの現場だともうその撮影や照明の段取りが一向に進まないでその場でグダグダになっていたり、監督さんによっては助監督が次のシーンの段取りをせっかちにやってないとイライラする人もいたり、もたついたりせっかちになったりで、生意気ですがこんなに全てにおいて整然と落ち着いた現場ってさすがだなあって感じた思い出がありますね。あまりにその段取りがスムースなので、現場に入ったら照明も立ち位置も全部決まっていていきなり「はい、テスト」と言われてびっくりして「待ってください。今どこのシーンですか」（笑）って聞いちゃったくらいです。こちらの認識が足らなかったのに、助監督さんはきっと「おい、まだその説明してないのか」って怒られたでしょうから、申し訳ないことをしました（笑）。

――その後、一九八〇年代に入ると『男はつらいよ』にも出られていましたね。

一九八〇年の『男はつらいよ 寅次郎かもめ歌』の時は、僕はメインじゃないんですね。キャンディーズの伊藤蘭ちゃんが定時制学校に通う生徒という役柄のヒロインで、そこの生徒のひとりをやりました。生徒のなかには、まだ売れる前の田中美佐子さんも田中美佐という芸名で出ていましたね。七九年にＴＢＳの〈東芝日曜劇場〉で山田洋次さん脚本の『倅』というのをやっているんですが、そちらでは渥美清さんが自転車店のオヤジさんで、僕がその息子役だったんです。そのご縁で『男はつらいよ』に出ることになったんですね。ちょうど十九歳から二十歳くらいの頃なんですが、年齢的に子役的なオファーががくっと減った時期なんです。ちょうど四年制の高校も終わって家にいることが多くなり、何していいかわからなくなっちゃったんですね。それまで自分はとにかく忙しくて、現場と学校と劇団と家をぐるぐるしてたのに、もうその時分は劇団もやめていたうえに高校も終わって仕事量も著しく減って……。そんな空虚感で自暴自棄になりかけていた頃に山田洋次さんと知り合ったわけですが、成城のお宅にまで呼んでくださったのに、全く何もしゃべれないんですよ。今でこそこうやっていろいろお話できるんですが、当時はとにかくそこまで何も考えずに忙しく走ってきて、急に子役の仕事も減って茫然としているような時期ですから、何も自分から気のきいたことを話せなくて。もちろん尋ねられたことには答えていたはずですが、自分からそれまでの過去の経験や将来の希望なんかを語ってアピールすることが全然出来なくなっていました。そこがもうちょっとまともだったら、きっと『男はつらいよ』にも違った感じで出させていただけたんじゃないかなあと今にして思うんですが、一転大変な時期にさしかかっていましたね。

――せっかく山田洋次監督に出会ったのに、それは心残りですね。でもここまで子役として

ひたすら走ってきた反動の時期は避けられなかったのでしょうね。

当時、山田洋次さんは奥志賀の雪山のペンションの設計にアイディアを出されていたようで、そこが出来たのでスタッフと一緒に二泊三日でスキーに連れて行って頂いたことさえあるんですよ。確か生涯二度目のスキーだったんですが、それが山田洋次監督のご招待で……それなのに失語症的になっていて、山田さんと全くまともにお話が出来なかったんです。今みたいに幼年期のことから愉しくお話してきたら、もっと面白い奴だと思ってくださってホンを書いてくださったかもしれないのに、何を話していいかもどうしていいかもわからなくて、本当にダメでした。今思うとなんだったんだろうなあと思いますが、役者というのはホンを覚えて役になりきって現場に行くからいろいろな話もできる……でも仕事が終わると抜け殻というか、何にもないんですよ。自分は車は好きでしたけど、ずっと仕事でやってきましたから、とりたてて趣味があるわけでもない。一方で学校の友達は就職して忙しくなってゆくのに、自分は仕事が激減してずっと家にいる。それに父も母も今日何があったのとか、そういうことを一切聞かない人たちなんですよ。

――**そこはもう、高野さんを社会人として信頼していたからなのでしょう。**

それはそうかもしれませんね。もう小学二年の時から、あんたの仕事なんだからきちんとなさいと。学校は別にいいけれど、仕事場にはちゃんと行けと言われていました。だから高校を出る時にクラスのみんなは就職のことで慌ててましたけれど、自分はもう自然に俳優としてやって行くつもりだったから、何もあたふたすることはないと思っていました。だけど、実際は仕事もぐんと減ったし、今でいう燃え尽き症候群みたいな精神状態になってしまった。まあ今だから言えることですけど、劇団をやめたことで干された一面もあったようなんですが。そんななか東芝日曜劇場で『倅』をやったご縁で山田監督にも誘っていただいたのに、残念なことをしました。でも自分は子役時代もそうでしたが、二十六、七歳くらいまで現場でほとんどしゃべらなかったんですよ。もちろん同じ年頃の子どもがいたら一緒に騒いだりもしていましたが、特にスタッフさんと話すわけでもないし、ロケバスや現場の端っこで黙って待っていましたね。そういう役者ならではの孤独感と、子役卒業で仕事が減って暇になった時期の空虚感が重なって、山田監督とお会いした二十歳前後の頃は最悪でしたね。結局その後お手紙のやりとりをするでもなく、せっかくのご縁も続かなかったです。

――八〇年代に入ると、それまでの昭和のがむしゃらなムードも消えて、のんきで豊かな時代にもなりましたね。

自分が二十二、三歳の頃なんかファッション雑誌もたくさん出てきて同世代の子なんか凄くおしゃれになっているのに、自分は全く無頓着だったし。ぼくらって現場に行けば衣装さんが用意したものを着るから、日ごろは全くおしゃれなんか気にしてなくて、もうそっけないジーパンとトレーナーだけ、みたいな感じじゃないですか。役者はそういう点までも、現場の仕事が終わって衣装を脱いだら何にもないわけです。

――常に何かを「演じている」という俳優さんにはそういう方は多いですよね。

友だちに「もっとおしゃれした方がいいんじゃないの？　お金ないわけじゃないんでしょ」ってた

しなめられたりして。そりゃあ実家にいて、そこそこ仕事もあったので自分の小遣いくらいはあったんですが、そんなこと言われて「ああ、おしゃれとかに気を遣ったほうがいいのか」と目覚めたりしたのが二十代も後半のことですよ。何も趣味もないというのもどうかと思って、ゴルフを始めたのもこの頃ですね。とりあえずハーフセットを買って講習に行って、近所の打ちっぱなしに時々通うようになって、そこで知り合った人と河川敷に行ったりしてましたね。そこからちょっとずつちょっとずつ人間らしくなって来たわけですね（笑）。

――その年頃というのはご自分の転機でもあり、テレビ・映画業界の転換点でもあって、たまさか両者絡まっている気もしますね。

そうですね。『男はつらいよ』に出た頃の自暴自棄な気分というか、自信喪失ぶりは凄くて、たとえば共演していた田中美佐子さんとは彼女を車で送り迎えしていたくらい仲がよかったんですが、口説くもなにも「俺みたいな奴よりずっといい男はたくさんいるから、いい人見つけてね」ってあらかじめ引き下がっている体たらくで（笑）。あの頃自身満々だったら、ひょっとするとおつきあいも出来たかもしれない（笑）。本当に今だとなんであああだったんだろうと思うんですが、あれは子役が青年に、大人になる時期の壁にぶつかったということなんでしょうね。

――そんな複雑な心境の一九八〇年にTBS『三年B組金八先生』でナイーヴな役を演じましたね。

もともと武田鉄矢さんの金八先生のクラスにいた生徒で、心の病になって九州の学校に転校した子という設定でした。金八先生がその子の当時の気持ちを知りたくて訪ねて来る、という話なんですが、その転校先の先生をやっていたのが映画『蒲田行進曲』の前の風間杜夫さんなんですよ。風間さんもそれこそ子役の時からずっとやっていらっしゃる大先輩なんですが、当時は存じ上げなくて、どなたなんだろうって思ってたんですね。後で『蒲田行進曲』でブレイクされて、あああの方だ、しかも子役から始めて……と感慨深かったですね。いい作品と出会って、そのチャンスに応えられたんだなと。

——つかこうへいさんの舞台はもとより日活ロマンポルノなどでは知られていたんですが、ドラマではまだお茶の間に認知されていなかった時期かもしれませんね。

あの『蒲田行進曲』で熱い映画の現場を外側から客観的に撮っているシーンがあるじゃないですか。ああいう感じって凄く好きなんですよ。現場でも時々ふと俯瞰的に、その現場の愉しさを考えたりすることがあって。そういう「現場にいる」ことが嬉しいんですね。だから、出番が来ない俳優さんが「何時間待たせるんだ」って怒るという話も聞きますが、自分は現場のマイクロバスの運転手さんに「待ってる時間もギャラのうちなんだから、一俳優としてしっかり待ってなきゃ」と言われたのを、本当にそうだと思ってますから。「待ち」は何も苦じゃないし、もう一台カメラがあったらそういう現場を『蒲田行進曲』みたいに撮っていたいくらいですよ。今でこそ「NG大賞」なんていうのもあって、セリフを間違ってもそんなに怒られないですが、昔はフィルムですから「一分一万円だぞ」と言われて、NGなんか出したらこてんぱんに叱られましたからね。『バロム・1』も時代劇なんかも全部フィルムでしたから、子どもながらにけっこうな緊張感がありましたよ。

――デジタル時代に最も失われたものですよね。

それにあまりNGが続くとどうしてもダレるんですよね。人間ってそんなに集中力続かないですから。でも、いちばん嫌だったのはOKが出た後に監督がうなってて、「うーん。OKなんだけど、本テスの時がよかったなあ」って言われる時ですねえ（笑）。たまにそこも回してあるからと言ってくださる監督もいますが、確かにテストを何回かやって本テスというタイミングくらいが僕らもいいあんばいでナチュラルだったりするんですよね。本番というとやっぱり構えたり、やり過ぎたりしますから。本テスでは自然に泣けたのに、本番では涙も出なかったり……。でも監督がOKというものはOKなんだから、まあいいか、と踏ん切るわけです。

――続いて八一年に、二夜放送の変則の〈少年ドラマシリーズ〉の『おとうと』に出ていますね。これはいわば〈少年ドラマシリーズ〉最後の出演作であり、「少年」高野浩幸の掉尾を飾る作品ですね。

『おとうと』は、すでに共演の秋吉久美子さんとはTBSなどで面識はあったので、初めてという感じではなかったのですが、この頃「PLAYBOY日本版」に秋吉さんのちょっとワイルドなヌードグラビアが掲載されていて、秋吉さんに「きれいに撮れてた?」と聞かれて、「うん」と言ったんですが、本当は秋吉さんのそういう姿を見たくなかったのを覚えてますねえ（笑）。何かまだやっぱり子どもだったのかなあ。もともと知っていた秋吉さんのそういう姿を目にするのになぜか抵抗があって。今思うとなぜだったのかなあという気持ちですが、まあ多感な頃だったんですね。でも『おとうと』の現場は楽しかったですよ。おねえちゃん役の秋吉さんは本当にきれいだし、ナチュラルだったし。あの自然体の演技って秋吉さんがパイオニアだったじゃないですか。

――『おとうと』は良心的な仕事でしたが、高野さんの悩める日々が解消されたわけではありませんね。ちょうど『おとうと』は二十歳を迎えた頃ですが。

はたちの頃、どこか自暴自棄になって仕事も減って、『カックラキン大放送』みたいな仕事はあるけれど、良いドラマや映画の仕事はなかなか来ない。ポツポツと来る『おとうと』みたいな良い作品をやっている間はいいんですが、終わるともう何をしていいのかわからない。飲みに誘ってくれる先輩の俳優さんもいましたが、そういう方が演技論みたいなことを話されるんですけど、自分はずっと子役から演技職人でやって来たわけですから、そういうことを特に語りたくもない。そもそも打ち上げでビールを一杯飲んだだけで真っ赤になっちゃう感じなので、当時はお酒も飲めなかったんです。打ち上げで少し飲んでると頭が痛くなって、先に帰りますと言うと、プロデューサーから「そんなのダメだよ」って言われたりして、つらかったですね。二十代はとにかくクルマに乗ることぐらいが趣味でした。そんな二十歳から二、三年くらいの間が一番つらかったかな。二時間ドラマが年に一本、あとはVシネがポツポツ……みたいな仕事量でしたから。

――その激減というのは急に訪れたんですか。

ええ、本当に急激でした。高校を出る時に児童劇団もやめました。そんな中、石井ふく子先生は舞台に呼んでくださって、二十六、七歳までお受けしていました。それくらいから下北沢あたりの小劇

NHK『おとうと』で秋吉久美子と共演。

場も盛んになって、そちらに呼ばれることもあって徐々に仕事の内容やサイズが変わってきた。今まで「高野さん」なんて呼ばれたこともなかったのに、いつの間にか自分より若い二十四、五のスタッフさんにそう言われて「高野さんって誰?」みたいな気持ちになったり。要はずっと子どもだったのに、急に大人にさせられた自分がいる、みたいな感覚ですね。そのギャップに自分が追いついていないんです。子役で来るものは拒まずだったので、常に仕事で忙しかったのに、自分が「大人」部門になると一気に仕事がなくなって、別に大人の仕事で端役でもエキストラでもやるよと言ってるのに、先方が「高野さんにそういうことはお願いできません」と遠慮されたこともあったとマネジャーから聞きました。そんなふうでずっとこちらから売り込んだりすることもなかったのですが、皆さんお酒の席で仕事の話をしてるわけですから、三十代も半ばになると少しずつ自分なりの飲み方も覚えて、プロデューサーの方との飲み会なんかにも行くようになった。そんな歳になって「ああ、こんな席でこんなことが決まっちゃうんだ」なんて気づきがあって、それもまあずいぶん奥手な話なんですが、まあ自分が自然に歩んできた結果がこうなんだからいいかと思うほかありませんでしたね。

――子役独特の痛し痒しの展開ですね。キャリアは長いから、そう軽々に起用もできないという……。

実は二十八歳くらいの頃に結婚して三十二、三の頃に別れたんですが、お酒を飲むようになったのは、その後くらいですかね。でもひどい誤解があって、僕はなまじ子役からこの世界にいるので、「さんざん飲んではモテて女の人を泣かせてきたんでしょう」なんて事を言われたりするんです(笑)。

それで別れたんじゃないかとさえ言う人もいたのですが、そんなことは全くなくて。実際はちょうどバブル崩壊の後で、いろいろ金銭的なことやお互いの性格のことですれ違いが見えてきて別れたんですけれどね。

――つきものとはいえ、そういうのは迷惑な噂ですね。しかしお酒はつらいことを忘れるために飲み始めたのですか。

いえ、そうではなくて、もっといい意味で三十二、三の頃にお酒を覚えたきっかけがあるんです。たまたまうちの父の印刷所で演出家の岡部耕大さんの演劇の刷り物を受けて、何度か納品したことがあったんです。そこで岡部さんが「君って役者なんだって。出るかい、うちの芝居」と言われて参加したんです。それで稽古の後に飲みに誘われて「いやあ飲めないんです」「嘘でしょう！」みたいなやりとりがあったんですが、『元寇』という芝居で、壱岐に始まり九州、広島、大阪、名古屋と来て鎌倉に終わる二か月の旅公演がありましてね。これが四トントラックに装置も積んで舞台を設営して夜の十一時くらいにようやく飯食って酒飲んで……みたいなことをやるんですが、そこで少しずつお酒を覚えた感じですかね。

――それはまた昔のキャリアからするとちょっと意外な経験ですね。

そんなわけで、普通だったらみんなが二十代も前半くらいで経験してるんじゃないかなというあれこれを、三十代後半になってとり戻している感じなんですよね。子役三昧ですぽっと人として経験が抜け落ちているところを、ようやく埋め合わせしているというか……でも自分はそれでよかったたんじゃないかと思います。面白かったのは、元寇の時に壱岐を占領した元軍と戦って十九歳で死んだ少弐資時という武将を演じたのですが、これが地元では「ええ、少弐さまを演じるんですか。元服なさる前に先陣をきって戦いに行って亡くなられた方なんですよ」ってもう神様扱いなんですよ（笑）。でも後で岡部さんの座付きの俳優さんが「高野さん、いったいこれいくらで受けたんですか」って聞くから「ぶっちゃけこのくらい」と教えたら大いに驚かれて「ぼくらのほうがたくさん貰ってる」って（笑）。騙されたなあーなんて思いましたが、でも工具持って舞台づくりからやるなんて経験もさせてもらったから、まあいいかと。ギャラはともかく、経験としてはよかったわけですよね。これで徐々にお酒も覚えて、家に帰ったら初めて外で酒が飲みたいと思って、経堂のスナックみたいなところにふらっと寄ったのかな。それっきり一人で行くことはなかったんですけど。

――また声がかかることはなかったのですか。

二、三年後に岡部さんから電話があって紀伊国屋ホールでまた『元寇』やるから出ないかと言われたので「いいですよ。でも今回はワンステージこれこれのギャラでお願いします」と言ったら「何ぃ！お前そういう男か！」ってお怒りだったので、自分が座付きの役者さんより安いギャラだったのを知ったのでと言ったら、電話をガチャンと切られてそれっきりですけどね（笑）。

――それは笑ってはいけないところですが、爆笑ですね。

まあ笑っちゃうような展開ですよ。でも親父のところに印刷を頼んでくれたりもしたから、こちらも一度は安いギャラでいいやと思って二か月間せっせと働きましたから、まあ義理は果たしたと思ったんですね。当時僕は八年ほどフリーでやっていたんですね。その後ある事務所に入るんですが、ことはうまく行かなくて人生で初めてストレスで胃が痛みました。事務所のマネージャーも僕のかつてのキャリアなんかもう知らない方が多いのですが、そういう若い人だと僕をどう売っていいかわからないんでしょうね。それでに仕事が決まらないと「高野さんの昔のキャリアは凄いのかもしれませんが、もう今はお名前は通りませんから」と言われておしまい。そこをうまく売ってくるのがマネージャーの仕事じゃないのかなあと思うんですけどね。その後は若い俳優を育てることに協力したりしていました。面白いのは彼らの芝居をやって、そのご両親が観に来たりすると、そちらの方が僕のことを知っていて、驚いて一緒に写真を撮ってくれと言われたりするんですよね（笑）。それはともかく、今の俳優志望の若い人は「さあ、やってみせて」と言ってもポカンと口あけて固まってたり、喜怒哀楽の表現ができなかったり……なかなか大変なんですよ。

――衣食満ち足りて、みんな感情がフラットですからね。すぐには劇的になれないんでしょうね。

フラットですよねえ。で、それを「俺たちゆとり世代ですから」って言い訳するんですが、そんなの理由にならんだろうと（笑）。俳優ってのは恥かき仕事で、人前で泣いたりわめいたり情けないところをさらけだして商売してるんだから、恥をかいてナンボなんだよって言うんです。それができなきゃやめた方がいいよって。人を思う気持ち、作品に思い入れる気持ち……みたいなものも薄いかな。

――しかしやはり新作『なぞの転校生』もしかりですが、高野さんの足跡を知っていると、そ

ういう畏敬と愛情のあるキャスティングがもっとあってほしいと願いますね。

九六年に出た『ウルトラマンティガ』〝悪魔の預言〟ではキリエロイドという地底人の預言者という役で、等身大の僕がウルトラマンティガに「(君が守護神だなんて)おこがましいと思わないか?」という台詞が反響を呼んだんです。それから四半世紀前の『帰ってきたウルトラマン』〝怪獣少年の復讐〟でも団次郎(現・時朗)さんが僕に「好きな怪獣は?」と聞くと「エレドータス」、「嫌いな怪獣は?」「エレドータス」「え?」「ほら信じてないじゃないか」っていう屈折したやりとりがあって、これもファンの間では名台詞と言われてますね。怪獣への憎しみと親しみが同居した、孤独な少年の複雑な心理が出ていると。こういう役をいただくと本当に愉しいですし、他にもNHKの『双子探偵』などは〈少年ドラマシリーズ〉みたいな感じを出したかったようで、学校の先生をやってほしいと声がかかりました。

――**それは嬉しいことですね。**

『バロム・1』をやったおかげで、『帰ってきたウルトラマン』以後の「ウルトラ」シリーズには『ウルトラマンティガ』まで一作も出ていませんが、本当は一度隊員とかもやってみたかったんですけどね(笑)。

――**高野さんならぴったりじゃないですか。でも隊長というよりもはや参謀かな。マナベ参謀やタケナカ参謀みたいな制服も似合いそうですね。**

参謀……それはいいですね(笑)。

高野浩幸氏近影（2015年）。

斉藤浩子

子ども番組をかけめぐる理想の「お嬢さん」

斉藤浩子が生まれた昭和三十五年六月十五日は、六〇年安保闘争の激化するなか国会前でデモ隊と機動隊が衝突、デモに参加していた東大の女子学生が亡くなった、あの日である。それからほどなく安保条約は自然成立し、以後、東京オリンピックをはさんで十年後の大阪万博開催まで、わが国は大きな諦めと割り切りのもとに経済成長をひた走った。

安保闘争に敗れた悲愴感はまたたく間に安定の微温湯ムードにとってかわられ、七〇年万博の時分には戦後を脱け出して豊かさを手に入れたお祭りムードが充満していた。この頃に子ども歌手ブームに乗って「おへそ」というのどかな歌のレコードを出した斉藤は、そういう豊かで屈託ない生活を送る、育ちの良い子女のイメージを発散していた。

家計を背負わされた子役も当時少なくないなかで、斉藤は警察幹部のしっかりした家庭に生まれ、きょうだいも多く、ひとことで言えば、良いご家庭の娘さんであった。だからこそ斉藤浩子は、視聴者にとって高度成長期の理想の家庭像に紐づいたお嬢さんのアイコンであり、その名を覚えずとも、あんなこぎれいな身なりの聡明そうな女の子がいること（そしてそんな家庭であること）は、当時のひとつのあこがれだったという気がする。

そんな斉藤は、『仮面ライダー』シリーズや『超人バロム・1』など数々の子ども向けヒーロー番組に頻繁に登場したが、いちいちの役柄がどうこうというよりも、それらをまたいで斉藤が醸すお嬢さんイメージが視聴者を魅了していたのだと思う。しかし、昭和四十年代末から五十年代に入って経済成長も踊り場にさしかかり、世にいわゆるシラケたムードが蔓延するようになると、斉藤の品の良さはなかなか活かし難くなったことだろう。

そこで気づかされることは、斉藤浩子を典型としながら、実はこの時期の「子役ブーム」を担った子役たちが実は皆、せっせと働いて貧しさを脱却した日本の平均的家庭が夢見るような、品よくこぎれいな子女のイメージを大なり小なり背負わされていたのではないか、ということである。視聴者は子役たちをキャラクターのように愛玩していたが、たとえば『超人バロム・1』で言えば斉藤浩子が扮したかわいいおさげにワンピースの女の子、高野浩幸が扮した清潔なブレザーに半ズボンの男の子は、GNPが世界第二位となり、昭和四十五年にはなんと国民の九割が中流意識を持っていた（！）という当時の子どもの「理想像」を映したものだったと言えるだろう。安保のあの日に生まれた「お嬢さん」は、日本の日だまりの時代のあこがれだった。

——一九七〇年代にテレビの子ども向け番組を見ると必ずかわいいお嬢さん役の子役が出ていて、それがことごとく斉藤さんだったという記憶があります。その男の子版が高野浩幸さんという感じでしたが、同い齢なんですよね。

ああ、そうですね。高野くんは一緒によくやっていました。（『超人バロム・1』『仮面ライダー』のスナップを見ながら）こういう写真は母がよく撮っていたんですが、番組だけじゃなくてよみうりランドなどのヒーローショーにも出たりしてましたね。今だったらこんなに自由に撮らせてくれないのでしょうが、母はけっこう撮りまくってましたね（笑）。ドラマのほかに『ハット・ピンキー』というピンキーとキラーズの歌番組にも出ていました。

――もともとは東映の児童劇団ですよね。

ええ、東映の児童演技研修所というところだったと思いますが。幼稚園の頃です。

――そこに入ったきっかけは何だったんですか。

うちの十五歳離れた姉がＳＫＤ（松竹歌劇団）にいたんです。倍賞美津子さんの同期生でした。今考えるとヘンなんですが、その姉がまだまだ小さい私をＳＫＤの劇場に連れて行ってたんですね。私はとても大人しかったようで、「舞台の袖にいなさいね」と言うとちゃんと言いつけを守って歌や踊りを見ていたようなんです。そもそも姉は私がずっと年下なので、かなりかわいがってくれまして、子どもなのにこういうところにまで連れて行ったんですね。私はずっと静かに舞台を観て、一緒に楽屋でごはん食べたりしていたので、「あれは妹じゃなくて隠し子では」なんてからかわれたりしてました（笑）。

――お姉さまはどうしてＳＫＤに入ったんでしょうね。

母は専業主婦だったんですが、宝塚などが大好きで、姉には早くからバレエを習わせたりしてたからでしょうね。姉は確か二十代まではＳＫＤにいて、その後は日舞の花柳流をやってました。父は警察関係で、うちはなんと五人きょうだいだったんです。ＳＫＤにいた姉を筆頭に女男女男女といまして、私は末っ子なんです。長男は五十を過ぎたら亡くなってしまったので今は四人なのですが、その長男は一時東映にいて辞めた後がアパレル関係、次女は警察官、次男は刑事、私は女優……って本当になんだかヘンな家族なんです（笑）。

――それは警察関係のお父さまと、宝塚ファンのお母さまの傾向が交互に出ているわけですね（笑）。ではお父さまは大変厳しい方だったんですか。

いいえ、全くやさしくて、何か怒られた記憶もないくらいです。むしろ母がとても厳しかったですね。もう両親とも亡くなりましたけれど。

――なるほど。しかし斉藤さんは、そのレビュー好きのお母さまの影響でＳＫＤに興味を持って、やがてお芝居をやってみようかなということになったんですね。

ＳＫＤの舞台を観ながらけっこう面白がって「私もやりたい」と言い出したようで、それで東映の児童研修所に行き始めたんですね。ちょうど幼稚園の時期にあたりまして、小学校に入ってからは行かなかったですね。五人きょうだいの末っ子で高齢出産だったせいか、身体が弱かったんです。毎朝起きると鼻血が出ていまして、お医者様からも「運動して体を強くしたほうがいいですね」と。それで、バレエはもともと習ってたんですが、もっといろいろなことをさせようということで劇団に入れたんですね。

――小さかったけれどＳＫＤはやっぱり素敵に見えたんですね。

はい、とてもきらびやかに見えました。ずっと静かに観てたっていうんですから、けっこう好きだったと思うんですよ。

――連れていかれたのは浅草国際劇場ですか。

そうです、浅草です！　それで劇団に入ると歌も踊りもやらなくちゃいけないけど行きますか、って聞かれたらしいんですが、「行きます」と答えたらしいんですよ。

――さまざまな児童劇団がありましたけれど、どうして東映を選んだのでしょう。

特に知り合いがいたとかではなくて、新聞の広告とかで見つけたんだと思います。府中に住んでいたので研修所のある大泉はけっこう遠かったですね。吉祥寺まで出て、バスに乗り換えて……吉祥寺は古い駅から今のような立体にする工事をやっていましたね。研修所では台本を読んだり歌や踊りをやったりですが、これはけっこう楽しかったですね。

――斉藤さんが子役として本格的にドラマに出始めるのは小学校に入学するのと同時くらいからですね。

小一の一九六七年四月に始まるTBSの緑魔子さん主演の連続ドラマ『マコ！愛してるゥ』がデビュー作なんですが、台詞を言ったのだかどうか記憶にないほどちょっとだけの出演だったと思います。六八年には関西テレビの『大奥』で清姫という役をやって、そのほかNET（現テレビ朝日）の『特別機動捜査隊』、フジテレビ『あひるヶ丘77』などにも出ました。『あひるヶ丘77』は桜井センリさん主演の団地のコメディなんですけど、やっぱり子役だった真田広之さん（当時は下沢広之）のガールフレンドの役だったんです。

――下沢広之時代の真田さんは、東映の『浪曲子守唄』シリーズで渡世人の千葉真一さんの息子役などをやっていましたが、すでに凄い意志を感じさせるまなざしで今見ても驚きます。斉藤さんはその相手役だったんですね。

当時の真田さんはとても大人しい感じの、照れ屋さんという感じでした。その後、高校も堀越学園で同じだったんです。志穂美悦子さんも通っていらした玉川流という日舞の家元をご紹介いただいたこともあります。

――そして斉藤さんを忘れ難い存在にする子ども向け特撮ヒーロー番組は、どのあたりから出演されているんでしょう。

六八年のNET『河童の三平 妖怪大作戦』の後、七一年の毎日放送『仮面ライダー』、朝日放送『好き！ すき!! 魔女先生』、七二年のよみうりテレビ『超人バロム・1』、毎日放送『変身忍者嵐』、NET『人造人間キカイダー』、七三年の毎日放送『仮面ライダーV3』、NET『キカイダー01』、NET『イナズマン』、七四年の毎日放送『仮面ライダーX』、TBS『猿の軍団』……というところで、特撮ヒーロー物は一段落でしょうか。

――いや、そのタイトルの連続がもはや信じがたいです（笑）。斉藤さんの小学校時代は当時大人気だった特撮ヒーロー物に埋め尽くされていて、私たち当時のコアな視聴者が見ていたものにはまさに全部、浩子さんが出ていたんですね。またそれのみならず、歌手デビューまでされていた……。

TBSの音楽バラエティ番組『ハット・ピンキー！』収録時に。

浅草国際劇場の歌謡ショー出演時に藤圭子と。

フジテレビのドラマ『ブラックチェンバー』撮影時に内田良平と。

小学校三年の頃にクラウンレコードの方が歌のレッスンの時間にお見えになって、そこでお声がかかって「おへそ」という歌のレコードが出たんですね。でもそのレコード会社の方が、歌う子どもの候補を探して私たちの歌を聴きに来ているとは全く思ってはいなかったんです。

――この大阪万博の一九七〇年は、皆川おさむの「黒ネコのタンゴ」の大ヒットの影響で、いわゆる子ども歌手ブームが起こりましたね。そこで白羽の矢が立ったのが斉藤さんだったと。当時はキャロライン洋子、ジミー・オズモンド、瀬戸内アケミ……といった子どもたちのソロや、「老人と子供のポルカ」の左卜全とひまわりキティーズ、菅原洋一父娘といった保護者と子どものユニットなど、いろいろなパターンで売り出されました。斉藤さんの「おへそ」はNHK『あなたのメロディー』で公募された優秀作でしたが、同じ年にリリースされて大ヒットしたトワ・エ・モアの「空よ」もこの番組から生まれた曲でしたね。

でも歌うのは特に好きじゃなかったんですよ。なぜなら下手だから（笑）。でもなぜだかいつの間にか歌うような状況になってたわけなんですね。

――歌といえば、この一九七〇年から七一年にかけてNHKで『歌はともだち』という子ども向けの歌番組をやっておられましたね。

公開放送で、ボニー・ジャックスさんと芹洋子さんと私がレギュラーでした。小学校三年生で司会をやっていました（笑）。毎週木曜に、遅い時間までみっちりリハーサルがありまして、日曜に公開録画でした。二十五分番組なんですが、毎回たとえば和田アキ子さんやピンキーとキラーズさんのようなゲストが来られて、その方々にちなんだ歌やトークがあるんですね。毎回三曲ぐらいをみんなで唄うんですが、歌も振付もけっこう大変でした。子どもだったから覚えは案外早かったとは思いますけど。でも芹洋子さんや、後で出会う徳永れい子さんもそうなんですが、当時の私を子ども扱いしないでちゃんと話してくれたのが嬉しかったですね。

――『河童の三平 妖怪大作戦』も人気のあるテレビ映画でしたが、何か覚えていますか。

『河童の三平』は妖怪の小さい時をやってましたが、いま観ると面白いですね。おじいちゃんの肉を食べる妖怪の役のとき、セットが暗かったことと、障子の向こうでおじいちゃんの肉を食べるという設定で鶏のもも肉を食べたのは妙に覚えてますね(笑)。

――この後、斉藤さんの小学校時代は名だたるヒット作のヒーロー物に埋め尽くされるのですが、当時のヒーロー物の制作期間はどのくらいだったんでしょう。

だいたい二週間くらいでしたね。アフレコも多かったですからね。

――アフレコはお上手だったんですか。

はい、これはけっこう嫌いではありませんでしたね。

――しかし『仮面ライダー』はすさまじい人気でしたけど、あんな番組に出ると学校なんかに行くと大変なことになったのではないですか。

そこはどうだったのかな。実はあまり記憶がなくて……同級生は見ていたのかなあ。自分の出た番組自体、あまり見たことがなかったですしね。その時間は仕事していたという感じですね。

——ああ、年中それどころではない忙しさだったということですね。しかし昔の子役さんはもの凄く働かされていますよね。

ええ、ロケの時は日が落ちて午後六時とか七時で終わりでしたけど、セットの時はいつもけっこう遅くまでやっていました。

——最近では幼い子役を朝方まで働かせたということが大問題になっていましたが、往年の現場はもはや労働基準法とかまるで関係ない感じだったわけですね。

確かにあそこまで働かせちゃまずかったはずなので、関係なかったんでしょうねえ（笑）。テレビ映画の現場だけではなくて、NHKの『歌はともだち』の収録にしても、リハーサルが夜の十時や十一時まで伸びてましてから……もちろんタクシーは出して下さってましたけど。今はそのあたりは厳密に決まっているんでしょうか。

——二〇〇五年からは、「演劇」については十三歳未満の児童の出演は従来夜八時までだった規制が九時までに緩和されました。「映画」「テレビ」についてはこの範囲に限らないという解釈もありますが、おおむねこの原則にのっとっているのではないでしょうか。ともあれ、昭和の子役さんたちをめぐる環境は全くこのようなことはお構いなしだったと（笑）。

そうですね。当時はよくてっぺん（午前零時）くらいまではやっていた記憶がありますねえ。

『仮面ライダー』撮影時に
藤岡弘と。

毎日放送『仮面ライダー』撮影時に
山本リンダ、千葉治郎（矢吹二朗）と。

——しかし『仮面ライダー』を筆頭に、斉藤さんが出ておられた作品にはたくさん奇怪というか珍妙な（笑）怪人のたぐいがたくさん出て来るわけで、毎回絡みがあるわけですが、お年頃のおませな女の子としてはあのような怪人みたいなものを相手に演技してるというのはどんな気分だったんですか。

もう怪人として見ていないですからね。中に入ってる方を知ってますから（笑）。スーツアクターの方は常に危ないことをしているわけです。自分の出番でない時もその方々の演技を眺めていたりするわけですが、それこそ崖とか、水が激しく流れてる場所とかでけっこう危険なことをやっているんですよ。だから見ていて心配で心配で……みなさんとてもいい方でしたからね。ある番組のスーツアクターさんに別の番組で出会うこともありましたからね。

——なるほど。子役ながらに怪人の身を案じていたわけですね（笑）。この『仮面ライダー』に比べると、同じ石森章太郎原作でも女の子向けで静かな人気のあった『好き！ すき!! 魔女先生』のことは覚えていますか。

あの作品も面白かったですね。でも先生役の菊容子さんは事件で亡くなられてしまいましたね。

——あの小学生の頃から子役や雑誌のモデルとして活躍してきた菊さんが、つきあっていた売れない俳優の男性に絞殺された事件は衝撃的でしたが、いい女優さんだったので残念です。菊さんの記憶はありますか。

いま思うと後の『猿の軍団』の徳永れい子さんにもちょっと似ているところがあって、凄くきれいで優しい方だなあと思っていました。清純なんですが、ちょっとコケティッシュな感じで。

――この後、一九七二年の『超人バロム・1』は、『仮面ライダー』シリーズと違って子役たちがヒーローであり主役であるというのが独特でしたね。

『超人バロム・1』は人気ありましたね。これは高野くんたち同じ年くらいの子役が集まっていていて楽しかったですね。マッハロッド（バロム・1のスーパーカー）はいつも撮影する近くに置いてあるので乗せてもらったりもしましたけど、画面で観ているほうがカッコいいかもしれませんね。ただボップ（バロム・1の変身ツール）は「あれれ？」という感じの出来でしたねえ（笑）。

――しかし『バロム・1』も現場は大変だったんでしょうね。

あれもやっぱり火薬を使った爆発シーンがけっこうあって、それはけっこう大変なんですよね。今ならCGでやるところなんでしょうけど、本当にあの頃は派手な爆発が多かったので……。その火薬のあるところをよけながら逃げて走る……みたいな撮影がよくありました。

――爆発音は後でつけてるのでそんなに大きくはないですよね。

それが、音もけっこう大きくて怖いんです。本番が終わったらホコリだらけで。そういえば、最近になって面白いなあと思うのは、たとえば『超人バロム・1』だとシリーズ中に五話出ているんですが、最初の三話と後の二話では名前が変わって別人の役なんですよ。いいかげんですよねえ（笑）。最初は「須崎久美江」で出てたのに途中から「村山カオル」になってて（笑）、子どもながらに「あれっ?!」って思いましたよ。

――今のようにビデオもない昔は基本的に映画もドラマも一期一会でしたから、そのへんは鷹揚というか、適当でしたね（笑）。観ている僕らだってただなんとなく見ていて、「ああ、この子がまた出てきて嬉しいなあ」ぐらいの感覚で（笑）。調べてみると『キカイダー』などはケッサクで、斉藤さんは三回出ておられるのですが、そのうち二話は別人、さらにもう一話は敵ロボットの子どもの声（笑）。もう優秀な子役だからなんでもお願いしちゃえ、というところでしょうか。牧歌的でしたね。

牧歌的といえば『仮面ライダー』の〝ゴキブリ男!! 恐怖の細菌アドバルーン〟の回なんか、うちの母まで駆り出されてますからね。一緒に買い物してる親の役で、急に出てほしいと言われたらしくて。でも本当にヘタだったので、私が母に注意した覚えがありますね（爆笑）。小学五年生くらいの頃ですね。

――そういえばこの頃、子ども向け番組の『仮面ライダー』や『キカイダー』で見かけるかわいい女の子の斉藤さんが、なぜか授業中に見せられる教育映画にも登場してトクしたような気になっていましたが（笑）、ああいう教育映画にもけっこう顔を出していたんですか。

ああ、教育映画！　東映がよく作っていましたね。教育映画は東北新社が受けて作っていたと思います。警察官の父が最後は警視正だったので、警視庁の防犯映画にも出ましたね（笑）。そう考えるとけっこう忙しかったのかなあなんて思うんですが、全く忘れちゃうんですよね。

――お母さまは現場にいらっしゃっていたわけですが、お父さまは斉藤さんが出た作品をご

よみうりテレビ『超人バロム・1』撮影時に
高野浩幸、飯塚仁樹、沢村正一と。

明治チョコレートCMの軽井沢ロケで石坂浩二と。

覧になっていたんですか。

帰って来るのも遅かったので観ていたかどうか……。でも小学校四、五年の頃でしょうか、凄く大きいビデオレコーダーを高いのに買って、そこにたくさん録ってあったのに、ほとんど何が入っているかわからないから処分してしまいましたね。その大きいビデオの後はベータマックスのビデオデッキを買ったのですが、この規格もなくなっちゃったから、せっかく録ったのに見られなくなって困りました。この後の『猿の軍団』あたりになると当時まったく見ていないんじゃないでしょうか。

――『猿の軍団』のお話が出ましたが、『変身忍者嵐』『人造人間キカイダー』『キカイダー01』など評判のヒーロー物に続々と出演された後、中学一年生の時に当時話題を呼んだSFドラマ『猿の軍団』にレギュラー出演されるわけですね。これは印象深かったのではないですか。

『猿の軍団』はいま観るとけっこう高級なドラマで、当時はTBSで日曜夜七時三十分から『猿の軍団』をやって、その後『日本沈没』でしたね。

――そうですね。ゴールデンの一時間半がなんと小松左京アワーでした。

小松左京さん凄いですよねえ。しかもこの時間帯は激戦区で、裏では『宇宙戦艦ヤマト』も『アルプスの少女ハイジ』もやってたのかな。『猿の軍団』は撮影も大変で、早朝からバスで御殿場方面に連れて行かれました。あれ以来、何十年ぶりかで徳永れい子さんにお会いしたら、あいかわらずおきれいで嬉しかったです。当時私が中学生で徳永さんはひとまわり上だったんですが、当時からきれいな方だなあと思って見ていました。今はもうお孫さんもいるそうなんですが、素敵な方でした。『猿の軍団』は監督も気鋭の方で、その後もご活躍でしたね。

――レギュラーの仕事のなかでは『猿の軍団』がひときわ大変だったそうですね。

レギュラーという意味では『ケンちゃん』シリーズは三年間やりましたから長かったんですが、こちらはずっと出ているわけではないし、なんとなく学校に通うような気分で三年間国際放映のスタジオに行ってたんです。でも、『猿の軍団』はとにかく撮影がハードだったのでダントツでよく覚えていますね。いま思うと楽しかったんですが、台本には〝いつまで続くのかしら〟みたいな走り書きがありまして（爆笑）。なんにもない殺風景なところで一日中、逃げ回ったり、爆発シーンがあったり、ただただ大変なんです。

――荒涼たる別世界に急に行ってしまったという設定ですからね。

そうなんです。だから、着ている衣裳もずっと同じでなくちゃいけないので、もう現場に行くとその同じものが待っているんです（笑）。もちろん洗濯がしてあってはいけないという設定で、それはわかるんですが、毎回あの汚れた衣裳を着るのは相当落ち込むんですよ。

――でも転んだりもするわけですから、あの衣裳にはスペアはあるんですよね。

いいえ、それがないんです（笑）。独特な洋服だったので、汚れても破れても同じものを……三か月は着ましたね。いやあ、あれ本当にどういうことだったのかな。毎日忙しいからクリーニングなんかする暇もなかったと思うんです。考えると恐ろしい（笑）。本当に神経質なら無理ですね。まあ最後の方はさすがに擦り切れて、猿の軍団のビップ保安大臣から授けられたテイで新しいのを貰ってましたけど（笑）、この衣裳の件を筆頭にいろいろと苛酷なロケで、もう本当に神経質でいたらやってられないなと思いました。セットは日活で撮っていました。

――お休みもあまりなかったのですか。

そうですね。中学の時から堀越学園だったんですが、クラスは一学級しかなかったんです。藤谷美和子さんも二学年下くらいにいました。そんなひとクラスで京都に行く修学旅行があったのですがにこれは行きたいなと思って前々からスタッフに伝えていたんですが、撮影が押しまして「やっぱり無理」ということになって行けなくなっちゃったんです。泣く泣く諦めました。

――『猿の軍団』でびっくりしたのは、最終回の結末に「風」の「22才の別れ」が流れるんですよね！

あ、かかってましたね！　あれはいったい誰の趣味だったんだろう。タイムスリップの末に現在に戻りましたっていう意味であの曲が流れるわけですけど、なぜあの曲なのか（笑）。

――そういえば、当時のテレビ映画の現場で斉藤さんは何と呼ばれていましたか。

「斉藤さん」でしょうか。レギュラーの現場では「浩子ちゃん」もありましたけれど、だいたい「斉藤さん」ですね。

――というのは、高野浩幸さんはほぼ名前（芸名）で呼ばれることがなくて、「そこの坊主」的なことが多くて、よくても役の名前どまりだったと聞きまして（笑）。

NET『人造人間キカイダー』撮影時に
神谷政浩（神谷まさひろ）と。

NET『イナズマン』撮影時に
伴直弥（伴大介）と。

TBS『猿の軍団』撮影時に。

毎日放送『仮面ライダーX』撮影時に
速水亮と。

アハハ、そうなんですか！　男の子と女の子ではちょっと扱いが違っていたのかもしれませんね。

――そのように当時のテレビ映画の現場は今よりちょっと荒っぽかったのではないかと思うんですが、スタッフの大人たちに緊張したり、怖いと思ったり……なんていうことはなかったのですか。

大人になって俳優になったならいろいろ緊張するかもしれませんが、子どもなので怖いもの知らずというか、もう率直に台本に書かれてある通りにやってましたね。よく昔のスタッフさんは怖かったとか言いますけど、そういう怖さや嫌だったという印象は全くないんです。ただそれでも京都は別格で、ここは子どもでも緊張しましたね。

――京都はどういうふうに違ったんですか。

子どもでもわかるぐらいピリピリしていて、実際子どもにも厳しいんです。十一歳の時、東映の『女渡世人』という藤純子さん主演の映画に出まして、鶴田浩二さんの娘の役でした。これはけっこう出番もあったんですが、小沢茂弘監督がもの凄く厳しくて、まるで子ども扱いしない方なんです。子どもでも京都のことばのイントネーションが違ったら許さないし、泣くシーンで出来ないと実際に泣くまでやるんです。ですから時代劇もよく出ていたんですが、それが京都の仕事と聞くと「うーん」と緊張していましたね（笑）。

――さすがにどんなところで絞られたか細かいところは覚えていませんよね。

いえもう、いまだに覚えていまして……。藤純子さんに「おばちゃん行かないで」という台詞の気持ちの置き場が違うと。「行かないで」の「で」を強調してたら「ない」のほうを強く言いなさいとおっしゃるんですが、これがうまくできないんですよ。大人になって観なおしたら、全然だめでしたねえ。確か何十回もやったんですよ。八歳か九歳のことでも、これはよく覚えてますね。この時の藤純子さんがあまりにきれいでオーラがあって、子どもでも緊張するんですよ。最近観なおすと、鶴田さんも藤さんも本当にカッコいいんですよね。

――小沢茂弘監督に締めあげられた俳優さんの話はよく聞きますが、出来上がったものの皆さんの熱演を観て、監督ご自身が誰よりも泣いておられたとか（笑）。熱心な方だったんですね。

厳しくされても、子どもだってそこではプロなんだから何もおかしいことはないわけです。それは何となく自覚していたので、つらくて泣いたりはしませんでした。でもまあ、うまく行かない私を何度もやらせてみて、一〇〇パーセントＯＫではないけれど、「まあいいか」という感じで及第点くださってたんじゃないかな（笑）。

――子ども向けのテレビ映画をブローアップしたものを除くと、こういう『女渡世人』のような劇場用映画にはあまり出演されていませんが、高倉健さんとも共演されたそうですね。

はい、あまり記録には残っていないんですが、映画では高倉健さんの作品に少しだけ出たこともあります。一九七一年の降旗康男監督『ごろつき無宿』で、撮影で北九州まで行きました。健さんは意外にも明るくて、気さくに声をかけてくださったのを覚えています。

――深作欣二監督の『資金源強奪』にも少し出ていましたね。

十五歳の時かな。あれも京都の仕事で、「おっちゃんなんや」みたいな関西弁を話さないといけなくて。梅宮辰夫さんにディスコで声をかける奔放な女の子で、あまりやったことのない役柄でしたね。

――京都に撮影に行く時などはだいたいお母さまがご一緒なんですか。

中学生くらいまではそうですね。高校に入ってからは一人で行っていましたが。

――これは京都と言ってもテレビ映画ですが、『銭形平次』のような時代劇に出る時はなにか難しいことはあるのでしょうか。

ありましたね。津軽三味線を弾くという設定がありまして、手もとの演奏はプロの方が吹き替えでやってくださるのですが、なるべくそれらしくしないといけないのでこれは難しかったです(笑)。そういえば、時代劇は『銭形平次』にも『遠山の金さん』にも出ていましたが、『水戸黄門』には一度も出たことがないんですよね。

――さて、この中学時代には子ども向け特撮番組だけでなく大人向けのドラマにもお仕事の幅が広がっていったわけですが、目を引くのは宮尾登美子原作『櫂』ですね。

中二の時ですね。一九七五年秋のNET「ポーラ名作劇場」です。『櫂』はそれこそ若尾文子さんのような凄い女優さんたちばかり出ているのに、私の台詞がやたら長いんですよ(笑)。もう間違えてはいけないと緊張して……。しかも土佐弁で話さなければいけないので、方言指導のテープを何度も聴いて覚えました。四十年以上経った今でも覚えてるくらいです(と、ちょっと演ってみる)。それと、ずっとテレビ映画中心でしたので、『櫂』の頃にスタジオでのビデオ録りを経験して、凄く緊張したのを覚えてます。撮り方が全然違うので、最初はびっくりしました。

――この後に、長年人気のあった『ケンちゃん』シリーズにもレギュラーで出演されますが、この時の主役のケンイチはまだ宮脇康之さんの代でしたか。

私が最初にやった『フルーツケンちゃん』は宮脇くんで、次の『スポーツケンちゃん』は岡浩也くんですね。宮脇くんとはたまに今も会うことがありますが、あの当時の人気は凄かったですよね。

――宮脇さんはそもそも『フルーツケンちゃん』でとうとう九年間演じたケンイチを卒業して、次の『パン屋のケンちゃん』からは二代目ケンちゃんの岡浩也さんが登場ということになるわけですが、浩子さんはそれをまたいでのご出演だったのですね。しかし当時、こうしてあまりにも売れっ子の浩子さんをライバル視したり嫉妬したりする子役さんから嫌な目にあったり、なんていうことはなかったんですか。

たとえば『ケンちゃん』シリーズのように、私が出る番組での扱いはたいてい男の子たちがメインにいて、そこに絡む女子ということで、女の子は一人しかいないみたいな設定が多かったので、そういうドロドロした目には意外と出くわしていないんですよ（笑）。まあそういう話もいろいろ聞きますけど、私の周囲がたまたまいい方ばかりだったのか、私がまるで鈍感で何も考えてなかったのか（笑）、全くそんなことはなかったですね。

――なるほど。そんな中学から高校にかけて出た作品のなかで思い出深いものはありますか。

『ケンちゃん』シリーズは、三年もやってたわりにはそんなに記憶がないんですよね。店員の役で、毎回そんなに特別な演技を求められるわけでもないので……。『非情のライセンス』や『Gメン75』みたいに東映のシリーズはよく出ていましたけど、『夜明けの刑事』というのは珍しく大映テレビでした。これは福山から家出してきた女の子の話で、人を殺したと思い込んで逃げているという面白いお話でした。私をかばうお母さん役が吉行和子さんで、これは全篇けっこう出てましたね。『スパイダーマン』（一九七八年、東京12チャンネル）の時は婦警さんの役でミニパトを運転しないといけないので運転免許を取りました。夏休みに取って、それが届くやいなやさんざん運転してましたね（笑）。『宇宙の勇者スターウルフ』（一九七八年、よみうりテレビ）は当時としては斬新なお話。どこかの惑星の奴隷となって踊らされたり、ちょっとオトナな感じの子ども番組でしたね。

――しかしちょっと意外だったのは、こうして多くの子供向け番組を制覇していた浩子さんなのに、ＮＨＫ〈少年ドラマシリーズ〉へのご出演は一本だけなんですね。

『その町を消せ』ですね。十八歳の時です。これも『スターウルフ』や『スパイダーマン』と同じ七八年ですが、近い年齢のキャストばかりで撮影は楽しかったですね。ただスパイの役だったので、これもまたアタマから終わりまで同じ服なんです（笑）。この前キャストが再会してトークするイベントがあった時に、出演していた熊谷俊哉くんが来ていなかったのでどうしたのかなと思っていたのですが、直前に癌で亡くなっていたそうで、悲しかったですね。もうそういう歳なんだと改めて思いました。自分たちはどこか子役の時の気持ちのままなんですけどね。

東京12チャンネル『快傑ズバット』撮影時に
宮内洋と。

77年夏 TBS の番組宣伝イベントにて
夏目雅子らと（左より二人目）。

――他には円谷プロの『ウルトラ』シリーズにも一回だけ出ていますね。

『ウルトラマン80』のゲストですね。レギュラーの石田えりさんは同じ堀越でしたが、彼女は普通コースだったので、そんなに接点はなかったんです。でも撮影の時は実は同級生だよね、ということで一緒にごはんを食べたりしていました。円谷系の仕事はそんなに多くなくて、『猿の軍団』『スターウルフ』と、この『ウルトラマン80』くらいでしょうか。

――ところでデビュー以降、東映の演技研修所にずっと在籍しておられたわけですが、いわゆる芸能プロダクションにも入られたんですか。

七六年に『ケンちゃん』シリーズに出た頃、シリーズのお父さん役で人気のあった牟田悌三さんがいらした富士企画という事務所に行きました。その後は研音に入ったんですが、その頃になると女優としての限界を感じていまして、もう辞めようと思っていました。子役から大人の女優になる中途半端な時期の自分に耐えられないという感じでした。

――その心境については皆さん異口同音におっしゃるので、本当に驚いています。

あれは何だったのか、本当につらかったですね。もうここで完全に辞めるのか、大人になってからもう一度始めるのか、ということも考え始めて。迷いの季節は高校からですね。中学の時は全然考えませんでしたけど、高校に入るとけっこう仕事はあったんですが、不安になったんですね。このままでいいのだろうかと。仕事がなければ今は学生に戻ればいいけど、将来これで仕事がなくなったらどうするのだろうと。あまりに不安だから早く結婚して逃げようか、なんてことも考えました（笑）。

――やはり小さい時から大人たちの間で育っているから、心配ごとも早熟だったんじゃないでしょうか。ぼくら普通の高校生なんて能天気だから、そんな時分にはあまりそこまで真剣に将来のことを考えたりしませんものね。

そうですね。普通のお子さんがどうだったのかは判りませんが、かなり大人ではあったと思います。精神年齢が逆に今と変わらないくらいで、昔の方がしっかりしていたかもしれません（笑）。それにやっぱり、自信がなかったんじゃないですかね。自信があったら続けてるんでしょうが、まあ一生女優は無理かな、と思ってしまったんです。

――でもせっかくそこまで一緒にやってきたお母さまなどからすると、辞めてほしくなかったのではないでしょうか。

実はそんな気持ちが強くなったせいか、十九歳くらいの頃に一種対人恐怖症めいた感じになっちゃいまして、仕事に出かけていくのも、仕事関係の人に会うのも億劫になったことがあったんです。そういうのを母も見ていたので、これは無理だなと思ったようですね。最後までお仕事自体は嫌いじゃなかったんですが。

――子役という職業の宿命なのか、同時期に似たジャンルであれだけ売れていた高野浩幸さんは十七、八歳くらいを過ぎた頃に急に仕事がなくなって驚いたとおっしゃっていましたが。

ああ、やっぱりそうですか。そう言われると、私もずっと小さい頃からコンスタントにやってきたのに、高三を過ぎた頃くらいから仕事が減ったかもしれませんね。逆に「これはちょっとできないな」という仕事が舞い込んできたりしました。

――それは突っ込んでお伺いすると、どういったお仕事なんでしょう。

いわゆるヌードがある仕事ですね。まあ自信があればお見せするんですが（笑）。そういうわけでもないし……まあ本気で女優を続けるのであれば、そんなことは当たり前のこととしてやって行かないといけないのでしょうが、まだ自分がそういう気持ちにはなれない年齢でしたね。

――かわいく清純な子役からいきなりそっちに行くんですね。そこが女性ならではの岐路かもしれません。男子ならただ仕事が減るだけなのでしょうが……。

それは無理だなあと思ったらだめですよね。そこを乗り越えて大人の女優になるのでしょうけれど。それに、当時女優で友人だった女の子がやっぱり「ひとつの成長のステップと考えて出演してみては」と言われて日活ロマンポルノに出たので、これも参考までにと観に行ったりしました。でも結局その子はその作品一本限りで、続きませんでした。

――日活ロマンポルノは作っていた側もひじょうに真摯であったわけですが、確かに今の「脱ぐ」こと自体のインパクトが薄れてしまった時代とは違って、女優さんにはイメージがどう転ぶか本気でおっかないことではありましたからね。

ええ、当時はそうなんですよ。私はそういうロマンポルノみたいな映画が悪いとはまったく思わないし、いい作品もたくさん生み出していることはもちろん知っているんですが、向き不向きもあるし、まずその前に自分の気持ちが追いついていなかったですね。自分は無理かなあと思っただけなんです。それにまあ、うちの母もそういう仕事は嫌がったかなあ。

――そしていったん休業の時期があったんですね。

はい。そんなわけで十九歳か二十歳の頃にちょっと仕事に限界を感じまして、いったん辞めたんですね。確かに誰でも出来る仕事というわけでもないし、決して嫌な仕事でもなかったのに、小さい時からずっとやってきて疲れちゃったんでしょうね。だから、子役から成人して何十年も俳優をなさっている方は本当に凄いなあと思いますよ。そんなことで事務所を辞めて、知り合いのお店でアルバイトなんかしながら過ごしてる時もあったんですが、以前から知っている東映のプロデューサーの方からお電話があって「もう一度やりませんか」というお誘いがあると「わざわざ居場所を探してまで連絡下さったのだし、ずっと知っている方の現場だから出来るかなあ」と〈土曜ワイド劇場〉などの単発にちょこっとだけ出たりしてました。そういう全くフリーの時期もあったんです。

――この最後の時期の八二年の『新五捕物帳』や八三年の『魔拳！カンフーチェン』では芸名が斉藤浩子から斉藤ひろこになっていますが、これは何かわけがあったんでしょうか。

それがよく覚えていないんですよねえ。それのほうが運勢的にいいと言われたのか……(笑)。その時だけそうなってましたね。『魔拳！カンフーチェン』にレギュラーで出たのを最後に辞めました。二十三歳の時です。結婚も二十四歳でしたので、意外と女優業を離れるのは早かったですね。

――『魔拳！カンフーチェン』の後お辞めになったのは、もうご結婚ありきだったんですよね。

ええ、もう二十四歳になったら結婚しようと。それでこの後も、一年は研音で事務をやっていたんですよ（笑）。撮影に関わる仕事ではあったんですが、要は事務仕事で、自分はこっちのほうが向いてるかなあなんて思いました（笑）。

――ご主人はプロ野球の定岡さん兄弟の末っ子の定岡徹久さん。八〇年代に広島東洋カープ、日本ハムファイターズで外野手として活躍なさいました。そもそもはご主人のお兄様の、元読売ジャイアンツ・定岡正二さんの方とお知り合いだったんですか。

そうなんです。そのつながりで知り合った頃は、主人はまだ大学生で、その後広島東洋カープに決まったんですね。なので「広島に行かなきゃいけないんだあ」と一瞬思ったものの、そんなに抵抗なく広島に行きまして。まあそれも仕事からの「逃げ」だったような気がします。そこまでは仕事をやったりやらなかったりで中途半端な気持ちでしたから、「ああこれできっぱり仕事を辞められる」と思ったんでしょうね。ただ一件、さっきお話しした連続ドラマの『櫂』を再編集して単発スペシャルで放映するという企画がありまして、プロデューサーがわざわざ広島までお電話をくださってナレーションを務めさせていただいたことはあります。

――もともと中二で出ていた『櫂』なので十年ぶりですね。

はい、中学二年生くらいの時ですね。その総集編的なものを作るというお話だったんですが、ナレーションだけというのはやったことがないので、出来るかどうか……と申し上げたら大丈夫ですとおっしゃるので、結婚後はその一本だけ「ナレーター・定岡浩子」で出ました。それが本当に最後でした。

――「定岡浩子」名義もあったんですね。

でも正確にその一本ですね。後はもうずっと引っ込んでまして、たまに昔の番組をめぐるトークなどに呼び出されて行くぐらいですね。最近はあの頃の番組を懐かしむ番組やイベントがありますから、そういうところで『仮面ライダー』の佐々木剛さん、『変身忍者嵐』の南条竜也さん、『仮面ライダーX』の速水亮さんといった方々と再会することはありますが、自分は本当に表舞台に出てないので、出来るかなあと心配しながらやっている感じです。それにファンの方は「よく見てました」って言ってくださるんですが、自分ではそんなにたくさん出ていたという自覚がなくて、ピンとこないんです。

――子役という生き方を、今となってはどう思われますか。

子どもの時代に、子役という仕事をずっとやっているというのは、生き方としては一般の方から見るととても異質なことですよね。大人になった時にそれが良い結果になるのかどうなのか、そこが人それぞれですよね。子役の仕事がどこかで終わっちゃうのか、自ら選んで辞めちゃうのか、いずれにしてもそこには葛藤があって……大人になった時に子役としての仕事が自然となくなるのか、私みたいにもう無理だと思って自分から辞めてしまうのか。子役をやっている以上、絶対にそういう瞬間に直面すると思うんですよ。……やっぱり子役というのは変わっているというか、普通ではない生き方なんですね。

――われわれ同時代的に子役に伴走してきた視聴者からすると、かつての昭和の子役さんた

ちが濃密に作った時代、というものがあるんですね。今の子役さんとはちょっと違う、かつての子役らはまったく子どもとして扱われずに、大人と同等に作品づくりに貢献させられていたと思うんですよね。

そういえば私、子役の頃にいちばん共演させて頂いたのが実は石橋蓮司さんなんです。そもそもデビュー作の『マコ！愛してるゥ』の緑魔子さんが奥様なわけですが、石橋さんとは現代劇も時代劇も本当によくご一緒しました。

――**そう、それこそ石橋蓮司さんも子役出身ですからね。**

ああ、そうですか！　本当によく続けていらっしゃいますよね。凄いですね。

斉藤浩子氏近影（2015年）。

水野哲
石井ふく子から
鈴木清順までを横断する

昭和三十九年、東京オリンピックの年に生まれた水野哲は、文字通りテレビの高度成長期の申し子というべき子役であった。両親が芸能関係にゆかりがあったことも手伝って、三歳の頃から舞台を踏んでいたという水野は、たちどころにテレビドラマの世界に導かれ、気づけば売れっ子の子役となっていた。

水野が当時の他の人気子役と違っていたのは、多くの子役が必ずしも経済的に豊かな家庭の子どもではなく、幼くして生計を担うことを託されていたのに対し、芸能界につながりがある上に安定した家庭の子息であったために、昭和の子役特有の悲愴な感じが見られず、しかも周囲に暖かく歓迎されて子役の場にいたという点である。そしてもうひとつは、人気子役たちの多くが子ども向け番組に数多く出演して顔を売っていたのに対し、水野は所属劇団の方針でその種の番組への出演を禁じられ、ひたすら一般の大人向けのドラマにのみ出まくっていたということだ。

水野は『仮面ライダー』のような番組にこそ登場しなかったが、TBS〈東芝日曜劇場〉の諸作や、石井ふく子プロデュースで爆発的な視聴率を稼いだ『ありがとう』、またその延長の『ゆびきり』など、木曜八時枠TBSホームドラマの小さなレギュラーとしておなじみの顔となった。このほか、水野は『細うで繁盛記』『パパと呼ばないで』『雑居時代』などのホームドラマ、『鞍馬天狗』『子連れ狼』などの時代劇、『太陽にほえろ!』『特捜最前線』などの刑事物、『風と雲と虹と』のような大河ドラマにレギュラーまたはゲストで引っ張りだこであった。

折しも長いブランクから復活した鬼才、鈴木清順監督が『悲愁物語』という異色作でカムバックし、その重要な役を水野に配して、長くホームドラマが似合う少年であった水野の新境地もここに始まるかと思

われた矢先、高校に進んだ水野は子役という職業への疑問を抱え始める。物心ついた時から問答無用で子役を任じ、テレビの高度成長期に乗ってあまたの現場に動員されてきた水野は、ここでふと立ち止まった。

水野は、あたかも「子役」という「戦場」からの帰還兵のごとき表情で、当時から現在に至る模索と彷徨の道のりを吐露してくれたが、そこには子役という仕事の遺す陰陽の記憶がいまだ生々しく感じられ、「昭和の子役」筆頭の売れっ子が深甚に背負わされたものについて考えさせられるのだった。

――水野さんは東京育ちですね。どういうきっかけで子役を始められたのでしょう。

生まれたのは中野で、育ったところは杉並区の永福町なんですが、子役を始めたのは父がジャズミュージシャン（二〇一七年七月に物故したクラリネット奏者の水野純交）で母が着物のデザイナーの大塚末子さんの秘書をやっていたからなんですね。そこで母が菊田一夫先生と出会ったんです。母は多趣味だし社交的だったので宝塚関係にも知り合いが多くて、宝塚女優の浦島千歌子さんなど非常に親しい方もいました。母の縁で父も菊田先生に出会って、先生作の『銀座残酷物語』という舞台でクラリネットを吹いたりしていました。「おまえは役者には向いてないなあ」なんて言われてたらしいんですけどね（笑）。そんなこんなで父も母も長く菊田先生とのおつきあいがあって、僕の「哲」という名の名づけ親にもなってくださったんです。菊田先生といえば東宝の舞台なんですが、その子役は全て劇団若草を使っていたんですね。そういうご縁で若草を紹介して頂いた、というのが子役を始めるきっかけだったんです。二歳半くらいで若草に入って、三歳の時はもう東宝現代劇の『王様と私』にいちばん小さな王子の役で出ていたんです。

――さすがにその舞台のことは小さくて覚えていませんよね。

よく子役の小さな頃のことを覚えていないという人がいますけど、僕はなんだかよく記憶しているんですよ。集中している現場ということもあって、記憶に残っているのだと思います。子役として俳優さんたちからめちゃくちゃかわいがられていたのもよく覚えていますよ。女優さんたちがメイクしている楽屋の鏡の横にちょこんといたり、あわただしく着替えているのを本当によく眺めていたりしていましたねえ。

――さらに舞台は続いたんですか。

次が東宝の『若きウェルテルの悩み』で石坂浩二さんが主演でした。『王様と私』、これも帝国劇場でした。そこのオケピで父が音楽指導をしていたり……まあ本当に環境のおかげで恵まれたスタートだったんですね。その菊田先生との四十年のご縁はさまざまに続いていまして、先生は亡くなられましたけど、現代劇第一期のOBの方に出ていただいて、二〇一一年に「ウォーラス一座」公演『はい、山崎です。ただいま留守にしております』という舞台を座・高円寺でやりました。

――それは凄いですね。しかし、本当に気づいたらもう舞台に立っていたというわけですね。しかも東宝の大舞台に……。

そうですね。だから若草には坂上忍、杉田かおる、斎藤こず恵といった後輩の子役がいたんですが、みんなと僕の違ったところはそこなんですよ。あの水野さんのお子さんだから、ということで、もういつの間にか歓迎されるがままに仕事に行っていたんです。

――舞台を経てテレビドラマで売れっ子になりますね。

三菱ギャランのテレビCMにも子役で出てたりしましたが、ドラマとなると最初は石井ふく子先生ですね。大人気ドラマになったTBS『ありがとう』の前に〈東芝日曜劇場〉に何作か出させていただきました。谷崎潤一郎の『初蕾』や『夫婦』『親なし子なし』など、七歳と八歳の頃ですね。そうやって十五歳くらいまではおそらくどんな子役よりも出演が多かったと思いますし、本当に寝ないで働いていたんですよ。

――確かにテレビをつけるといつも水野さんが出ていたという印象ですね。

確かにそのくらいだったかもしれません。ただ劇団の方針もあって、たとえば劇団いろはの高野浩幸くんは『超人バロム・1』をやったり、劇団ひまわりの松田洋治くんは『仮面ライダーアマゾン』をやってたんだけど、若草はそういう子供向け番組への出演は許可しないで、文芸作やミュージカルにしか出さないんですよ。『パパと呼ばないで』みたいな子役が目立つけど基本は大人のドラマ……というのがギリギリの線で。でも今思うと、そういう子供向けの特撮物なんかのほうが後々まで語られて残るんですよね(笑)。

――劇団若草というのはそんな方針だったんですね。

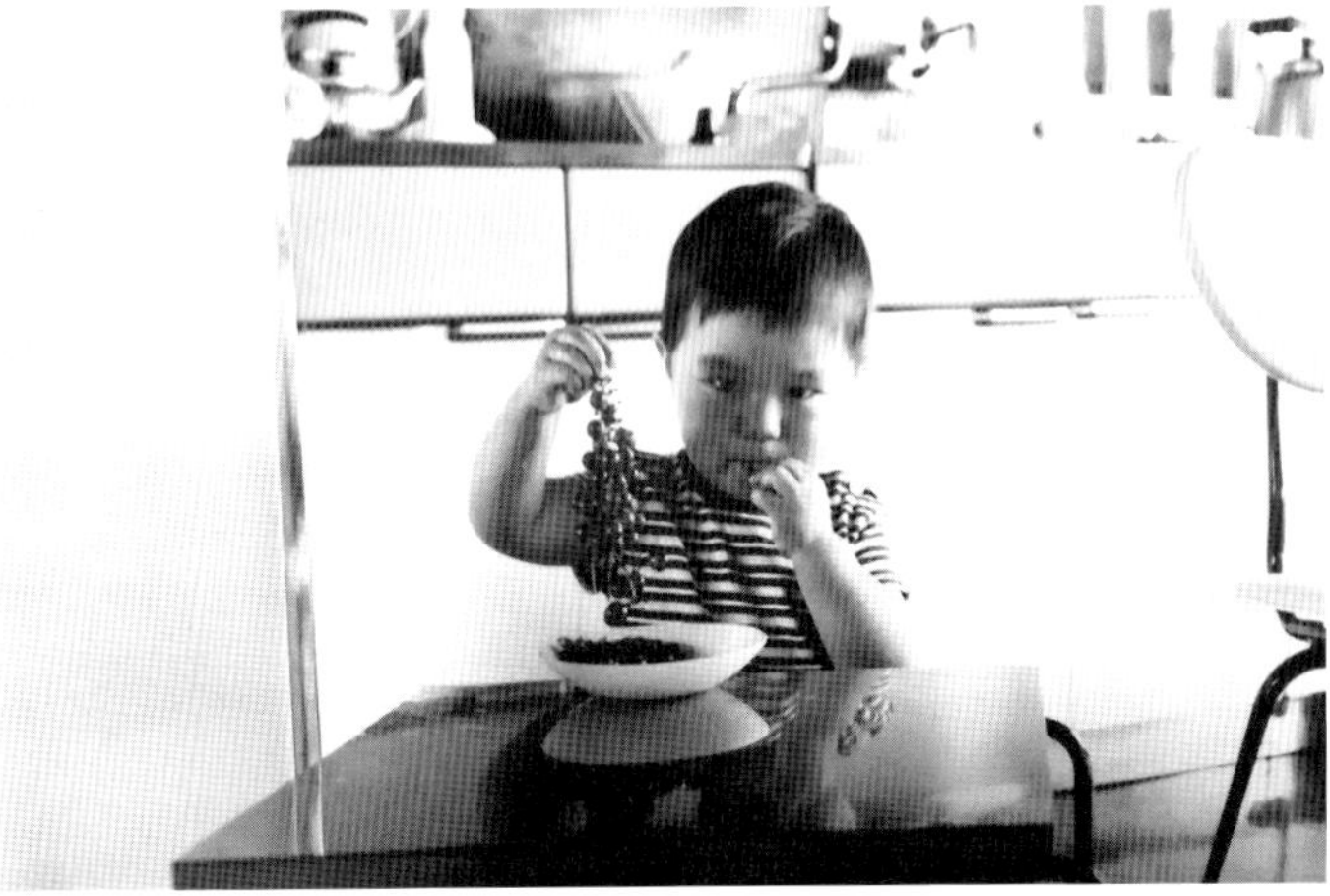

子役になる前。自宅にて。

母と。

主宰の上山雅輔先生は金子みすゞの弟で、とにかくストイックに演技を勉強することを重んずるんですね。その「清いことを厳しく貫かねばならない」という姿勢は、ちょっと宗教的な感じもするくらいで、僕は本当に凄い教育を受けたもんだなあと思います。演技レッスン、音楽レッスン、日舞、モダンバレエとしっかり四つに分かれてまして、今のワークショップみたいにごちゃごちゃ曖昧じゃないんです。それと礼儀には厳しかった。僕はテレビや舞台にたくさん出るようになったので、なかなか頻繁には劇団に行けなくなっちゃいましたけど、そういうのに出ない人はずっと劇団に通ってアトリエ公演をこつこつやってました。あまり露出はしてないけど、今もそれを続けてパントマイムを究めている仲間がいたりします。

――若草の先輩にはどんな方がおられましたか。

二木てるみさんにもかわいがってもらいましたね。ちなみにその若草に八重垣事務所という大人の俳優マネジメントの事務所が出来まして、そこに入ってきたのが重田尚彦さんで、ここで知り合って最近亡くなる前にも僕の演出した舞台に出てくれました。樋口さんが観にいらした鎌倉は建長寺での武智鉄二作『斑女』ですね。重田さんは当時松竹の『童貞』という映画に出ていましたが、後で主演した『さらば映画の友よ』とか、よかったですよね。重田さんはひとまわり上の先輩ですね。

――話題を戻しますが、石井ふく子さんはどんな感じの方でしたか。

とにかく現場での威圧感というのかな、それはもう半端ない方ですよ。でも僕に何か厳しいことをおっしゃった記憶はないですね。というのも、僕は僕で子役として器用にあれこれ覚えたりして怒られないように立ち回ることが出来たタイプで、子どもっぽく悪戯したり騒いだりみたいなことも一切しなかった。だから石井先生から叱られたことなんてまったくないですよ。ただ、そんなふうだからなんだか劇団若草の子役のお手本みたいになっちゃったんですね。でもこれは僕にとってはとても苦しいことで、結局こういうことが後で子役を辞める引き金になっちゃったかもしれません。もっとも現在の若草の指導方針はそういう厳格すぎるものからはずいぶん変わってしまったようですけれども。

――視聴者には推し量り難いプレシャーも大きかったのでしょうが、毎週木曜八時の『ありがとう』『ゆびきり』の水野さんはとてもいきいきとした子役さんでした。

『ありがとう』の頃はもう一年まるまるやるわけですが、週に四日リハーサルをして二日で収録というペースでしたね。舞台と違ってテレビはカメラがいろいろなところから狙っているわけですから、その場合の独特の所作についてはもう体で覚えたという感じですね。こま切れで撮っていく時に感情表現もそこで切られていくわけですけど、長い収録の経験でそのつながりや呼吸も身につきました。『ありがとう』に次いで『ゆびきり』も当たったので、その類似企画みたいなシリーズ『出発進行！』などを東京12チャンネルでやりましたが、そこでも高野くんと一緒になりました。そういえば、『ありがとう』の前に出ていた〈東芝日曜劇場〉の『夫婦』では渥美清さんとご一緒させて頂きましたけど、本当に渥美さんは一日ずーっと静かに脚本を読んでいて、ほとんど話をしない。渥美さんとはその後も一九七九年に『幾山河は越えたけど　昭和のこころ・古賀政男』というNHKのスペシャルドラマで少年時代を演じているんですが、その時は渥美さんの演技についていて思っていることをいろいろと聞いた記憶がありますね。

――渥美さんは何とおっしゃっていたんですか。

芝居をするということは一般からはずれたアウトサイダーの仕事なんだから、という意味合いのことを子どもに真顔でおっしゃるんですね（笑）。仕事で出会った方のなかでは、渥美さんがいちばん他の方と違っていたというか、特異な方でしたね。現場でも周りの人とかかわりを求めず、実に淡々とやっておられて、冗談ひとつ言わない。たまに冗談を言うと、みんなが気を遣って大げさに反応する（笑）……みたいな感じでした。一見冷たい怖い人にすら見えちゃうんです。失礼な言い方ですが、いつも不気味なくらいうつむいて考えていて、ちょっと犯罪者チックに見えるほどの雰囲気で、完全に現場でひとり浮いていました。時間などには凄くシビアでしたが、誰とも交流を持たない。でも二人でセットで待ってる時なんかに、ポロッとさっきみたいなことを話してくださるんですよ。

――そういう、今はなかなかお目にかかれないタイプの大物俳優のありようを間近で勉強できたわけですね。

ほかに特に思い出すのは、タイプは渥美さんとはまるで違いますが、舞台でご一緒した長谷川一夫先生や林与一さんですね。もう台詞からアクションから全てが計算され尽くされていて、本当に勉強になりました。

――長谷川一夫さんとも共演されていたんですか。

はい、舞台の『沓掛時次郎』でしたが、昼夜公演の休憩などによく楽屋にもおじゃましていたので、

TBS『ありがとう2』撮影時に小鹿みきらと。

『ありがとう2』撮影時。沢田雅美らと。

化粧される前の頬の傷は本当に印象的でした。あの傷をいったんパテのようなもので埋めて、それからドーランを塗って、見事に隠されていたんですね。長谷川先生はとにかくソフトな方で、何かがかくあらねばならない、というようなことは一切おっしゃらない。とてもかわいがってくださって、洋服を下さったり、ハワイなどに行かれたらお土産を買って来て下さったりしましたね。この時の僕は十歳くらいで、後に僕の役をバトンタッチして演っていたのが松田洋治くんです。母親役は水谷八重子さんや淡島千景さんで何度か再演されました。

――贅沢にもそのオールスターの所作を見ながら、お芝居をする面白さが身についたんですね。

ええ、母親が亡くなる時に「死なないで」って言いながらでんでん太鼓を叩くところがあるんですが、見せ場なのでワーッと拍手が来て暗転……みたいな時にお芝居をするカタルシスを経験しましたよね。長谷川先生が仇討ちの支度をして襷をかけ颯爽と出かけてゆくあたりの所作が本当にカッコよくて、それをゾクゾクしながら見てました。でもそういう劇的なエンタテインメントの快感というのは、なかなか今の小劇場の俳優さんは味わえないですよね。

――ごく日常的でリアルな題材が多いですからね。

そのリアルという意味では、最近の殺陣なんか見てもただ速度を競ってビュンビュン振り回してるだけで、いったい何がいいんだろうと思っちゃうんですよ。たとえば長谷川先生は日舞も大変なキャリアですから、あの殺陣というより舞いに近い美しいアクションに本当にしびれていました。長谷川

楽屋にて。

スタジオで本番の合間に。

先生は勝新太郎さんのようなリアリティは求めない方でしたが、僕はもうすっかりそちら派でしたね。林与一さんもそうですが、田村正和さんもこちらの美しい方向でしたよね。ですから、好みとしては千葉真一さんや真田広之さんが演っていたずばりアクションの世界よりも、この様式美の方が好きでした。

――ほかの大人の俳優さんで印象深い方はいますか。

七四年に『度胸時代』という時代劇をやった時、三木のり平さんに本当によくして頂きました。のり平さんも芸の人というか、本当にご自分の持ち味で場をつくる方で、やはり長谷川先生のように何もおっしゃらないんですが、すごく影響されました。

――三木のり平さんは本当に台詞覚えが悪かったと言いますが（笑）。

ああ、そうかもしれませんね（笑）。でも最後は全てをアドリブで持って行っちゃうんですよねえ。あの時代はそれもありという大らかさがいつもあったのかもしれないけど、それにしても最終的に演じた結果がすばらしいんですよね。

――時代劇といえばテレビ映画の『鞍馬天狗』も演られていますね。

竹脇無我さんが鞍馬天狗で、僕は杉作。沖田総司をやっていたのが、古谷一行さん。古谷さんはテレビ映画でこういう大きな役が初めてに近かったようで、一所懸命台詞を諳んじているのを聞きながら「へったくそだなあ」って思ってたんです。本当にくそ生意気な子役ですよねえ（笑）。無我さんは若草の大先輩で子役出身だったから、優しくていい方なんだけど、ハングリーというよりマイペースというのか、このへんでいいかなという感じのスタイルに見えました。だから番組途中でちょっと休まれて、しばらく無我さんの分を補うために、品川隆二さん扮するサブキャラの烏天狗がなぜか活躍する……みたいなことになっちゃって、なんだか大笑いですよね。まあ無我さんのお葬式にも行きましたけれど、渥美清さんのように殺気立って仕事にのめりこむようなタイプじゃなくて、まあこのぐらいにやっておこう、みたいな緩さのある方でしたねえ。ふだんはとてものんびりされていました。

――池田秀一さんも、子役というのは見る目が率直でシビアだから、この大人は本気なのかいい加減か、天才なのか凡才なのかを辛辣に見抜くんですよとおっしゃっていましたが、まさにそれですね。しかし行き過ぎると、ちょっと変に特権意識のある困った子役もいたのではないですか。

よく昔も子役は天狗になってる奴が多くてけしからんと言われましたけど、あれは大人のやることを見てそうしてるんです。だから、子役がおかしいとしたら、それは業界にいた大人のせいなんですよ。昔は劇団どうしでもあそこは一流、あそこは三流みたいなことを平気で言ってましたし、現場でもかなり差別的なタテ社会がありました。だから、本職の俳優でもエキストラを差別したり、付き人を罵倒したり、「俺はお前らより上だ」みたいな勘違いをする人が出てくるんですよ。今や考えられないおかしな話なんですが、大人たちがあからさまにそういうタテ社会をまかり通らせていたわけですから、それが子どもに伝染するんですね。

――なるほど、それはとてもうなずける実感ですね。ところで石井ふく子ドラマでは、長丁

場の上にさまざまな大人の俳優さんに囲まれていたわけですが、とりわけご自分にとって印象的な方はどなただったのでしょう。

それはもう池内淳子さんですね。あの方はもう典型的な日本の母という感じで、まるで本当のお母さんみたいで。何か困っていたらそっと「だいじょうぶ?」と囁いてくれたり、折にふれ達筆の「元気にしていますか」というお便りをくださったり、そういう心配りが本当にすばらしくて。優しさや心遣いをそっとさりげない形で伝えてくださるんです。素敵な方でしたね。そういえば大空真弓さんにもとてもお世話になりましたけど、池内さんとは対照的な方でした。

――どんなふうに違うんですか?

ご一緒にある旅公演に行きましたら、もちろん『ありがとう』でも長いおつきあいですから、部屋に呼んでくださって、ホテルのルームサービスを頼んで「これがジントニックっていうのよ」なんておっしゃってお酒を飲ませてくださったんです。これがなんと僕の初めてのお酒で……いったいなんで僕が大空さんとお酒を飲んでいるんだろうと思いましたが。

――それはおいくつの時ですか。

十四歳の時ですね(爆笑)。うちの親に言ったら叱られましたけど。ですから大空さんは「母」ではないんです。「一緒に遊ぼうよ」という「女性」ですね。

――それは少し意外ですね。かつての役柄ということもあるのでしょうが、池内淳子さんのほうが妖艶な「女」で、大空真弓さんはハツラツとした「母」というイメージでしたが、

『ひまわり』全国公演にて、池内淳子と。

新宿コマ劇場『サザエさん』の楽屋にて。

『ひまわり』全国公演時。大空真弓らと。

日本テレビ『ありがとうパパ』三宅島ロケにて、撮影の川守田氏と。

『ひまわり』全国公演の移動日に。園佳也子らと。

見かけによりませんね。

大空さんはお強くてどんどん飲んでいるんですが、別に仕事のことや家庭のことを話すでもなく、ただ他愛もない話をずーっとしてましたね。まああの頃は一度みんなで稽古に入るともう家のことなんか全く気にしないというプロ意識があったので、あまりプライベートのことはふれなかったですね。そんな大空さんとの時間も、これはこれで人生の勉強の時間だったわけです。

――ところでこうして小学校、中学校と超多忙であったわけですが、学校には行けたんですか。

当時のよく知られた子役の多くはまず学校には行けなかったと思うんですが、僕はあえて行くことを選んでいたんです。というのも、人はひとつのことをやるのは普通であって、ふたつのことを出来ないといけないんだとさんざん親に言われて育ったんですね。だから、なるべく現場にも学校のカリキュラムを先に伝えて、それを優先して呼んでもらうように働きかけていたんです。もちろん急を要する仕事の時は仕方ありませんが。もっとも現実にはほとんど寝ていないような状況だったので、授業には行けども眠くて頭に入らないという感じでした。

――当時は労働時間もめちゃくちゃだったんですよね。

もうこの当時は徹夜なんて当たり前って感じでした。後に大人になって高野浩幸くんと芝居をした時に、遅くなってそのへんで寝てたら、はっと目を開けると横で高野くんが全く同じ格好で寝てまして、笑っちゃったんです。ああ、昔もお互いこういう感じだったよなあって。とにかく寝る時間がないので、もうどこでも眠れるんですよ。今は子役をそんなふうに酷使したりすると大問題になってしまいますが。

――ドラマに舞台にと、そこまで忙しいのに、興味深い映画作品にも何本も出ておられます。しかし、ドラマと映画では演技の構えが違ってきますよね。

おっしゃる通りで、テレビドラマと映画は一緒に語られますが、全然違うわけです。映画は、基本はひとつのカメラで狙われているので、そこにいかに自分の思いをぶちこんで行くかということが試される。自分も舞台の演出をやるのでよくわかるのですが、役者さんでもそのことに気づいていない人が案外多いんです。つまり、映画や舞台の演技というのはただ筋をなぞって台詞を言うものではなくて、そこにそれ以上の感情やさまざまなものをぶちこめるかどうか、というところが大事なんだということを、意外にわからないまま演技している人が多い。僕は最近、たとえ若い監督の自主映画であっても何か貢献できたらと思って出演を引き受けることがあるのですが、そういう現場だとなおさらそんな感じですね。みんな何の深い感情も入れずに台詞を話すだけ、みたいなことが多い。それはいろいろなことを感じて生きていないということにもなるのかな。でも、俳優の善し悪しを隔てるところはそこですよね。もちろん撮られていて役に没頭はしているんだけど、演じている以外の外側の自分がいて、ちゃんとその表現が伝わっているかどうかを考えている……そんな構えじゃないとだめですよね。

――その話を聞いて思い出しましたが、一九七七年の鈴木清順監督『悲愁物語』はとてつもな

い作品でしたね。あの映画は六八年の『殺しの烙印』のアナーキーさゆえに日活を解雇された鈴木清順が、ほぼ十年ぶりに撮ったということで映画ファンの間では話題になった作品です。私も公開直後に大期待とともに観たのですが、まるで反省の色のないとんでもない映画で、さすがだなと感心するばかりでした。

清順さんの現場で面白いのは、合う役者はとことんOKで、合わない役者はとことんNGってことですね。たとえば原田芳雄さんは徹底して大丈夫なんだけれども、主演の白木葉子さんはもういじめに近い処遇なんです。監督がそうだとまわりのスタッフもやるから、それは白木さんは大変だったと思いますよ。「おまえみたいに魅力のない奴はいねえ」とか「そんな汚ねえシルエットの裸を撮れるかよ」とか、そんなしゃれにもならないことが最後まで続きましたからね。また清順監督という人が本当に正直な人で、普通ならとにかく主役に決まっちゃった女優さんなんだからちょっとノセたりするんでしょうけど、そういうのは一切無いんですよ。白木さんもさすがにこんなにやられたらもう自信なくして引退しますよね。この後何かちょっとドラマに出て、辞めちゃいました。確かに不器用で艶っぽくもないし柔らかくもないし、非常にまじめな人なので、清順さんはいちばん嫌いなタイプかもしれない。それならなぜこの子を選んだのかなあって思いましたよ。

――まあ原作と製作を兼ねる梶原一騎さんから頼まれたのかもしれませんね。そういえば、梶原一騎さんは清順さんに何も言わなかったんですか。

そういえば梶原さんもよくセットには来てましたね。でも清順さんには何も言わなくて、ただセットのなかをぐるっと回って帰るんですよ。じーっと威圧的に見渡して「頑張れ」とも言わずに帰っていくから、みんな何だか怖がってましたけどね（笑）。でも、清順さんに何かを注文するとか、そういうことは一切なかった。

――そういう清順さんがどうしてこの不思議な映画に水野さんを選んだんでしょう。

清順さんが大河ドラマの『風と雲と虹と』をたまたま見ていて、この子にしろと決めたらしいですよ。すでにオーディションもやってたそうなんですが、監督がこの子で行きたいと言ってくれたそうなので、本当に嬉しかったです。だから、現場では清順さんが僕に何も言わないんですよ。セリフの言い方の指示なんか全くなくて、自分が美しいと思った構図のなかに自分好みの役者がただ声を出していればいいんですね、清順さんは。そこで自分のお気に入りの役者がどんなふうにしゃべったりしても、そういう事については一切言わないんですよ。

――それにとどまらず、たとえば原田芳雄さんはあのフラッグを持ってわーっと走ってくるところのアイディアを出されたそうですね。それを清順監督も採用して……。

ああ、実は『悲愁物語』の時は途中で何度もラッシュ試写があって、僕ら俳優部も一緒になって観るんですが、そのカットは一番最後のほうで追加されてましたね。

――水野さんは売れっ子プロゴルファーの最愛の弟という役でしたが、異様な色彩の部屋に住んでいて、縄梯子で階上の部屋から降りて来るんですよね（笑）。

あれも台本読んでると予想できないヘンテコなセットが組まれていましたね。でも清順さんの映画は構図と役者の芝居がつながらないとか、そういうことについては全くお構いなしだったので（笑）、もうそういうものだと思ってやっていましたね。あるカットが次のカットで全く別のものに変わっていてもいいんだという発想ですから、逆に普通のつながりにならないと心配するようなスタッフは嫌いだったでしょうね。

――あの桜の精のような女の子は誰なんでしょう。

あの子は劇団若草ではないのでしょうけど、急に紹介されまして、会ったのも一日かな。でもあの桜のシーンも演技ではなく画に凝ってましたよね。クレーンでカメラの横移動があって、けっこう時間かかった記憶がありますね。でもそこで言われるのは、「ハイそこで近寄って」「ハイそこでキスして」みたいなタイミングを言われるだけなので、いわゆる演技してるという感覚ではないんですよね。原田芳雄さんにもそんな感じだったと思いますよ。だから、俳優として自我をガンガンぶつけてくるようなタイプの人は清順さんは使わなかったと思いますよ。松田優作さんもいつもと違ってほどよく清順世界にいることが出来たからあの『陽炎座』が出来たんじゃないかな。

――あのピストルを乱射してテレビを燃やすラストシーンなどにもそんなに注文はなかったんですか。

あの場面の細かいことは全くシナリオには書かれていなかったんですよね。いやむしろ、全体として書かれていないことが多かったような気もします。せいぜいここではピストル撃つ時に指は気をつけてね、ということぐらいで。ただ、ここでも自分がずっと事態を陰から見ていた、ということの結果としての暴発なので、そういうふうにして終わってくれたことは嬉しかったですね。ありがたいことに、自分は作品を撮っているうちに監督に気に入られて、役自体が膨らんでよくなって行くことが何度かあったんです。たとえばずっとオクラみたいになっていた村山三男監督の『樺太一九四五年夏 氷雪の門』という映画も最初はなんてことのない役だったんですが、監督が最後に樺太の電信局員の女性たちが自決して誰もいなくなるのではなくて、僕が生き残っているということで救いを出したかったようなんです。だからラストも当初決まっていたものとは全然違っていて、これはかなり珍しいケースだったんじゃないでしょうか。『悲愁物語』もそれと同じで、主演の白木葉子さんより僕の比重がラストでぐんと上がっちゃった。でもあの弟の姉への思いとか、桜のイメージとか、清順さんってそういうピュアなものを大事にしていて、時々それがぱあっと理屈抜きに炸裂するんですね。

——出来上がった作品はどこで観ましたか。

新宿の劇場でお金払って観たんです。顔がわかっちゃうから二階席で。あまりにガラガラだったので、もう打ち切られちゃうかなと思ったらやっぱりそうなりましたけど、完成したものには「ははあ、あそこからこうなったんだ！」という驚きはありましたね。ラッシュは観てましたけど、とにかくどうなるのかまったくわからないでやっていましたからね。でも、ちゃんと映像の色の狙いなどには監督なりの筋というか理屈は通ってるんだなと思って、びっくりしたんです。

——しかし中学生の水野さんが完成した『悲愁物語』を観て、そんな感慨を持ったというのは早熟ですね。

でも家の近所の下高井戸にこのポスターが駅や電柱までやたらたくさん貼ってあったのは嫌でたまらなかったですねえ。友だちから見ると「おまえ、ポルノに出てるのか」って言われそうで。

――しかし『悲愁物語』は相当な異色作で、石井ふく子さんのホームドラマの顔だった水野さんが出てきたのはちょっと驚きでもあったのですが、こういう作家的な作品からのオファーは他にもあったのですか。

高野くんが出た映画『田園に死す』も、まさにあの役のオーディションを受けに行ったことがあるんです。寺山修司さんもいらっしゃいました。これはアバウトなオーディションで、台詞を言わされるでもなく自己紹介をするだけで、後はマネージャーが芸歴をアピールしておしまいでした。でもその時に、白塗りの天井桟敷の人たちを観て、マネージャーと「ここで白塗りにされていろんなことをやらされちゃうと、今まで売ってきた路線が壊れちゃうかも」って、アングラ加減に恐れをなして最終オーディションからは撤退させて頂いたんです。でも結果、高野くんが抜擢されて凄い演技もさせられてたけど、ほんと傑作になって、彼は勇気ありましたね。

――しかし当時の売れっ子の子役だけあって、そんなところでもニアミスしていたんですね。そんなふうに水野さんはゴールデンのホームドラマから異色きわまった映画までまたにかけての活躍だったけれども、本当にそういう意味ではやっていないのは特撮ヒーロー物だけなんですね。

そうなんです。『ありがとう』も長く続きましたけど、やっぱりやらせてもらえなかった『仮面ライダー』のほうが長く騒がれるんだなあと（笑）。

――『悲愁物語』のほかに印象深い映画はありましたか。

一九七九年の東映映画『十代 恵子の場合』ですかね。映画自体にというよりも、主演されていた森下愛子さんに衝撃を受けたんですよ。

――森下愛子さんは東陽一監督の『サード』などで注目された直後で、この内藤誠監督の映画で水野さんとは姉弟の役でしたね。

ぼくらはもう監督は絶対的で、とにかくスケジュールを守るためにきっちりやるということがしみついているわけです。自分が演技についてああだこうだ言い出したら撮影が止まっちゃうわけですから。ところが森下さんは「この台詞ってなんだかおかしくないですか。なぜこうなるのかわからないんだけど」みたいなことを平気で内藤誠監督に言うのでびっくりしたわけです（笑）。しかも内藤監督はひたすらノーマルに「えっと、でもこうシナリオに書いてあるしねえ」みたいな答えをするばかりで、どう見ても森下さんの勢いに食われてる感じで、ぼくらもそのやりとりをじーっと聴いているしかない。そんな感じで都度都度撮影が止まりに止まってできたのが、あの映画なんです。『十代 恵子の場合』は監督との相性もあったのかもしれないけど、でも監督の言うことは聞くもんだという構えがしみついてる僕からすると、この森下さんは本当にびっくりだったんです。ただしまあ、これは自分なりに考えて、このままだとこの映画が失敗しちゃうんじゃないかということを心配して監督にもの申してるわけですから、現在のようにただ何でも思ったことをカジュアルに言うのとは全然違いますけどね。

――**なるほど。たとえばそれ以前にも、若き秋吉久美子さんが『あにいもうと』の現場で名匠・今井正に物申して現場が騒然となった（笑）というようなことはあったわけですが、森下愛子さんもそういう新世代の女優さんの流れに連なる方でしたからね。**

もっともたとえば清順さんの場合、原田芳雄さんが演技のアイディアを出してきても、ああ見えてけっこう柔軟にそれを取り入れたりするんです。森下さんも『サード』の時は凄く乗ってたのにという声もあったので、監督との相性もあったのかもしれませんが、とにかくそういう俳優さんは見たことがなかったので驚きました。

――**ところで、この頃になるとすでに長く続けてきた子役という職業に悩みを感じ出したそうですね。**

十五歳の時にもう子役は嫌だと言って、受験をするという建て前で休んだんですね。中三の時は完全に休みました。それで高一になって平岩弓枝ドラマシリーズの『結婚の四季』というフジテレビのドラマに出た時に「完全に嫌だ」ってなっちゃったんです。

――**それはどういう心境だったんでしょう。**

もう思春期の悩みですね。自分はいったいこれでいいのだろうかと思い始めたんです。そもそも自分が決めて入った世界でもないので、「なんでここにいるんだろう」と考え始めまして。でも坂上忍くんなんかは、そうやって周りがどんどん消えて行った時に踏ん張って十年二十年やってたわけですから、凄いですよね。もちろん経済的な事情とか、そういうこともあるのだろうけれども。まあ、とにかく子役というのはだいたい十五歳くらいから辞めていきますよね。だから、僕の場合も売れなくなって消えて行ったみたいに書かれたりしたこともありますけど、正確にはそうなる前に自分の意志で辞めてるんですよ。実際この『結婚の四季』の後も池内淳子さんと北村和夫さんの舞台のお話などが来てましたし、北村和夫さんからも「続けようよ」と勧められたんですが、一切お断りしたんです。劇団若草は十三歳くらいの時に辞めまして、この頃は芹川事務所というところにいたのですが。

――同時期の芹川事務所にはちょうど『砂の器』の春田和秀さんも在籍していましたね。

当時の芹川事務所はとにかく樋口可南子さんを売り出し中で、TBSのポーラテレビ小説『こおろぎ橋』で樋口さんがヒロイン、僕が弟をやっていました。

――そんな時に一年休んで考えてみて、何か感じたことはあったのですか。

そこでわかったのは、この芸能の世界は本当に「大人」「子ども」という二極しか要求してなくて、その間のグラデーションを繊細に見てくれたりはしないんだなということですね。

だから「子役」として売っていた人は「子ども」でなくなったらハイおしまい、というようなところがあって、そこがちょっと耐えられないなと思ったんです。それはちょっと違うなと思ったのかな。

――確かにそうですね。子役の時にそんなに認知されていないで粛々と大人の俳優になった風間杜夫さんのような成功例を除いて、子役で売れたのにうまく大人の俳優に成長できた例というのはあるのでしょうか。

それは吉岡秀隆くんですね。彼も実は若草出身なんですが、彼の子役から現在に至る成長過程を見ていると、自分以上に凄くラッキーだなあと思いますよ。

——それはどんなところがラッキーなんですか。

つまり、自分はたとえば『ありがとう』のような国民的ホームドラマに一年も出られたのがとても幸運だったのですが、吉岡くんに至ってはドラマでは『北の国から』、映画では『男はつらいよ』という長寿シリーズのなかでじっくり育てられながら、子役から大人の演技派俳優にじわじわと成長していくことができた。見ている人から成長過程を目撃されていた。これはちょっと例がないほど幸運な、かなり特殊な例だと思います。これは実力もさることながら、運命的に恵まれていますね。

——なるほど。しかし吉岡さんの場合は本当に稀有なケースですね。ところで、水野さんはそういう俳優を続けることへの悩みに加えて、あれだけゴールデンタイムのヒット番組に出ていると、当時は街もろくに歩けなかったのではないですか。

いやもうそれが嫌でつらかったですね。高校の文化祭なんかに行っても、追いかけられて大変なんです。当時「たのきんトリオ」の追っかけなんかが話題になっていて、グルーピーが問題になったりしていた時代で、何かそういうのにつながる異様な雰囲気がありました。きっと対象は僕じゃなくたっていいんだろうけど、とにかく芸能方面の人を見つけてはワーッと押しかけるみたいな……中高生にそういうヘンなエネルギーがあった最後の時代じゃないかなあ。今なんか、みんなずっとクールじゃないですか。ファンレターはたくさんもらいましたね。

高校の文化祭にて初めてのバンド演奏。

27歳、北京にて。

――ファンレターも読んでいる暇はないですよね。

ええ、たくさん来たのをマネージャーから貰うんですけど、二、三通読んだらもう読まないですよね。あの時代はファンを大事にするという感覚もそんなにないんですよ。というのも一般の方と芸能方面の線引きがはっきりしていたから、僕らは常に僕らの方で頑張っていて、ファンの方はその線の向こうで応援しているという構図でしたからね。

――今のようにSNSで両者が気軽にやりとりするなんて時代とはまるで違う距離感でしたね。だからこその夢もあったと思いますが。

そうですね。両者が出会うことはなくて、僕らも囲われていましたよね。撮影現場から家に帰る時も絶対ファンとは会わないようにしてくれるとか。今はそこがゴチャゴチャになっているかもしれませんね。

――ネットですぐに自宅や居場所までバレてしまいますものね。

かつては役者も歌手もすぐ隣に住んでそうな感じではダメで、特殊でなくてはならない、という雰囲気がありましたけど、今はもう完全に隣にいそうな子がいい、みたいになっちゃいましたからね。そういう歴史の変化って面白いですよ。隣に住んでる人でも誰でもメディアに出ることができてしまう、という今の時代の人には、僕のそういう過去の経験が何のことやらわからないと思いますよね。テレビに出てる人は雲の上の人で神様扱いだったわけですから(笑)。電車に乗ったら、昨日『ありがとう』を見ていたおばさんが〝きのう見ていてあなたのところで泣いたのよ〟なんて言われて目の前でさめざめと泣かれたことなんか何度もあるんですよ。

――ははあ、今となってはびっくりですが……しかしかつてのマスメディアがテレビに限られていた、いわばテレビ支配の時代のことを思うと、そういうことはありそうですね。

役者以外の仕事をやり始めるうちに、だんだんそういうこともなくなっていったんですが、四十歳あたりからまた演技したり演出したりといったことを再開して、今度は有名になることとは別の「好きなこと」をやっていたいなと思うようになりました。自分は運よくこちらから売り込んだりしたこともなかったし、また無理してまで売れたいと執着したこともなかったんです。子役というと何か本人もマネージャーも親も出しゃばって売り込んでくるみたいなイメージがありますが、自分は幸い、まったくそういうことがなかった。たまたま時代のタイミングなどもあって、運よくずっと仕事が忙しく続いていただけなんですね。だからそれに疲弊して「ちょっと子役は辞めたい」と両親に言った時も「ちゃんと考えてそう思うならそれでいいんじゃないか」とすんなり同意してくれました。もともと「好きなこと」をこつこつ静かにやっていれば満足だったわけなんです。

――そんなふうに俳優業をいったんやめてから、どんなお仕事をされていたんですか。

父がミュージシャンでしたから音楽は好きで、その後十年はバンドをやってましたね。ライブもよくやってお客さんも来てくれましたし、シングル盤も出したんです。それが二十代の思い出で、三十歳になった時にラーメン店の経営を始めました。江古田でラーメン花月の三号店というのをやったんですが、場所も日芸の近くだし、商店街も人情味があって、これは楽しい思い出なんです。疲れて近くの誰も行かないような飲み屋で一杯やってたら、川谷拓三さんの奥さんとよくお会いして慰められたりして(笑)。それを五年やって店はたたみまして、次はNTTが契約社員を募集していたので、それに応募したんです。けっこうお金にもなって楽しかったんですが、契約ですから五年で辞めまして。すると年齢も三十八歳か三十九歳くらいで……また演技をやるならぎりぎりの年齢だよなと思っていたら、劇団若草にいた演出の田辺国武さんの「座・東京みかん」や高野浩幸くんから公演に出ないかという誘いがあったんです。

――水野さんが今、改めて「好きなこと」をさまざまに模索しておられることは素晴らしいことと思います。ちなみに、往年の子役は主にドラマや映画の虚構のなかでイメージを守られていたと思うのですが、最近はバラエティ的に子どもの素顔まで含めてやんやと消費して、短命に終わらせてしまっているふしはないでしょうか。

僕らの頃はたとえばテレビのバラエティ番組に出るなんてことはバカにしていたところがあって、そっちに出ないと食えないならもう俳優は辞めたほうがいいとすら言われていましたが、もう今やそんなことではやって行けませんしね。そこにこだわって、仕事がなくなっていくのに自分だけは現役みたいな気分でいるのもどうかと思いますし。それに、子役も今は横並び感が強くあって、往年の子役のようなそれぞれ特異な雰囲気がなくなってると思うんです。それは大人の俳優からしてそうなので。渥美清さんのようにミステリアスで、ものづくりに黙々と打ち込むような人がいてほしいですよ。バラエティに出て饒舌になってちゃ、一流の俳優としてはダメだと思うんですが。

――ある良心的な俳優中心の芸能プロを、ある子役出身の若い俳優さんが「ここにいると単発の地味でいいドラマには出られるけど、『笑っていいとも！』に出るチャンスはないから」と言って辞めていったという話を聞いて、かなりがっかりしたことがあるのですが、まあかつての価値観とは変わってそんなことになっているわけですね。

確かに子役も含めて、俳優という職業については時流でいろいろなことが変わりましたよね。ぼくらは不合理なことを教育されたかもしれません。「来い」と言われたら行かなきゃならないし、「やれ」と言われたらやらなきゃいけない。どんな無理難題があっても……たとえば親の死に目に会えなくても、それはもうやるもんだというふうに教えられてきたし、それは作品を作るという難しい作業の上では仕方がないと思ってたわけです。だけど今、やっぱりそういうある種不合理でもある思いや粘りがないから、映画もテレビもつまらないいんじゃないかとは思いますね。一般社会の仕事をするようになった時、「え、こんなに楽なんだ」って思ったんですよ。「今日はここまでやればいい」って決まってるわけですから。ぼくらは仕事に入るとずっと終わりという感覚がないし、飲み会に誘われたらもう絶対行かなきゃならない。だから、一般の人はよく芸能界はルーズだと想像してるけれど、ぼくらからすると芸能界のほうがずっと仕事まわりの人間関係がきちんと完成されてました。それはもうみんなが意見を平等に言うとかそういう世界ではなくて、とにかく誰か信じてる人がそう言うんだから俺も信じる、みたいな感じですね。完成された人間関係の上で、とことんまでいいものを作るため不合理なまでに粘る。

――そうですね。作品というのはみんなの「意見」の民主的な公約数ではなくて、個人の「意志」をどれだけ貫徹できるかが肝心ですからね。

尊敬する監督が言うんだから、それは絶対だ、みたいなこちらの意志ですね。でも今の若い世代に、その良さはなかなかわかってもらえないです。今はたとえばありがたい先輩が飲み会やるぞって言っても、ああだこうだ言って来ないとか……そういうのはもったいなくて、僕なんか信じられないわけですよ。大原麗子さんの晩年に石井ふく子さんと決裂したなんて報道されましたけど、最後の最後まで何十年も姉妹のように結束していい仕事をしたんですよ。大原さんがご病気で精神状態も不安定になってあんな決裂をしたけれど、大原さんが亡くなった時に石井先生は号泣していらしゃったそうですよ。そういう深いレベルでの絆みたいなものは、今の若い人に言っても理解できないみたいなんですよね……。

――かつての業界の方々はそういう仁義や絆の大事さを説くと目がらんらんとしたわけですが、今や意味がわからないってところでしょうか。しかもそこにグラデーションはなくて、なぜかわかる人と全くわからない人に断絶してるのも不思議ですね。

そうですね。確かにきっぱり断絶している。でも、たとえば石井先生みたいな方にしても、若い頃からだんだんと経験も知識も積んで、作品と人を仕切る立場にのぼっていったわけじゃないですか。そういう立場と見識のある方に対してはなかなかもの申せないですよ。それはもちろんこちらが信頼しているからなんですが。でも、今の人は平気でつまらない自己主張とかやるわけです。ものづくりは「平等」なんだから、なんでぼくらが言っちゃいけないのかと。それをまた甘やかしたり、乗せちゃって金儲けしようとしてる芸能もどきのエセ養成所、レッスン所みたいなのがよくあって、こういうのは勘弁してほしいところですね。

水野哲氏近影（2017年）。

高柳良一

薬師丸ひろ子・原田知世の「彼氏」役の光芒

昭和三十九年生まれの高柳良一は、いわゆる子役として幼少期にデビューしたのではなく、慶應義塾高校の三年生になる直前の春休みまでは、ごく普通の高校生であった。彼は高二の一月に角川映画『ねらわれた学園』の公開オーディションでヒロインの薬師丸ひろ子の相手役に選ばれる。しかしこれとて、もともとラジオ放送に興味があった高柳が何か制作現場の裏方を見てみたいという気持ちで応募したものであり、俳優になるつもりなどなかった。

ところが高柳は、特に自ら意思を表明したわけでもないのに、もう自明のことのように以後の角川映画への出演を持ちかけられる。普通の子役であれば、これに飛びつかないはずがない。しかし冷静な高柳は、自分の意思の外で将来が決められることに疑問を感じ、そういう誘いを断って学業を優先する。これには当時高柳を誘った側の業界の人間は相当驚いて、こういう機会を逃すと仕事が来なくなるかもしれないと忠告されるも、彼は普通の高校生活に戻ることを選択した。

こんな調子で、慶應義塾大学に進んでも、高柳は学業に無理のない範囲で角川映画を中心に俳優業を引き受ける。原田知世のミステリアスな相手役・深町一夫に扮した大林宣彦監督『時をかける少女』は、そんな作品群を代表して語り継がれる傑作である。こうして目立つ役を続々オファーされ、映画づくりにかかわることが面白くなっていったら、普通なら考えなしに俳優業を続けることにしてしまうかもしれない。

ところがなんと高柳は、大学卒業とともに普通の会社勤めを強く希望、角川書店の編集者を経て、やがて初志貫徹でラジオ局ニッポン放送に入社し、今や幹部のひとりである。幼い子役でのデビューではなかったとはいえ、まだ十七歳で映画の世界に入ることになった高柳が、ここまでマイペースに自分の生活を大切にして、慎重に歩んでいたことには驚くばかりだ。

同世代の子役たちがテレビや映画の世界の喧噪のなかで自分の核を見失い、やがて途方に暮れるばかりであったのに対して、「子役の罠」を回避してあくまで堅実に足場を守りきった高柳のありようは、ひときわ異彩を放っている。

――もともと小さい頃に俳優への興味などはあったのですか。

学芸会などで何かの役をやるのは嫌いではなかったのですが、特に演ずることへの興味はなかったんです。小学校の五年、六年ぐらいからラジオが好きになって、将来は何かラジオ関係の仕事がしたいなあと思うようになりました。

――それはたとえばディスクジョッキーをやりたい、ということでしょうか。

凄くそこは漠然としてたんですが、ラジオ番組を作る仕事がしたいなあと。

――そう思った頃に聴いていた番組は何でしょう。

いちばん最初はニッポン放送のラジオドラマで『帰ってきた怪人二十面相』というのをやっていて、それにハマッたんですよ。

――それは私も本当によく聴いてましたね。昭和四十八年から四十九年あたりの放送でした。

小山田宗徳さんのナレーションで、寺内タケシとブルージーンズの主題曲がカッコよかった……

あの曲はそうなんですか！　もともと小学生の頃は「怪人二十面相」の本が好きでよく読んでいたので、たまたま新聞のラジオ欄で目にとまって、それからこのラジオドラマを聴き始めるようになりました。

――ああ、ポプラ社から出てるおどろおどろしい表紙の江戸川乱歩の作品集を愛読していて、「怪人二十面相」に行ったんですね。私も全部シンクロしているので、当時の気分はよくわかります。

毎晩九時五十分から十時まで十分間やってたんですよね。でも聴き始めるのが遅くて何話かで終わってしまいまして。その後番組が『赤胴鈴之助』だったんですが、これはあまり自分には刺さらなかったな。むしろ、その手前にやってた『欽ドン（欽ちゃんのドンといってみよう！）』のほうが好きでした。

――いやあ、当時全く同じでしたね（笑）。『欽ドン』は後にテレビにもなりましたが、あのラジオの身内でゲラゲラ騒いでるようなアットホームさが薄らぎました。

でも面白いのは、ある番組が気に入ると、前後の番組もいろいろ聴くようになるんですよね。そうやってラジオ熱が盛り上がって、中学では放送研究会に入ったんです。でもそこは積極的な活動はなくて、顧問が国語の先生だったので発音やアクセントを勉強したりとか、校内放送をやってみるとか、地味でまじめで面白くなかったんですね。もっとレコーダーとかマイクとか使って遊びたいんだけどなあと。

――その頃印象的だったディスクジョッキーは誰でしたか。

実は中一の時にインフルエンザで学校を休んで寝ていたら昼夜逆転してしまい、夜中に暇なのでラジオをつけたんです。そこでたまたま聴いたのが、始まったばかりのタモリさんのオールナイトニッポンで、これは面白かったですね。当時、タモリさんはお風呂でしゃべるとエコーになるとか、口を隠しながらしゃべると海外の短波放送みたいな音になるとか、そんなことを書いた本も出してたんですが、そういうのを読んでマネしたりしてました。当時ＢＣＬ（特に海外の短波放送を聴く趣味）が流行ってまして……。

――大変流行っていましたね。当然あの凄いルックのＢＣＬラジオはお持ちだったんですか。

もちろん持ってました（笑）。ナショナルのクーガー７というのを。今でも現役で会社の机に置いて聴いてます。あれでラジオ・オーストラリアの番組をキャッチしてベリカード（受信確認証）をもらったりしていました。高校になると放送研究会ももっと賑やかになって、ラジオドラマを作ったり学園祭でＤＪをするようになりましたけど、その活動の協力をあおいで宣材や資料をもらいにレコード会社や放送局に行ったりすると、これは面白そうだなあと思うようになりました。ちょうどその頃にオーディションが流行り出したんですが、それを受けるというのも俳優になりたいと言うことではなくて、そちら側の作り手の世界をのぞけるかなという興味が強かったですね。まして薬師丸ひろ子ちゃんのファンでもなかったわけで、まあオーディションの応募者のなかではかなり異色だったと思います。

――薬師丸さんのことはどういうふうに見ていたんですか。

ちょうど映画の『翔んだカップル』が評判になっていたので、可愛くて人気のアイドル女優さんという認識でした。引きこまれるような〝眼ヂカラ〟があって魅力的だとは思いましたが、失礼ながらファンではありませんでした。ですから、八一年夏休み公開の『ねらわれた学園』の薬師丸ひろ子の相手役オーディションではありましたが、もしほかに同じような公募があったら、そちらでも応募していたかもしれません。

――公募のことはどこで知ったのですか。

角川の雑誌『バラエティ』はもとより、それこそニッポン放送で凄く告知していたんです。応募書類に写真を貼らないといけなかったんですが、ちょうど修学旅行から帰って来たばかりでカメラに数枚フィルムが余っていて、あこれで自分の写真を撮って現像に出したらムダがないなと(笑)。それで近所の駐車場に三脚を立てて写真を撮って送ったんですが、これが何の工夫もしていないのにたまたま夕方のアンバーな光が射していい写真だったんですね。それが目にとまったらしく……。

――その後、呼び出しがあったのですね。

ええ、書類選考を通過して東宝本社の会議室に呼び出されて写真を撮られまして台本も読まされたんです。審査は学校に差し支えないように土日にまとめられていたのですが、するとまた次の段階に進んで土曜の午後一時に来てくださいと。でも一時だと授業を休まないと行けないなあと思って「学校があるので行けません」とお断りしたんです。すると「待ちますので何時なら来られますか」と辞退できない感じになってしまったので、最後の授業を早退して向かったのですが、それが新橋のヤクルトホールでの公開オーディションなんです。忘れもしない、一九八一年の一月三十一日のことで、なぜならその日は十七歳の誕生日だったんです。全く合格するつもりもないので、さっさと終わらせて家に帰ったらケーキを食べようかぐらいの気分だったんですね。

――オーディションは何をやってほしいと言われたんですか。

何か特技を見せてほしいと。ほとんどの人は歌を唄っていましたね。ひとり、スケートボードが巧い人がいて、劇中でもそれを披露していましたね。

――高柳さんは何をやったのですか。

僕は放送研究会なのでディスクジョッキーをやりますと言ったんですが、基本的にこの日にヤクルトホールに来ているお客さんは全員が薬師丸ファンなわけで、われわれが何をやったところでノーリアクションなんです(笑)。まあつらかったんですが、とにかくそこまで残った人たちは熱いパフォーマンスを繰り広げていましたね。

――そこで自分がひょっとして合格するような期待はあったのですか。

それが実はそこにもうアイドルとしてデビューしてる人もいたんです。なんと会場にもその人のファンがグループでいて、横断幕をかかげて熱烈に応援しているので、「ああこれはきっともうこの人が合格と決まっていて、このオーディションは賑やかしなんだろうなあ」と思ったんです。そして合格者発表の前に司会の鈴木ヒロミツさんからアナウンスがあって「今日この会場に来てくれた最終審査通過者の皆さんは、何らかの役で出演していただきます」と。そこまでは「自分も映るんだ。ラッキー！」とか思いながら落ち着いていたんですが、「優勝は高柳良一さんです」と発表があったものですから「まずいんじゃないか、これは」と焦りまして。本当にびっくりしているうちに、カメラマンや記者の人たちにワーッと囲まれて写真を撮られて、何言ったのか覚えていませんが抜擢の感想とかいろいろ尋ねられて……。

――高柳さんが数々の猛者を押しのけて抜擢された決め手とは何でしょうね。

何かが優れているというのではなく、相手役とのバランスで決めた、というのが、角川春樹さんのコメントですね。普通、この人の目がよかった、声がよかったとか言われるのでしょうが、僕については個人の資質については何もなくて（笑）バランスで決めたってことのようです。そのバランスって何だろうなあって苦笑しましたけど。みんなが当時のイケてるファッションでキメて来ているなか、学校帰りなので、しょうがなく学生服のままでオーディションに行ったのが、逆に凄く目立ったらしいですね。それ以降、学生役だと学生服でオーディションに行く人が増えたとか聞きました。

――賞金は百万円でしたね。

はい。それにステレオセットが副賞で付いていました。（薬師丸）ひろ子ちゃんがＣＭをやって、本物の涙が流れたことで話題になっていた……。

――テクニクスのコンポーネントですね。

そうです。ステレオセットは当時としては高価なものなのですが、アンプとチューナーとレコードプレーヤーとスピーカーがセットで、カセットデッキは後から自分で買い足しましたね。

――合格の発表の後は何があったのでしょう。

後はニューオータニで食事をして、紀尾井町にあった角川春樹事務所で今後のことを話しましょうと言われたんですが、もう一日慌ただしく夜までつながっていたので、全く家に電話もできなかったんです。もちろんこういうオーディションに行くとは親に伝えてあったのですが、誕生祝いの準備もして待っているのに一向に帰ってこないので、八時ごろ帰宅したら「こんな時間まで連絡もしないで何やってるんだ」と親には叱られまして。それで「実は受かっちゃって……」と報告したら、今度は親が凄くびっくりしまして、父が翌日の日曜朝のスポーツ紙を半信半疑で買い込んできたら全紙にそのニュースが載っていて「これは本当なんだな」と（笑）。

――しかしご両親としては目が回ったことでしょうね（笑）。

余談なんですが、このオーディションの時につけていた腕時計がまだ現役で（と身に付けている腕時計を見せ）、これなんです。セイコーのシルバーウェーブという時計なんですが、中学の合格祝いで買ってもらった時計なんですよ。小学校の頃にやっぱり塾に通うのにセイコーのファイブスポーツっていう自動巻きの時計を買ってもらったら、それがすぐに壊れてしまって。このシルバーウェーブというのはクオーツの出始めで、月に数秒しかずれないっていうのが売りだったんですね。その頃は時計も高かったので、当時の値段で確か三万八千円だったと思うんですが、祖父に中学の合格祝いに買ってあげるよって言われまして。本当は文字盤が黒いのが欲しかったんですが人気があって売り切れていて、時計屋さんが「入荷するまでこれ使ってていいよ」ってシルバーのものを貸してくれてたんですが、使っているうちに気に入っちゃって「これでいいです」ということになったんです。中学の臨海学校の時に砂浜で落として紛失するんですが、必死になって探しまして。すると無事に見つかったうえに、以来ずっと動いてるんです。目が悪いので夜中もこれつけてないと時間がわからないので、その頃は二十四時間付けてたんですよ。今はさすがに枕元に大きな文字で光る目覚まし時計があるので（笑）そんなことはしませんけれども。さすがに数年前、ついに電池交換しても動かなくなったので使い続けるかどうか悩んだんですけれど、思い切ってオーバーホール、結局こうして四十年使ってるんです。面白いのは、そのオーディションの時の写真を新聞や雑誌で見た人が、これをロレックスだと勘違いして（笑）「成金の息子が高校生のくせにロレックスなんかしやがって」って怒ったりしたらしいんです。家業は手芸用品の問屋で成金とはほど遠いですし、見方によってはロレックスに……いや見えないと思うんですけどね（笑）。

――その時計のお話は、凄く高柳さんの人となりを表現していて興味深いですね。全くいわゆる芸能界的な浮ついた興味などはなくて、落ち着いていて、若い時から大事にすべきものがわかっている人だったんですね。ご本人はそんなにマイペースでも、週明けに学校に行ったら大変だったんじゃないですか。

ええ、凄いことになるだろうなと思ったら案の定で、休み時間ごとに他の学年やクラスの生徒が入れ替わり立ち代わり教室に来て人でいっぱいになって、それで先生に事情を説明に行ったところ、慶応はそういうことには寛容な学校で、「まあいいんじゃないの」ということに。

――その後はもう現場的な準備になるんですか。

ええ、もう後はさっそく衣裳合わせですね。そのあとはポスター撮影。一月三十一日に決まって、三月の春休みには撮影に入ることになっていましたから、めまぐるしい日々でした。

――演技の練習などは求められなかったのですか。

そういうことは一切なかったのですが、『ねらわれた学園』の剣道部の主将という役なので、いちおう形になるように剣道の指導は少しありました。剣道はやったことがなかったのですが、試合のシーンは面をつけているのでアクションは吹き替えの方がやって下さったので大丈夫でした。

――春休みの撮影ということですが、あの舞台となった学校のロケセットはどちらだったのですか。

府中の学校でしたね。ちょうど春休みで生徒のいない時の撮影だったのですが、奇遇にもここがうちの伯父が疎開中に通っていた学校らしいんです。最初のシーンは、登校して門のところを通過するカットでしたね。

――それにしても全くの演技未経験で、当然現場でとまどいますよね。

何もわからずに大変でしたけど、大林監督が優しく手ほどきしてくださる方なので「ああ、こうい

HOT NEWS from TOKYO SPECIAL

角川映画'81夏作品「ねらわれた学園」 撮影・池田岳史

薬師丸ひろ子 HIROKO相手役

17歳、高柳良一。

17865名をセリ落としたシンデレラボーイ

'81年7月上旬公開「ねらわれた学園」

薬師丸ひろ子相手役公開オーディ

製作・角川春樹／原作・眉村 卓／監督・大林宣彦／主演・薬師丸ひろ

角川春樹事務所作品　東宝配給

てゆく。審査員の角川春樹プロデューサー、大林宣彦監督、原作者の眉村卓さんらを前に各応募者は歌に演技、特技を披露。すでにNHKのTVに出演中というプロもいたり、ホリ企画社長の息子という血統書付きの人がいたり、明日は大学受験というのに大阪から新幹線で駆けつけた若者がいたりで、かなりの大激戦となった。

今回のコンテストは新モモナトモ・コンビを誕生させるというのではなく（もちろん、その可能性を秘めているのだが）、あくまでも今年7月公開の夏の青春映画『ねらわれた学園』においてのひろ子君の相手役募集である。正義感の強い男の子という役柄にぴったりあてはまるキャラクター…、薬師丸ひろ子との身長のバランス等々が考慮され、学園ドラマということでもあり、慎重な選考となった。選にもれた8名全員、事情の許すかぎり映画に出演してもらいます！　という角川プロデューサーのビッグなプレゼントが紹介された後、いよいよの発表となった。

皮ジャン・スタイルやラフなジーパン姿とそれなりのキメた恰好の応募者の中、ひとり学生服という正装(?!)で異彩を放っていた高柳良一クンの名が呼ばれた。"え、えッ!"というぎこちない表情が、まるで、ひろ子が「野性の証明」オーディションでヒロイン決定となった時の表情にオーバーラップされる。ギンギラなタレント志望の若者たちには到底望めない、ナイーブな表情といえるもの。母親に応募を勧められてチャレンジしたという高柳クンは、昭和39年1月31日生まれ、東京は台東区に住む、慶応義塾高校の2年生。学校では放送研究会のDJをやっているという。身長176センチ、体重64キロの、若者である。そして決定をみた1月31日は17回目の彼の誕生日でもあった！

高柳の抜擢を伝える角川書店「バラエティ」誌（81年4月号）。

映画『ねらわれた学園』オーディション時から現役の腕時計。

うふうにやればいいんだな」と徐々に思うようにはなりました。ただし、ちゃんとやれてる感は全くなくて、とりあえず言われたことをこなしているだけでしたね。

――周囲の共演者は子役としての演技経験があった人もけっこういたんですよね。

そうだったんですよ。だからいったいどういうふうに思われていたのやら……「なんだあいつ、横入りしやがって」（笑）って感じだったのかもしれません。まあ救いだったのは映画は演劇と違ってその場にはお客さんがいないので、もちろん緊張はするけれど反応にいちいちプレッシャーを感じるような怖さはなかったですよね。

――薬師丸さんとの絡みで思ったことは。

自分は役柄自体が学生だったので、その延長で現場では生徒役の役者さんたちとワイワイやってましたが、すでにひろ子ちゃんは女優として高い意識を持っている様子でしたね。ひとつひとつのカットに今の演技でいいのかどうかという自問自答があるようで、そういう意味では現場でもいい意味で「孤高」の存在だったんですよ。それは別にお高くとまってるというような意味ではなくて、プロとして同じ世代の普通の子とは違う次元にいなくてはいけない、という気構えがあったように思いました。

――大林監督からの注文はあったのですか。

演技を直すとか否定するとかではなくて、その場その場で「こんな気持ちだったらどうする」「こういう状況で思わず口に出る言葉だよ」とおっしゃる感じで、最初の映画が大林さんで本当に恵まれていたと思います。ただかなり合成が多い映画だったので、「ここは最終的にこういう画になるんだよ」って説明されてもなかなか想像がつかないんですよね。ブルーバックで撮ってて、いったいこの背景はどうなってるんだろうと。完成品を観て「ああこうなるんだ！」って思いました。

――ブルーバックの前で宙吊りになったり、いきなり特殊な演技でしたね。

その吊りの道具が、きっと後の舞台の『ピーターパン』なんかはちゃんとしてると思うんですが、本当に当時は適当なもので（笑）。女性用のガードルを加工してそれに針金を通して身につけて吊るすんですよ。もちろん詰め物とかはあるんですが、やっぱり針金が食い込んで痛いんですよね。ああ、さすがに人間を一瞬吊るためだけの道具なんてやっぱりないんだなあと（笑）。でもこれは体重の軽い人は大丈夫らしくて。共演してた手塚眞くんなんか当時もの凄く痩せてましたから、なんでもないんですよ（笑）。僕は肥ってはいないものの体重は普通にはあったので、吊られるとすぐ降ろしてくれって感じでした。

それから、峰岸徹さん扮する京極の魔力で、立ち向かった僕の木刀がバーンと割れるというシーンで、なにしろ木刀なのでなかなかかっこよく破裂してくれない。それでたぶん本番の時に相当大量の火薬を使ったんじゃないでしょうか。撮影が済んだ後、何時間も耳が聴こえなかったんです。

――そんなことが起こっていたんですか。その峰岸徹さんとは何か逸話がありますか。

あの作品での峰岸さんの拘束時間のほとんどは、お腹に目玉の画を描くことに費やされていたのですが（爆笑）、それこそ汗かいたりすると画の色が落ちちゃうので、控室でずっとじっとしてらして。

だからその時はあまり会話を交わしたりすることもなかったですね。

――クラスメートの俳優さんたちで印象的な人はいましたか。

亡くなった中川勝彦くんは、学校（慶應高校）の一年先輩だったので、話も合ったし大学に進学する時にはあの授業はとったほうがいいよとか教えてくれたりもしました。彼のお嬢さんは中川翔子さんですが、照れ笑いの表情が凄く似ていて、それを見るといろんなことを思い出してちょっと泣けてくるぐらいなんですよ。

――撮影は春休み中に終わったのですか。

結局そういう訳にはいかず、三日ほどこぼれちゃいましたね。でも撮影が終わって夏の公開までは特に次はどうこうという話もなく、四月からは普通の学校生活が戻ってきたという感じでした。六月くらいになるとキャンペーンも始まっていたわけですが、それも土日でこなしていたんです。

――ちなみに『ねらわれた学園』の完成版はどこで観たんですか。

大林組ってラッシュをゆっくりまとめて観る暇もないくらい忙しかったので、撮影中にそれこそ撮影所の食堂みたいなところで観たりするんですよね。そこにはスタッフだけでなく僕らも行って観るんです。『時をかける少女』の時なんか旅館の宴会場で観てましたね。でも厳しくチェックするというより、昔みんなが撮ったフィルムをDPEにあずけて何日後かにどういう写真が出来たかなあと楽しく眺めてた、あんな雰囲気なんです。もちろんブルーバックについての技術的な指定などは細かくなさっているんですが。完成品を観たのは、なぜか記憶が不確かでスタッフだけの初号試写だったの

『ねらわれた学園』撮影時、大林宣彦監督、
坂本善尚カメラマン、薬師丸ひろ子らと。

映画『ねらわれた学園』新宿ロケ。
現在の美和子夫人（左）、現在はイラストレーターの三留まゆみと。

か、一般のお客さんを招いた試写会だったのか、そこがなぜかちょっとボヤけているんです。余談ですが公開直後に北海道に修学旅行に行って、札幌の映画館の看板に大きく私の顔が描かれているのを発見した同級生が「これ、こいつなんですよ」と、切符売場の女性に言ったら「ふざけるんじゃない！」って怒られました（笑）。でも確かな記憶としては、公開中なかなか映画館に行けなくて、もう今日でおしまいですよという日にお客さんもまばらな劇場で観たんです。確か新宿の映画館でした。

――その時に何を思いましたか。

いやもう自分はただの映画ファンとして純粋に映画を観られなくなってしまったなあと思いましたね。当事者には、映画のフレームの外で起きていたことも含めて見えてくる訳ですから。それはとても贅沢な見方だなあと思う半面、一般の人と同じようにこの映っている世界に集中して楽しむことはもはやできないのだなあと。

――なるほど。それにしても『ねらわれた学園』は出来上がったものを観ると大林さんの仕上げのセンスに驚かれたのではないですか。

まだ大林さんの独特なセンスや計算の奥深さがわかっていない子どもなので、ジェット・コースター・ムービーみたいに観てたんですよね（笑）。あとはこれはヒットするかなあとか、みんな面白いと思ってくれるかなあとか、そういう心配もしてました。

――ご両親は当然ご覧になったのでしょうが、どんなふうに思われたのでしょう。

観ているとは思いますが、自分たちが好んで観るようなジャンルの映画ではないので感想もなかかなか難しかったでしょうけど、ともかく自分たちの息子がこういうものに参加させていただいているのは大変なことだという思いはあったでしょうね。

――友だちはどんなふうに観ていたんでしょう。

映画に出ているのは俳優の高柳良一だけど俳優をやっていない時の高柳良一は自分たちのクラスにいる仲間という感じで、切り離して観てくれてたと思います。だから、特にどうこう特別視されることもなく、今もってその頃の友だちは仲がいいですからね。今となってはカッコつけて言えば「青春の一ページ」というところですかね。

――高三になってからは、何も映画のお仕事はしなかったのですか。

実はその夏に薬師丸ひろ子主演で『セーラー服と機関銃』を撮るので、そのクラスメート役をと言われまして、六月か七月くらいに日活撮影所で衣装合わせがあったんです。撮影の準備はもう始まってたんじゃないかな。もう角川としては「当然高柳は出る」という前提でいろんなことを進めていたはずなんですが、「このまま、ただ流れに乗っていていいのかな」という疑問が湧いてきたので、「すみません。高校卒業まで半年なので、ちょっと考えさせてください」と申し出たんです。「ここで断っちゃうともう仕事が来なくなるかもしれないよ」とアドバイスをくれる方もいたんですが、「そうなるなら、それが自分の人生なんだろうな」と思いまして。

――俳優をやろうとしている普通のティーンの男の子だったら、そんなにいい話は絶対に断るはずがないと思うのですが、その高柳少年の冷静さっていったい何なのでしょうね。

もともと自分から俳優になりたいという気持ちで始めたわけでもなく、まわりの友だちはみんな普通に大学に行って就職して……というのがあたりまえでしたから、そんななかで全く自分の意志ではない方向に流されて行って本当にいいのかなという不安が凄くあったんです。もし「やらない」ということでもそこには自分の意志があるわけですが、本人を置き去りにして「当然やるもんだ」的に事が進んでいましたので「とにかくあと半年で高校は卒業なので、それまでは映画からは離れたいです」と説明したら、即座に「そうか。わかった」と言うところがまた角川春樹さんの凄いところですが（笑）。

――きっとはっきり高柳さんの意志を感じて諾としたんでしょうね。角川春樹さんらしいところですね。ちなみにこの時点では角川は窓口であって契約はしていないんですか。

ええ、オーディションの時にもらった賞金百万円が出演料で、『ねらわれた学園』についてはそれでひと区切りだったわけです。それで僕は定期預金に百万円入っている高校生ではあったんですが（笑）、次の『セーラー服と機関銃』はまた別の話で、これを断っちゃたわけです。……あ、源泉徴収されてるから定期に入ってたのは九十万ですね（笑）。大学では法律の勉強がしたかったんです。

――慶應高校から慶應大学に進む時は、どんな振り分けになるんですか。

高三で文系か理系かコースに分かれて、理系コースは理系文系どの学部にも行けるんですが、文系コースは文系にしか行けないんですね。理系は医学部と、それから工学部が理工学部と改称して人気上昇中でした。僕は文系なので行先の候補は経済学部、法学部政治学科、法学部法律学科、商学部、文学部でした。文学部はよほどそちら方面を志さないと行かない学部で、一番人気は経済。法律はその次くらいだったんですが、ちょっと大変なんですね。角川春樹事務所の方も両親に「これから俳優活動もやって行くとすると法律学科は学業が難しいからもう少し楽な政治学科に行かれてはどうでしょう」って言っていたくらいで（笑）。でも確かに自分は就職ではマスコミを志望しているわけで、法学部でも政治学科ならマスコミ関連の授業やゼミもあって、まあ確かにそこかなと思ったんですね。政治学科はそんなに人気がないので、志望すれば一〇〇パーセント行ける感じでした。

――でも法学部の政治学科はけっこう入試では難しいところですよね。

どうもその後から人気が出たようなんですが、外から受験して入るのは難しくても、中から上がるのはそんなに大変じゃなかったんです。確かに政治学科には下から上がってきた友人が全然いなくて淋しかったくらいで。それにこの学部は、ある学年で単位を落としても次の学年には上がれて、そこで落したものを解消すればいいというシステムだったので、それもよかったんです。

――そうやって最後の高校生活を普通に過ごして、普通に大学に行って、また俳優もやることになったんですね。

春樹さんが俳優も学業をおろそかにしてはいけないというのが持論だったので、ひろ子ちゃんも（原田）知世ちゃんも僕も、さすがに全く学校を休まないというわけにはいかないものの、とにかく当たり前に学校には行かせてくれたので、何も影響はなかったんですね。そして大学に入ったらまた再会しようなっていう春樹さんの言葉どおりに、進学して早々、知世ちゃんのデビュー作のフジテレビのドラマ版『セーラー服と機関銃』をやることになりました。その四月に年末公開の角川映画『伊賀忍法帖』の真田広之さんの相手役を公開オーディションで決めたんですが、この時のグランプリが渡辺典子ちゃん。知世ちゃんは特別賞だったのに抜擢されて、七月から主役のドラマ版『セーラー服と機関銃』をやることになったんです。

――確か原田知世さんが発掘されたオーディションに立ち合われたそうですね。

『伊賀忍法帖』の最終審査を公開オーディションとして東京會舘でやったのですが、実はその舞台上で最終選考まで残った女の子たちが『ねらわれた学園』のラストシーンを演じてみせる、という試験がありまして、僕はその相手役として招集されたんです。オーディション終了後は、渡辺典子ちゃんは『伊賀忍法帖』のチームへ、知世ちゃんはドラマ版『セーラー服と機関銃』に出ることが決まっていて僕も一緒のチームへ、それぞれ分かれて顔合わせだったと思います。

――この時の知世ちゃんの抜擢は春樹さんの意向だったと聞きますが。

そうですね、春樹さんが知世ちゃんに凄くインスピレーションを感じて「この子を残したい」とおっしゃったようですね。さらには知世ちゃんが応募書類に貼ってた写真にお姉さんの貴和ちゃん（原田貴和子）が映っていて、「この子をぜひ女優にしたい」ともおっしゃっていたそうですが。

**――原田貴和子さんもとてもいい女優さんですからね。ところでドラマ版『セーラー服と機関銃』の現場の雰囲気はどうだったんですか。当時は角川映画も絶好調でしたが、フジテレビも「楽しくなければテレビじゃない」というキャッチフレーズを打ち出して、一気にテ

ドラマ『セーラー服と機関銃』撮影時、
原田知世、阿藤海（阿藤快）、風吹ジュン、新井康弘らと。

レビ界を席巻し出した頃でしたが。

ディレクターが河毛俊作さんだったので、テレビドラマと言いながら、カメラワークなどは映画的というかスタイリッシュでしたね。そういう意味ではディレクターもキャストもみんなカッコいいんですね。こだわってBGMを全部洋楽にしたので許可がとれずにビデオ化できなかったという話があるぐらいです（笑）。大林映画の現場はアットホームだけど泥臭い部分もあったのに対して、河毛さんはダンディでニヒルな演出ぶりで尖っているわけです。まあオンエアぎりぎりまで編集してるくらいスケジュールは大変だったようですけれども。それから奇しくもこのドラマ版『セーラー服と機関銃』のプロデューサーだった重村一さんが今のニッポン放送の会長なんです。

——奇遇ですね。現場での知世ちゃんの評判はいかがでしたか。

出演者もスタッフもみんなが知世ちゃんのファンになるというくらい好かれていて、その思いで現場がまとまってるぐらいの感じでしたね。ひろ子ちゃんは完成している女優さんで、あたりまえのことですが自分との距離感がありました。知世ちゃんの場合は全く逆で、ズブの素人の僕が一年前に現場でいろんなことを急に言われて大慌てしていたことが、まさに今起こっている（笑）という状況で、少しだけ現場の先輩の僕としては知世ちゃんがいくらかでも慌てたり困ったりしないように助けてあげる……という感じでしたね。なにしろ急に長崎から上京してきていろいろと不安だったと思うんですよ。ゴールデンウイークや夏休みには貴和ちゃんも東京に来て撮影を見学したりしてました。このドラマ版『セーラー服と機関銃』が八二年の七月から一クール、その後十月からはドラマ版『ねらわ

ドラマ『ねらわれた学園』スタジオ撮影時の集合写真。

『ねらわれた学園』撮影時、
原田知世、伊藤かずえ、森尾由美らと。

れた学園』が年末まで一クール放映されたんですね。両方ともヒロインは知世ちゃんで、相手役は僕でした。毎週月曜夜七時から三十分の枠でしたね。

――大学生活と俳優業の兼ね合いはどうでしたか。

この頃の大学って、もう学業以外にも何かをやって活躍していたり、二足のわらじみたいな人たちって多かったじゃないですか。それにそもそも知世ちゃんはきちんと学校に行かせるということが約束されていたので、そんなに学校生活には響かなかったんです。当時は一週間で三十分のドラマを二本撮りして、翌週はお休み、というくり返しだったのですが、これも全ては知世ちゃんを学校に行かせるためだったんです。だからスタッフは逆に大変だったと思いますよ（笑）。最初は僕もよくわからないから「ドラマってこういう撮り方するんだ」って思ってたら、スタッフさんから「これはとても特殊なんだよ」って言われました。編集も本当に綱渡りでやっていたので、ナイター中継がぶつかって番組が一週ずれてくれることをスタッフがてるてる坊主で祈ってることすらありましたね（笑）。まだドーム球場が無い頃の話ですね。

――河毛さんはどんなふうに演出されるんですか。

今思うと当時はまだ河毛さんは三十そこそこだったんですよね。ちょうど僕よりひと回り上ですけど、とにかくカッコいい演出ですね。厳しいことは特におっしゃらない。これが八二年、大学一年の時ですけど、この後はしばらく何もやっていなかった。この頃、春樹さんは自分が監督をやってみたいという気持ちになられていて、『汚れた英雄』にとりかかっていた訳ですが、本当は知世ちゃんで監督デビュー作を撮りたいという気持ちは強かったんです。結局八四年の『愛情物語』を知世ちゃん主演で撮るわけですが、彼女の最初の映画はやっぱり大林さんに任せようということになって『時をかける少女』になったわけですね。

――その『時をかける少女』の撮影は明くる八三年の春休みということですか。

はい。八二年の秋ぐらいには製作発表をしていたと思いますが、この撮影に入る前に知世ちゃんはアニメ映画『幻魔大戦』の声優をやったんです。その『幻魔大戦』の劇場試写会の日が『時をかける少女』のクランクインの日でした。最初にカメラが回ったシーンは、知世ちゃん扮する芳山和子が深町（一夫）くんを探して崖のほうに走ってくるところでした。そこも合成なんですが、足元の風景は伊豆なんです。革靴だと走りにくいので白い運動靴を黒く塗って使ったそうです（笑）。昼にこれを伊豆で撮ってから東京にとんぼがえりして、夜は『幻魔大戦』の舞台挨拶に行ったはずです。

――その後は尾道ロケですか。

いいえ、その後は冒頭のスキーのシーンが上越国際スキー場でのロケで、それから日活撮影所でしたね。高校の理科室は尾道のロケセットなんですが、そこからドアをカチャッと開けて入った実験室が日活のステージでした。それから尾道、福山、竹原のロケに出ました。

――実験室の撮影が最初ということは……。

そうなんです。和子と深町くんの別れのシーンから先に撮ったんですね。その前にスキー場での出会いのシーンを撮っていたので、実は冒頭の出会いと結末の別れは、ほんの一週間くらいしか離れていないんですね（笑）。その途中経過を、じっくり尾道、竹原で撮っていたと……そういうのは映画の面白いところですね。

――あの和子が深町くんを追って行った先の、後半の山場の断崖のところでは大変な目にあったそうですね。

大げさではなくあれは死にかけました（笑）。撮影場所は竹原の黒滝山だったんですが、合成ではなく本当に切り立った断崖絶壁で、「命綱があるから大丈夫」と言われたものの、『ねらわれた学園』の時の吊りの針金みたいなのをスタッフが一人で引っ張ってるという、ひじょうにアテにならない感じだったんですね（笑）。カットが切り替わる時に知世ちゃんと一緒に「となりの足場に移って」と指示されたので移動したら、さっきまでいた足場がガラガラと崩れて五十メートルくらい下まで岩が転げ落ちて行って……。それで「ああもうこんな仕事やってらんない！」って絶叫したのが有名なエピソードとして残っていますが（笑）。

――いやそれは当然でしょう（笑）。こうしてご無事でお話を聞けて本当によかったです。

もうさすがに知世ちゃんと二人でワーワー叫んでいましたね。どうやら数日前に山火事があって岩盤がもろくなっていたようで、後日断崖絶壁ごと崩れて跡形もなくなったそうです（笑）。でも当時思い出すのは、前の年に尾道三部作の最初の『転校生』が公開されていたので、尾道に行くと地元の支援者やファンの方たちから『転校生』の時はこうだった、ああだったという話が飛び交っていたことですね。『転校生』の主演の尾美くんも一緒でしたからね。

映画『時をかける少女』ロケで
大林宣彦監督、原田知世らと。

慶應大学時代、美和子夫人と
東京ディズニーランドで。

――尾道の印象はどうでしたか。

ええ、自分の撮影は隙間なくあるわけではないので、昼間に時間が空いたら町を歩いたりしてたんですが、大林映画の尾道の風景はあくまで映画のために切り取られたものなので、「ああ、ここはごく普通の地方都市で、映画に映っているものはごくごく一部なんだな」ということに気づきましたね。映画のマジックって面白いですよね。

――私も何度か尾道を尋ねて思うのは、大林さんが尾道を絵ハガキのように盛って撮るのではなくて、ごくなんでもない路地をまさに映画のマジックでドラマチックな場所に変えて行っているということですよね、『時をかける少女』で幻想的に出てくるタイル小路なんて、「え?! ここなの」というくらい何でもない場所で……。そのほか『時をかける少女』の時に何か気になったことはありますか。

気になると言えば、あの高校の弓道部の的って、なんで通学路の真下にあるんでしょうね(笑)。あんなちょっとでも矢がそれたら人に命中するようなシチュエーションってあり得ないのに、あれも要は大林さんの画面の隙間を埋めたい好みから来ているわけですよね。三月ですから桜だってみんな造花と合成だし、ちょっと気になりだすとかなり不思議な世界ですよね。あの温室もセットなので撮影が終わったら跡形もないんです。

――深町くんを育てた上原謙と入江たか子の祖父母が住んでいる家も、さっきの的と通学路の関係と同じで、通り道が家から上を仰いだところにあって人が往来していますが、そ

の空間感覚が随所で印象的な映像を生んでいますね。あれは尾道的といえばそれまでなんですが、映画でしか出せない高低の関係から導かれるものですね。

あの深町くんの家も坂道にのぞんだロケセットのお宅で、温室はその敷地に作ったセットなんです。その家のロフトというか屋根裏の小部屋も、小さい時の深町くんと和子のせつない思い出の場所ですが、あれも本物なんですよ。

――逆にあの雛壇のある部屋はセットかと思いましたね。あまり不自由に撮っている感じがなくて……。

それに、今おっしゃっていた深町くんの家から見える通学路は、実はすぐ行き止まりで、あんなふうに往来できる場所ではないんです(笑)。

――撮影中は尾道のどんなところに泊まっていたのですか。

尾道は当時そんなにたくさんホテルはなかったので、サラリーマンが出張で使うような普通のビジネスホテルにずっと泊まっていました。百円玉を入れるテレビがあるような……(笑)。春樹さんが来た時はさすがにそこはまずかろうと、西山別館というあのあたりでは一番のちゃんとした旅館に泊まったと思います。フジテレビの西山喜久恵アナのご実家ですね。この旅館のそばの尾道ラーメンの朱華園は、スタッフにファンが多かったのでよく行きましたね。後はのちに火事で焼けちゃった「満鉄&金ボタン」っていうライブハウスかな。商店街も凄く早い時間に閉まってしまいますから、行けるところは限られていましたね。そういえば地元の「TOM」という昼は喫茶営業してるようなスナックのマスターが、オリジナルの『時をかける少女』のTシャツを作って盛り上げてましたね。出演者やスタッフにもサービスじゃなくて買わせるんですけど(笑)。まだ家のどこかにあると思います。

――『時をかける少女』はやっぱり自分でも代表作ということになりますか。

そうですね。ただ役柄でいちばん好きだったのは『友よ、静かに瞑れ』の沖縄のホテルのフロント小宮ですかね。自分とは全く違う役でしたから面白かったんです。他の役はだいたい爽やかで温和な少年という役でしたから。やっぱり役者さんはユニークな、ちょっと変な役のほうがやりがいがあるんですかね。

――でも『時をかける少女』の深町くんなんて、女子のファンもたくさんいたのではないですか。

いや、それはむしろ『ねらわれた学園』の関くんのほうが元気で友だち思いでおっちょこちょいみたいな役で人気があったんじゃないでしょうか。本人も役柄通りのスポーツマンだと誤解した内容のファンレターも多かったです(笑)。『時をかける少女』の深町くんはちょっとミステリアスでとっつき難いですからね。

――『時をかける少女』の完成品はいつご覧になったのですか。

試写会があって、そこで両親と観ました。その時、父が言うにはエンディングで深町くんと和子はお互いのことがわからないまますれ違ったのではない、あれは出会えたんだ、よかったなと(笑)。へえ、そんな解釈するんだと。その根拠が面白くて、あの映画のキャッチコピーは〝いつか、どこかで出逢うはずの彼に出会ってしまった〃だから、二人はこの後出会うことになっているんだと（笑）。

――ポジティブな解釈ですねえ（笑）。

いや、本当にポジティブ……というかとんちんかんで（笑）。この時以来、実は『時をかける少女』は全く劇場では観ていなかったんですよね。公開当時は用事があってどうしても劇場に行けなくて。舞台挨拶で劇場に行った時も、舞台の袖からオープニングとエンディングはのぞいてましたけど、全部ちゃんとは観られませんしね（笑）。だから意外にも、樋口さんと観た二〇一一年のヒューマントラストシネマ有楽町のイベント上映が、公開当時以来、ちゃんとスクリーンで観なおした最初だったんですね。

――でもご両親は『時をかける少女』みたいな作品はお好きなんじゃないですか。

二人とも映画は大好きで毎週のように映画館に行くぐらいですが、『時をかける少女』は自分の息子が出ているというのがまずあるので、作品としてどうかという見方ができないんじゃないかと思います。撮影の最初のほうで日活撮影所で冒頭の列車のシーンを撮った時などは両親と妹と弟が見学に来ていましたね。妹なんかは列車の乗客のなかに混ざってましたね。

先日、新宿ミラノ座が閉館した時に『時をかける少女』がメモリアル上映されたので出かけたんです。その時も「やっぱり映画の大画面で観るのはテレビとは全く違う体験だなあ」と思ったんですけれども、ミラノ座の大スクリーンはさすがに圧巻でしたね。本当に映画ならではの力を感じました。入り口のドアのところに、公開当時のチラシが貼ってあったら、そこにファンの人たちが群がって写真を撮りまくっているんですよ。それはもう、一緒に行ってた友だちに「こんなに愛されてるんだから、やっぱり出口のところでお客さんに挨拶したほうがいいんじゃないか」なんて言われたぐらいで（笑）。

――大きな画面で観ると発見がありましたか。

そうなんです。和子が気を失って実験室から保健室に運ばれて目を覚ます時に、深町くんの顔が一瞬インサートされて「あ、こいつ何かたくらんでるな」（笑）と匂うところがあるんですが、そういうこれまでは全然意識しなかったところが目に飛び込んできますよね。他にもあの台詞はこういうダブルミーニングじゃないのかなとか、いろいろと改めて気づかされるんですよね。深町くんって随所に怪しいなあっていうのが（笑）、当時はそんなに思わなかったんですが。

――撮影時の大林さんは深町くんのイメージについて何かおっしゃらなかったのですか。

なにぶん深町くんはこの世のものではないので、違和感があってあたりまえ、みたいなことはおっしゃってました。尾美（としのり）くんの五郎ちゃんの言動は逆にリアルでわかりやすいけれど、深町くんはそうじゃないと。だから、感情の起伏が不自然だったり……みたいなことがあるんですよね。

――そういえばここで尾美さんともども目立っている女子高生役の津田ゆかりさんもいい女優さんでしたね。その後お見かけしませんが。

ネット上では僕と結婚したことになってますね（笑）。というのは、大林監督が著書の中で私が映画の共演者と結婚したというエピソードを紹介されたのと、ちょうど津田ゆかりさんがこの後引退してしまったのが混同されて誤解が生まれたようなんですね（笑）。この津田ゆかりさんと、ドラマ版『ねらわれた学園』に出ていた津島要さんは、引退してしまって消息がわからないので、どうしているのかなあって今も時々思い出します。津田さんはいい雰囲気のある女優さんでしたし、津島さんもちょうど忌野清志郎の『い・け・な・いルージュマジック』を使った春の資生堂のＣＭに出たりしていました。見かけとは違って男っぽいというかさっぱりした性格で弟のように可愛がってもらってたんです。この二人は本当に行方がわからないんですよ。

――この映画は薬師丸ひろ子さん主演、根岸吉太郎監督の『探偵物語』と二本立てで大ヒットを記録しましたが、舞台挨拶も忙しかったのではないですか。

当時、ラジオの「オールナイトニッポン」で必ず〈角川映画公開直前スペシャル〉とうたって一部（深夜一時〜三時）・二部（深夜三時〜五時）を通して前夜祭みたいな放送をやっていたんですね。僕なんかは一部の途中までの出演ですが、知世ちゃんは通しで徹夜で出てましたからね。当時公開初日の一回目の上映は朝早くて舞台挨拶はその前の時間にやってましたから、「オールナイトニッポン」が終わるとそのまま映画館に向かっていたと思います。

――この後は少しだけ角川映画のお正月大作『里見八犬伝』に出ていますね。

『時をかける少女』が公開された八三年の夏は大学二年でしたが、その頃、年末公開の『里見八犬伝』の八剣士のひとりをやってほしいという話があったんです。でも、京都に呼ばれてそれまでやったこともない立ち回りをやらされたらとんでもない感じ（笑）になって「こいつは無理だな」ということで、その話はなくなりまして。京都に行ったらあの斬られ役何十年の福本清三さんが殺陣を教えてくださったんですが、全然できませんでしたね。

――やはり時代劇の殺陣は見よう見まねというわけには行きませんでしたか。

ええ、さっきのファンレターの話にあるように本当は運動は苦手なので(笑)。それは結局京本政樹さんが演じた、八剣士のなかでもかなりしっかり立ち回りをやる役だったので、到底無理なんですね。京本さんはニッポン放送の番組を持っていたので、その話を後でしたこともありますよ。この役がなくなったので、そのかわりに殿様の役でワンシーンだけ出てますけれど。そんな大学二年の夏でしたが、ちょうどその頃、知世ちゃんは『あしながおじさん』のミュージカルを舞台でやっていたんです。

――三越ロイヤルシアターの舞台ですね。私も当時観に行きましたら、知世さんのお母さまとまだ女優デビュー前のお姉さま(原田貴和子)が観に来ておられたのをよく覚えています。

『あしながおじさん』は春樹事務所の人にぜひ観に行きたいと頼んだんです。「満席だから舞台袖で観ることになるけどいいか」と言われて「それでもかまわないです」と、ずっと心待ちにしてたんですが、結局上演が終わってしまって……後から事務所の人に「何で来なかったの」って言われてムッとしましたね(笑)。そこではついに再会できずに太秦でワンシーンだけ撮って戻ってきたら、大林監督のアニメ映画『少年ケニヤ』の声優の仕事が来たんです。これで知世ちゃんとまた共演したんですね。早稲田のアバコスタジオに東映アニメのスタッフが詰めていて。八四年の春休み公開なんですが、東京が記録的な大雪になってすべての電車が止まってしまい、タクシー乗り場も長蛇の列でスタジオにたどりつけなくて大変……なんてこともありました。その時に取材に見えてた記者さんを二時間ぐらいお待たせしたのが今でも申し訳なくて（笑）。

――大林監督はアバコスタジオの林昌平さんにずっと音響を任せておられましたね。その『少年ケニヤ』の声優経験はいかがでしたか。

発見だったのは、アニメの画があってそこに台詞をあてる場合って、かなり大げさにやらないとハマらないということなんです。たとえば実写映画のアフレコのつもりでやると、全く抑揚がないくらいの印象になってしまう。もうわざとらしいくらい大げさに演って、それで普通に感じられるレベルになるんですよね……って言う感想を、先に知世ちゃんに言われてしまいまして「やっぱりこの子はカンが凄いな」って感心しました（笑）。僕なんかどうしてもうまく行かなくて慌てるばかりでしたから。そういえば、この後にやった『アイコ十七歳』というTBSのドラマでご一緒だった伊藤つかささんも去年番組にいらして、再会したんですよ。

――それは角川関係ではないお仕事ですね。そういうケースもあったのですか。

『時をかける少女』の後で同じ一九八三年に撮ったTBSの松本伊代ちゃん主演『私は負けない！ガンと闘う少女』と翌年のTBS『アイコ十七歳』だけが、角川とは全く関係のない珍しいケースだったんです。しかもこの『私は負けない！』は主演の高部知子さんが写真週刊誌にスクープされて降板、そこで同じ事務所の伊代ちゃんがピンチヒッターとなってなんとか企画がつぶれなかったというわくつきの作品だったのですが、悲惨だったのは、この作品で僕は誰か違う役者さんと勘違いされてキャスティングされたみたいなんです（笑）。というのも呼ばれて行きましたら、先方のスタッフの方が「君は映画の『連合艦隊』のオーディションで光ってたから、ぜひいつか仕事したいと思ったんだよ」とおっしゃるんですが、当然僕はそんなオーディション受けてないわけです（笑）。その誤認情報がさらに角川春樹事務所にまで伝わって、「なんで映画のオーディションを勝手に受けるんだ。そういうのに出たかったらちゃんと相談しなさい」って叱られる始末で（笑）。もう本当に笑っていいのやら泣いていいのやらだったんですが、結局自分は誰と間違われたのか、今もわからないんです（爆笑）。

――確かにその方が『連合艦隊』のオーディションに受かったのかどうかもわかりませんからね（笑）。

そうなんです。ともかく撮影前から「ああ、間違ってキャスティングされちゃったんだ」というのが凄くショックで憂鬱で……。しかも当時、テレビ映画（フィルムで撮影するテレビドラマ）の現場はけっこう制作条件も悪くて廃れていたのに、スタッフのプライドだけは高い……みたいな状況で、現場でとても居心地が悪かったんですよね。フジテレビのドラマ版『セーラー服と機関銃』の河毛（俊作）さんの現場なんて凄くカッコよかったんですが、『私は負けない！』のスタッフさんはテレビを下に見てるところがあった。それなのに視聴率ではテレビ局のスタッフが作ったドラマに負けるし、かと言ってテレビ映画は劇場にかかるものでもないので、なんだかプライドだけが高くてスポイルされている感じの現場で……ひとことで言えばカッコ悪かった。誰かに「ＡＤさん」と呼びかけられると「ADじゃなくて助監督だよ」といちいち訂正させたりと、こういうのは間違ったプライドだなと、そういった業界の知識がない自分でも思いましたが、それもまた当時のひとつの実情だったわけですね。

――高柳さんはそういう意味では映画は角川春樹、ドラマは当時ぐんぐん伸びていたフジテレビの俊英たち……といきなりお仕事されていたから、言わばあらかじめ最先端にいたわけで、その観点からするとひじょうに疑問や違和感を持たれたのでしょうが、しかし高柳さんのいた上澄みの部分以外はきっとたいていそういうものだったのではないかと思います。そのテレビ映画の現場は当然平均年齢も高かったのでは。

ええ、とても高かったですね。自分の祖父ぐらいのチーフが、自分の父親ぐらいの助手を怒鳴りつけてました(笑)。それだから、面白いことのために時には何かを犠牲にして取り組む、みたいな心意気はなくて、みんな「お仕事としてやってます」的な雰囲気でした。それまでの角川やフジテレビの現場では、面白いことを追求するのに時間は関係ないというムードでしたが、このテレビ映画の現場は常に夜の十時くらいになったら撮影がどういう状況でもスタッフが片付け始めるし、スケジュールが押してきたら、もういいからなんでも撮って間に合わせておけ、という感じで。何だかお役所仕事みたいでびっくりしました。

――その角川とは違う現場でさんざんな思いをした後がまた大林監督で、知世ちゃんと共演の『天国にいちばん近い島』ですね。

これもまた凄い偶然で、『天国にいちばん近い島』の冒頭と結末に出てくるのは柳橋なんですが、僕が生まれ育ったのもまさに浅草橋、住所でいえば柳橋なんですよ。

――おお、高柳さんは映画の印象だと山の手の爽やかな坊ちゃんふうですが、柳橋なんですね。すると子どもの頃には浅草や上野に遊びに行ったりするんですか。

今でこそ観光客であふれてますが、子どもの頃の浅草は廃れていたので、遊びに行くといえば自転車で秋葉原、神田、お茶の水のほうに行ってましたね。アメ横は好きでしたが、上野もちょっとあやしい雰囲気でした。通りから見えるところには普通の本が並んでるのに、見えないところにあるのは全部アダルト向けという本屋があって、子供が気がつかないで入ると追い出されたり（笑）。今の浅草橋は外国人向けのリーズナブルな宿泊施設がとても増えたので、外国人率がひじょうに高いんです。もともと老舗のユースホステルがあったんですが、円安で外国人旅行客が注目し出したとなるとネズミ算的に便乗施設が増えまして。ほとんどが欧米人のバックパッカーで、そこに中国のお金持ちも紛れている感じでしょうか。もともと鳥越から御徒町方面には宝石関係の仕事をしているインド人がたくさんいましたし、そこをねらってインド料理の店ができるとほとんどは家族経営なので、もうこの界隈はインターナショナルな、凄いことになってますね。

――しかしあの古い下町の浅草橋がそんな外国人のバックパッカーのメッカになっているとは知りませんでした。

そのユースホステルもとても目立たないところにあって、たまに外国の方が泊まりに来るぐらいの感じだったんですけどね。地元の人でも道を尋ねられて「そんなのあったっけ?」となるぐらいでした。それがもっと日立つところに便乗のホテルがたくさんできて、もともとあったビジネスホテルも外国人向けのプランに切り替えるようになったら、もう本当に外国人だらけになってしまいました。不思議なものですね。

——『天国にいちばん近い島』に話を戻しますと、何か印象的なことはありましたか。

ええ、あの柳橋も最初と最後のカットは、ニューカレドニアでのロケをはさんでちゃんと順番に別日に撮っていましたね。あの映画は案外そういう余裕があって、割と順撮りをしていましたね。今にして思えば『ねらわれた学園』も『時をかける少女』も春休みの短い期間での撮影でしたが、『天国にいちばん近い島』はそれより長い夏休みでした。スタジオの撮影はほとんどなかったんですが、ただ太陽が沈む一瞬に色が変わるというカットがどうしてもニューカレドニアで撮れなくて……

——エリック・ロメール『緑の光線』が題材にしていた、一瞬緑が見えると幸福が訪れる、というものですね。

ええ、それが現地で撮れなくて日本に戻ってスタジオで撮りましたが、本当に撮影所を使ったのはそのくらいではなかったかと。それで最後の柳橋のシーンなどは、もう僕は撮了しているので普通に見学に行きまして。お昼の休憩時間に大林監督からこの近くの美味いお店を教えてくれと言われて、今はもうなくなってしまったお蕎麦屋さんにご案内したんです。竹を切った器を蕎麦猪口にしてる洒落た店で、うちの父も気に入ってよく行ってたところなんですが、そこに松尾嘉代さんが入ってきたら店主がびっくりしちゃって（笑）。撮影隊が電源を借りていた亀清楼という今はレストランですが元は由緒ある料亭も小学校の同級生のおうちなんです。映画の中ではニューカレドニアから絶対外に出ることはないと決めていた日系三世の少年がタロウ・ワタナベは、実は桂木万里の家のそばの柳橋にひょっこり住んでいた（爆笑）という、おかしな話なんです。

――それはとんでもなくおかしいですね。しかし当時ニューカレドニアに行くのは凄く不便だったのではないですか。

ところが当時すでに成田から直行便があったんです。今はもうないUTAというフランスの航空会社がニューカレドニアのヌメアまで飛んでいたんですね。便数は確か水曜日に一往復だけと少ないんですが、十時間くらいで着いたんです。スタッフがどうしても日本に行って取ってこないといけない物があって、成田で受け取ってそのまま戻ったという珍事もありました。けっこう飛行機のなかでも撮影が許されていて、だからあの作品に映る機内も出演しているクルーも本物なんです。

――ニューカレドニアで印象深いことはありましたか。

それまで世界でいちばん物価が高いのは日本だと思っていたのですが、ニューカレドニアのほうが高いのでびっくりしました。日本の一・五倍くらいはしましたね。あの映画がきっかけで観光地になりましたけど、まだまだ当時は観光も栄えてなかったんですね。それでも市街地のほうに日本料理店が二軒あるというので、和食が恋しくなって行ってみたら、そこは日本人相手ではない現地の人の舌に合わせた自称和食を出す店で「これ日本食じゃないよね」と（笑）。もう一軒は、白い日本のご飯が食べられるチェーンのラーメン屋さんで、ここがもう日本食的なものにありつける貴重なお店で、スタッフはけっこう行ってたみたいですね。テレビでも新聞でも全く日本の情報は入ってこなくて、ちょうどロス五輪をやっていたのでそこでの日本人のメダルのニュースだけを見たくらいでした。知世ちゃんが一か月の撮影を終えて日本に戻ってTBSの「ザ・ベストテン」を見たら、一位から十位まで全部知らない曲になっていて驚いたと言ってました(笑)。そのくらい今のようには情報が入ってこない南の島だったんです。

――映画で観るときわめて牧歌的ですが、撮影は緩やかでもなかったんですか。

なにしろ飛行機が週一便というのがネックで、絶対に四週以内におさめないとどえらいことになる、ということだったので、雨が降ったらもうそういう設定にして撮るという感じでしたね。撮休も一日しかなかったような気がします。知世ちゃんと峰岸徹さんが島内を車で走っているシーンを外付けのカメラで撮っていたら、急にもの凄いスコールが来て何が映っているかもわからないくらいになったんですが、それはもうそれとして活かすという。そんな画も、僕はみんなでラッシュを観ている時に知ってびっくりしたんですが、思えばそういう俳優まで一緒にラッシュを見せてもらって作る、なんていうのも大林組ならではの儀式ですよね。

――そんなラッシュはどこで観ていたんですか。

現地のホテルの宴会場みたいなところですね。

――あのユニークな日系三世の男の子をどう演ずるかについては、大林監督から何かヒント

があったのでしょうか。

それはなくて、きっと大林さんとしては高柳良一という人間の持つ違和感というのをそのまま生かしたほうが面白いと思われたんじゃないでしょうか（笑）。野球にたとえると監督が投げた剛速球を必死に打ち返そうという意識がまったくないバッターで、ファーボールかデッドボールで一塁に進めたらそれでいいんじゃないかという姿勢だったので……。大林さんがよく仰っていたのは「ジョン・ウェインはいつもジョン・ウェインとして現場に立っているだけで映画を成立させていたんだから、君もそれでいいんだよ」と。まあそれも誉められてるのか微妙なところですけれども（笑）。

――この後は崔洋一監督の『友よ、静かに瞑れ』ですね。

大学三年にあがる春休みの頃です。沖縄に通算二週間くらい行って参加させていただきました。

――この高柳さんは崔さんの抜擢ですか。

おそらく角川映画だから高柳をどこかで使わないと……ということだったのでしょうけど、面白い役でしたよね。現場では崔さんは尖ってるしスタイリッシュだし、ちょっとドラマ版『セーラー服と機関銃』でご一緒した河毛（俊作）さんにも通じるところがあって。それにキャストも藤竜也さんに原田芳雄さんという、もうカッコいい人たちだらけでしたから。そんな中で自分は何をすればいいのだろうとあれこれ考えたり。

――藤竜也さんのカッコよさはたとえばどんなところが……。

俳優さんによっては画面外ではまるでだらしなくてカッコ悪いという方もいるのかもしれませんが、

藤さんはとにかく映っていないところまで含めていつも振る舞いがカッコいいんです……全身藤竜也という感じで（笑）。したたかに酔っておられる時ですらカッコよくて。僕が幸いだったのは、藤さんを筆頭に出会った俳優さんたちがみんな一家をなして天狗になってるようなタイプではなくて、凄く謙虚に人づきあいもなさる素晴らしい方々ばかりだったということですね。

――なるほど。崔さんはいろいろ細かい注文など仰るのですか。

崔さんは特に演技に対してこうしてほしいとかこれは違うとか、そういう事はおっしゃらず、テイクもそんなに重ねないで俳優のイキのいいところを撮って行かれる感じでした。大林組がスタッフも俳優もフランクにみんな横並びで一緒に作ろうというムードだったのに対して、崔さんの組は演出部の上下関係が凄くはっきりしていて厳しく統率されていて、全然違うムードでしたね。だから逆に崔組はビシッと俳優を立てる感じなので、もう僕なんか恐縮しちゃいまして。

――他にキャストの方の思い出はありますか。

そういえば、クラブの従業員仲間を演じたPERSONZのジル・ジェイドさんは「恋人役なので彼女のライブ観に行ったほうがいいよ」と言われて、助監督の方と千葉の駅からかなり歩いたところにあるライブハウスに出かけたんですが「うわあ、全然自分とは違う世界の人なんだなあ」って驚いた思い出があります。その後でPERSONZはワーッと売れたので、あれは崔さんの先見の明ですよね。

――崔監督は高柳さんをどんなふうに見ていたんでしょうね。

後年、崔さんがニッポン放送の番組に出演されるのでご挨拶に行ったら、笑いながら「おまえ、いやいや俳優やってたよな」って言われまして（笑）。ああ、そんなふうに見られていたんだ、本当に失礼なヤツだったなあと反省しました。常にハングリーに今の自分を越え続けようと努力するという役者に必要な姿勢がなくて、自分はここまでしか出来ないんだからしょうがないなと淡々としていたので、作り手からすれば何とも扱いにくかったんでしょうね。

ですが、近年フィルムセンターで『友よ、静かに瞑れ』が上映された時には、トークゲストとして声をかけていただいたので、決して嫌われていたのではないと思います（笑）。

――画面上はそんな気がすすまない演技には見えませんが（笑）。この後が大林監督の『彼のオートバイ、彼女の島』ですね。

ちょうど『友よ、静かに瞑れ』の一年後、大学四年にあがる春休みの頃の撮影です。これは完成後に、併映作との兼ね合いでどうしても尺を縮めないといけなくなったんですね。併映作というのは角川春樹監督の『キャバレー』ですから、さすがに大林さんも相談に乗らざるを得なかったと（笑）。『キャバレー』が予想以上に長尺になったので、完成尺が一〇五分だった『彼のオートバイ、彼女の島』を一五分切らないといけなくなった。大林監督はそれを逆手にとって早まわし的な編集に変えて受けて立ったそうですね。ちょっと不思議なテンポ感ですものね。

――この時の役柄もちょっとエキセントリックで印象的ですね。

ええ、実はもう自分の中ではこれが引退作だなと決めていたので、普通の爽やか青年ではない面白い役でよかったなあと思いました。音楽青年で丸眼鏡でポマードで七三ってめちゃくちゃおかしいんですが、そういうキャラクター付けをして下さいまして。大林監督の奥様の恭子プロデューサーも「高柳君のなかではこの役がいちばんいいと思う」と仰っています。しかもこの頃とてもバイクが好きでホンダのVT250というのに乗ってたんです。大林さんはバイクには乗らない方なんですが馬には乗るので、どこかバイクをそんなイメージで撮っているところがあったようです。

ちなみに、映画に出て来るライブハウスのセットは、さっきお話しした尾道のライブハウス「満鉄&金ボタン」をシンメトリーで再現させたもので、美術監督の薩谷和夫さんのアイデアだと思うんですが、スタッフのそういう遊びもありました。

――原田貴和子さんのデビュー作でしたが、フレッシュでとてもいいなと思いました。

これは貴和子ちゃんのデビュー作であると同時に（渡辺）典子ちゃんが初めて脇にまわった作品なんですね。そもそも典子ちゃんは真田広之さんの相手役オーディションでグランプリだったのに、特別賞の知世ちゃんのほうがクローズアップされた。最初からそういう微妙な歴史があったわけですが、『彼のオートバイ、彼女の島』は明らかに脇役なので本人にとってはちょっと複雑な感じもあったと思うんです。それまでの角川の女優さんは常に映画では主役でしたから。その事は僕も同じで、この映画で初めてヒロインの相手役ではなくなったわけです。貴和子ちゃんの相手役は、これが映画デビューの竹内力さんでしたから。そういういろいろな複雑なニュアンスを含んだ現場でしたね。

――尺を圧縮した作品を観て、どう思いましたか。

要所要所が早まわしになるわけですが、やっぱり違和感はありましたね。それとずっと女優になる気はないと言っていた貴和ちゃんがある日「自分も女優になる」という気持ちになったことが不思議で、そういうことも考えさせられる映画だったんです。もともと貴和ちゃんは妹の知世ちゃんを公私にサポートする、お姉さんでありながらマネジャー的な役割を進んでしていることがよくあって、表舞台で活躍する妹を、自分は裏から支えようという感じがあったのですが、いったいどういうきっかけで自分も女優になろうと決めたのか……

――そこは原田姉妹と親しい高柳さんでもあずかり知らぬところなんですね。

ええ、そこはあえて聞いていないんですが、貴和ちゃんは思い切りの良さと決断力があるので、きっと思うところがあったんでしょうね。つい最近も知世ちゃんのコンサートに行ったら、衣裳のことなどで貴和ちゃんがあれこれアドバイスをしていて、ああこの妹を盛り立てようとする感じは全く変わらないなあと思いましたけれども。

――しかし結局貴和子さんは女優になられて、近年も『ペコロスの母に会いに行く』の演技で大変好評を集めていたので、いい心変わりではあったと……。ちなみに俳優引退はいつの時点でお決めになったのですか。

『彼のオートバイ、彼女の島』の撮影に入った大学四年になりたてくらいの頃には、「もう大学を卒業したら就職します」というのは春樹さんに伝えてました。

――春樹さんからは慰留されなかったのですか。

それはなかったですね。というのも、それまでにずっと「自分は裏方、スタッフ側に回りたい」と随所でアピールしていましたから。でも、大林監督からはずいぶん止められましたし、ずっと大林組の助監督だった小倉洋二さんからも再三引きとめられたんですが、「辞めることは決めていますので」とお断りしてしまいました。それで、当時からニッポン放送に行きたいと思っていたので、そう伝えると春樹さんが協力するよと仰ってくれまして。実際、就職試験の時にはいろいろ力を貸してくださったのですが、最終面接で落ちてしまいまして。

――春樹さんの応援もあったのに、不合格もあるのですか。

当時の会長の鹿内春雄さんは多分に春樹さんを意識して、ライバル視していたようですね。それで面接で「君は角川春樹を尊敬しているのか」と聞かれたので「尊敬してます」って即答したのがいけなかったんでしょうか（笑）。これで落ちちゃったもので逆に春樹さんが恐縮されて、「申し訳ない。もっとちゃんと根回しをすればよかったんだけど」と言ってくださったんです。他の放送局はどうだともおっしゃっていただいたのですが、当時はニッポン放送以外に魅力を感じなかったこともあって「角川書店でお世話になることはできますか」と申し出たところ「わかった」と。

――角川書店ではどういう配属になるのですか。

まず四月から半年間、注文センターというところで受発注の仕事を九時五時でやりましたね。これをやると角川書店の何が売れ筋なのかということはよくわかるんです。当時でいえば『火の鳥』の単行本がえらい人気でしたね。この研修期間を経て「野性時代」編集部に配属になって、辞めるまでここにいました。

――「野性時代」の最初のお仕事は何だったのでしょう。

面白かったのは、「野性時代」では公開直前に発売される号で角川映画を特集するんですが、それをおまえがやれと言われまして（笑）。角川映画に出てた自分が角川映画を紹介する記事を書くというのが自分のなかでも面白くて。知世ちゃんの『黒いドレスの女』や、ちょうどアニメに力が入っていた時期なので『ファイブスター物語』『時空の旅人』などの時期ですね。いろいろ詳しく現場で取材して書いたのが『ぼくらの七日間戦争』や春樹さん監督の『天と地と』あたりですかね。

――しかしあんなに角川映画に出ていた高柳さんがそんな編集の現場にいるというのは、みんなびっくりされたのではないですか。

よく映画会社にスチールを借りに行ったりするじゃないですか。すると先方がみんな驚くのでおかしかったですね（笑）。社内では、ごく淡々と仕事していたので、そんな腫れものにさわるような感じは全くなかったですね。

――それはやはり高柳さんのお人柄というか、醸すもののせいでもあるでしょうね。「野性時代」で作家さんを担当されていた時の逸話などはありますか。

イラストレーターの霜田恵美子さんの担当編集者が「先生が高柳くんのファンらしいので一度紹介したい」と連れて行かれまして、お会いしても気づかない霜田さんに名刺を渡しましたら「えー！あの高柳良一さんと同姓同名じゃないですか」と言われたので「本人です」。本当にびっくりされてました（笑）。あり得ない状況ですものね。それがいちばん面白かったですね。その出会いがきっかけになって『高柳くん、聞いて下さい』というタイトルの霜田さんの連載エッセイがスタートしたんです（笑）。

――しかしさすがにある時期までは俳優の高柳さんのイメージがついて回ったわけですよね。

就職してしばらくは、街を歩いていても声をかけられるようなことがありました。自己紹介しなくても「ああ」って自分のことをわかってもらえる便利さはありましたけど、それは営業職なら役に立つのでしょうが、編集者という立場だと必ずしも活用できないんですよね（笑）。

――編集者としてご担当になったのはどんな方々なのですか。

赤川次郎さん、大藪春彦さん、北方謙三さん、つかこうへいさん、吉本ばななさんなどです。北方さんはご自身が原作の『友よ、静かに瞑れ』に出演されて、結局そのカットは使われなかったんですけれども、現場でお会いしているんですよね。赤川さんもテレビ版の『セーラー服と機関銃』の時にお会いしていたり、いろいろと接点はあったんです。当時は知世ちゃんファンの作家さんも多くて、そういう方を担当することもよくありました。とり・みきさんは知世ちゃんのファンとしてニューカレドニアの撮影にも参加していたわけですが、とりさんに小説の挿絵をお願いした、なんてこともあります。

――大変だった作家さんはいませんか。

いや、作家さんというのは基本的に普通の方はいませんからね（笑）。『一夢庵風流記』や『影武者徳川家康』の隆慶一郎さんなんて、〆切近くなると行方不明になっちゃうのでこれは困りました。とにかく自宅に電話をかけ続けるのですが、延々留守電のメッセージを聞かされて、見かねた奥さんが受話器を取るんですが「主人はどこにいるかわかりません」と。「こりゃたまらないなあ」と思ったら、担当して一年になるかどうかくらいの時期に病気で亡くなられてしまいました。今でも同じ経験をした当時の〝戦友〟である担当編集者が中心になって一年に一回「隆慶会」という名の偲ぶ会を開催しています。

――かつては今村昌平『にあんちゃん』の脚本など書かれていた方ですね。そういう猛者を相手に、ついに誌面に穴が空いたことはないのですか。

休載になることもありましたし、校了ギリギリの段階で予定より凄く少ない枚数しかいただけなかった、というようなこともありましたね。隆慶一郎さんは〆切に間に合わなくて休載が決まった後にひょっこり戻って電話に出てくれるんです(笑)。だから「野性時代」をずらっと並べると毎号厚みがバラバラなんです(笑)。

――そもそも編集者という仕事には興味はあったんですか。

読書は大好きだったんです。それこそ角川映画の影響もあって松本清張、横溝正史、高木彬光、森村誠一、赤川次郎……とかミステリーの本は片っ端から読んでたんですね。小学校の頃は江戸川乱歩。だから編集者になってもミステリー系の作家さんの担当が多かったんです。

――赤川次郎さんをご担当されての感想は。

実際に赤川さんを担当して本当に凄い人だと実感しました。当時もうマシーンでしたよね。アイデアを思いつくのと同じスピードで原稿が書ける人なんですね。それを各雑誌の〆切に合わせて五、六作を常に並行して執筆していて、年間に単行本が二十冊くらい出ていたんですね。とても常人の範疇ではない。

――北方謙三さんはどんな感じでしたか。

無頼を演出されていますが、作家の中でいちばん礼儀正しい方は北方さんじゃないかという印象ですね。実はお酒だってそんなに強くないし、女性関係が奔放というわけでもないし、全部演出なんですが、それをイメージ通りに演出できちゃうところが凄いですよね。マセラティのシャマルやシトロエンの2CVなど凄い車を当時数台持っておられたんですが、免許をとられたばかりで、まだ車の運転はあまりお上手ではなかったんですね(笑)。その2CVはご近所の凄く形の変わったクランク状の駐車場に置いておられたんですが、僕はとても車の運転が好きだったので「高柳君、ここの駐車場は本当に入れ難いんだよね」って車庫入れをお願いされて、一発で入れたら凄く驚かれたのを覚えてます。取材などで長期に家を離れる時には「車の調子が悪くならないように走らせておいて欲しい」と鍵を預けていただいたりと名誉な役目も仰せつかりました。その2CVは「もうあまり乗らないから手放そうかと思う」とおっしゃるので、ちょうど僕の友人が欲しがっていたので紹介しましたら、即決して彼の持ち物になりました。北方さんとはそんなご縁でしたね。

――しかし高柳さんは本当にティーンの頃からそうやってものの考え方がブレないというか、

凄いですよね。われわれみたいにバブルをぐるぐると、どうしても大なり小なり浪費が身についてしまうじゃないですか。

うーん、でも案外とバブルの恩恵を受けてないんですよね。当時の角川書店は雑誌ではなく書籍がメインだったんですが、たぶんバブルの蜜を吸えたのは他の出版社にいた雑誌の広告収入で潤ってた人たちでしょうね。でも文芸のほうは全然関係ないんですよ。「野性時代」なんて広告が三つぐらいしかなかったですから（笑）。

――なるほど（笑）。ちなみにこうして「野性時代」の編集者として奮闘されながらも、ニッポン放送への思いはまだあったわけですか。

新卒でダメだった時点でもうニッポン放送のことは諦めていたんですが、一九九三年に春樹さんが逮捕されたことで角川書店が大きく動揺することになるわけです。春樹さんの逮捕をテレビで生中継していて、事もあろうにそれを僕は千葉の白浜にあった角川の保養所で見ていたんです。もうそれは信じられないというか、ひとつの時代が終わったなという感じでした。大手出版社の現役の社長が逮捕されるなんて前代未聞じゃないですか。その逮捕されたことへのショックもあるんですが、当時の角川書店の社員でこれを機に春樹さんを急に否定し出す人がけっこういて、「これまで角川書店が上手く行かなかったのは角川春樹が原因だったからで、これで角川書店は良くなる」という意見がかなり溢れたんです。昨日まで春樹社長にかしずいていた人たちが異口同音に批判を始めて、僕は「え？嘘でしょ」と思ったわけです。

むしろ逮捕劇よりもこのバッシングのほうがショックで。でも僕は角川春樹さんが積み上げてきたものは絶対にないものには出来ないし、もちろん対外的にはそういう態度を見せなければならなかった立場の人もいたというのも今ならわかるんですが、それにしてもどうなんだろうと……。その前に春樹さんが弟の歴彦さんを追放するという事態があったのは知られていますが、その時には「これで従来のダブルスタンダードが解消されて角川書店は良くなるだろう」という雰囲気になって、よく理解できずに「ああ、そういうものなのか」と思っていたのですが。ついには春樹さんも消えたことで、今度は「これで角川家のくびきから解放されて角川書店はもっと良くなる」というような角川家全体を誹謗する論調が湧きおこったのに、結局うまくまとまらず、すぐさま歴彦さんを呼び戻すことになり、そしたら「角川歴彦さんが戻ってくれた。これで角川書店はさらに良くなる」……これをつぶさに見ていて、こういうことに臨機応変に気持ちが切り替えられない自分は、果たして今後も角川書店に居続けられるのだろうか……と考えるようになっちゃったんですね。もっとも現在のＫＡＤＯＫＡＷＡの隆盛は、当時の対応が間違っていなかったことの何よりの証明なので、ふり返るとあの頃の大人になれずにいた自分が恥ずかしいです。

――ともあれ当時は角川を出ようという気持ちになったんですね。

ええ、そこで転職を考えるようになったら、たまさかニッポン放送が中途採用をやっていたんです。

――それはまた運命的ですね。でも「野性時代」編集部には結局七年くらいはお勤めだったたわけですから、ちょっとした決心ですね。ニッポン放送の採用試験は順調だったのですか。

はい、僕が新卒で受けた時のことを覚えている方がいっぱいいたんです。何人も面接官の方が「あの時の！」と言ってましたね。大学時代に（渡辺）典子ちゃんとやっていた番組のディレクターさんが局長クラスになっていたり、かつて役員なりたてだった亀渕（昭信）さんが専務になられていたりとか、そんな巡りあわせもあって「改めて入りたいのだったら入れてやろうか」みたいな事になったようです。

――劇的な迂回をして、念願のニッポン放送に入社されたわけですね（笑）。配属部署はどちらだったのですか。

ディレクター採用だったので当初は制作部だったのですが、実はそれは本当に短い期間で、結局ADをやっているうちにすぐ編成部に異動になって、以後ずっとそこにいました。なにぶんもう三十歳でしたから、現場よりもう少し引いたところの仕事をやらせるほうがいいという判断だったんでしょうね。ニッポン放送はけっこう全然違う畑の部署に異動がある会社でして、その編成に七年くらい、そこから営業の調整部門、マーケティング部門、経営企画部門、デジタル部門、さらにそこからもう一度営業の調整部門に戻って、その後二〇〇九年に人事総務部門に移り、現在は総務部長という立場です。

――それにしてもこうして憧れのニッポン放送に入られてもう二十余年が経つわけですが、やっぱりここに来てよかったなと思いますか。あのアイドル映画のスタアからニッポン放送の総務部長というのは、ちょっと類のない転身ですが（笑）。

そうですね、ニッポン放送のことが好きな社員が集まっているところがいいですね。もちろん仕事は大変なので不平不満は言いながらですが、それでも根底にあるのはみんなニッポン放送が好きだという思いで……そこがいいなと思います。

――そういうニッポン放送らしさって何なんでしょうね。

仕事に意地とプライドがある人が多いんですね。この仕事は俺が回してる、という意識の強い人材がたくさんいます。亀渕さんがかつてインタビューでおっしゃった「ラジオはいずれダメになるかもしれないけど、一番最後にダメになるのはニッポン放送だ」というメッセージが好きなんですよ。「最後まで負けないで頑張るぞ」ってストレートな表現じゃないところが、いかにもニッポン放送らしくて。それと個人的なことをいえば、昔一緒に映画やドラマの仕事をした方が番組にいらっしゃった時にスタジオに挨拶に行くと凄く驚かれますので、それはとても楽しいですよね。

高柳良一氏近影（2015年）。

第二部

子役列伝

「昭和」の子役クロニクル

ここからは、「昭和」の映画史、テレビ史を駆けぬけた数多くの子役たちの名前と仕事について、その概略を出生の年代ごとに書き留めておこうと思う。ボルヘスの「悪党列伝」ではないが、言わば出生順「子役列伝」といったところである。

本書には、子役を通して「昭和」の空気感を炙り出すという意図もあるので、以後とりあげる子役たちは、あくまで戦前を含む「昭和」に生まれ、主には敗戦後から高度経済成長期を中心とする時期に活躍した人びとに絞った。ただし、厳密には大正末期に生まれた高峰秀子や突貫小僧については活躍が戦前戦後を通した「昭和」期であるのでとりあげており、逆に昭和生まれでも活躍が主に「平成」期である宮沢りえや観月ありさなどについては触れていない。そういう意味でこのリストは筆者の恣意性も強いのだが、「昭和」と「子役」を二軸にした場合にこういう選択になることは「昭和」を知る読者諸兄にはご理解いただけることと思う。

そしてもうひとつ、こうした年齢や時代の区切りにはおさまっていても、本書でとりあげたいのはあくまで職業的俳優なので、たとえばスタア歌手を本業として副産物的に映画に出るという人びとも省いた。したがって心ならずも山口百恵や桜田淳子の登場はないのだが、かといってどんなにスタア俳優であろうがもともと子役から出発した人は扱っている。したがって本当に子役だけで芸能人生を終えた人びとに加えて、浅丘ルリ子や吉永小百合といったビッグネームも含まれることになる。

いまさらながらではあるが、子役という定義も実際なかなか難しく、わかりやすく言えば同じ年齢でも子どもっぽい男子なら子役然としているが、おませな女子は到底子役の範疇ではない、ということが中学生にでもなれば起こってくる。そこで、基本的には幼少時から小学校時代までに子役をつとめたことがあるかどうかを尺度としつつ、後はせいぜい中学時代にデビューした人物を候補としたが、その年代で芸能活動をする者はごまんといるので、くだんの男女差も含めて「子役」と呼べるか否かを印象から恣意的に判断させていただいた。

ちなみに、この子役たちの横顔にまつわる記事の執筆にあたっては、主にはキネマ旬報社の『日本映画俳優全集　男優編／女優編』『現代日本映画人名事典　男優編／女優編』を中心に、テレビドラマデータベース、日本映画データベース、その他対象者ごとにさまざまな書籍、雑誌、パンフレットなどの記事を参照したが、生年月日に諸説あったり、活動開始の時期やきっかけなどについて明らかに誤りである記事もけっこうあって、あやしい箇所はかなり排除してみたが、文献こそあれどその正確さはもはやなかなか保証が難しいことを痛感した。ケースによってはその子役本人や親族に直接問い合わせたりもしたが、それをもってしてもこのような子役の生涯をめぐる記録は、真偽入り混じったひとつの〈物語〉として読まれるべきものだという気持ちを強くした。こういう読み物については、過度に資料や記録としての厳密さにこだわるよりは、数々の逸話の紙背にひそむ子役たちの幸福と不幸のサーガに触れることこそがむしろ肝心なのかもしれない。

青木富夫　一九二三年十月、神奈川県生まれ。

幼い時分に両親が離婚し、母は本牧でバーを営む。バーの客だった松竹蒲田撮影所の俳優が、柄の悪いチャブ屋街の少年であった富夫を気にとめ、撮影所に遊びにいくうちスタッフの目にとまる。六歳で同撮影所の子役となり、二九年の小津安二郎監督『会社員生活』『突貫小僧』に出演し、奔放な悪ガキぶりがうけて小津の『足に触った幸運』『生まれてはみたけれど』『出来ごころ』『浮草物語』『箱入娘』『東京の宿』『一人息子』『淑女は何を忘れたか』などに次々と出演。小津のほか斎藤寅次郎監督にも請われ多くの作品に出演する。菅原秀雄、横山準、末松孝行、葉山正雄、加藤清一、アメリカ小僧といった「松竹蒲田の名子役」の代表的存在だった。「突貫小僧」のネーミングが人気だったので、三一年以降はこれを芸名としていた（松竹は青木にあやかり横山準も「爆弾小僧」の芸名で売り出した）。しかし三九年施行の映画法による戦時統制のため、「突貫小僧」は青木富夫に改めさせられた（「爆弾小僧」も同様、横山準に）。十九歳の時に応召となり、その後南方戦線から復員、戦後は松竹大船に帰還するも活躍の機会は減り、五四年に日活に移り、同社がロマンポルノ路線へ転換した七一年に退社。フリーとなって映画『華麗なる一族』やＮＨＫ大河ドラマ『元禄太平記』に出演した後は長いブランクがあったが、九〇年代後半から篠崎誠監督『おかえり』『忘れられぬ人々』『犬と歩けばチロリとタムラ』などの映画作品で懐かしい顔を見せた。二〇〇四年一月に病没。一九二〇年代の子役時代から世紀をまたいでの意欲的な映画出演は類を見ない。なお、青木富夫が九歳の時に、母が内縁関係にあった俳優・小倉繁との間に次男の富宏をもうけ、彼も異父兄の富夫とともに蒲田撮影所に通ううち子役となり、青木放屁の名で小津の戦後第一作『長屋紳士録』を皮切りに『風の中の牝鶏』『晩春』などに出たが、間もなく廃業している。

菅原秀雄　一九二四年一月、北海道生まれ。

四歳で父と死別、母とともに上京。六歳の時に松竹蒲田撮影所に子役として入社。尋常小学校に通いながら一九三〇年公開の『父』でデビュー、三一年には成瀬巳喜男監督『腰辨頑張れ』に出演。印象的な仕事としては、三一年の小津安二郎監督『東京の合唱』で演じた高峰秀子のきょうだい役、翌三二年の小津監督『大人の見る絵本 生まれてはみたけれど』での突貫小僧のきょうだい役があり、ともに子どもらしい感情の発露が印象的だった。ちなみに、この高峰秀子と突貫小僧(青木富夫)は菅原の同学年であったが、すでに松竹蒲田の「名子役」として評判だった。青木がわんぱくで悪戯っぽいキャラクターを持ち味としたのに対し、菅原はまじめで坊ちゃんぽいイメージが好評だった。十一歳の時に新興キネマ東京撮影所に移籍、数々の作品に脇役で出演するも、一九四〇年の『熱情の翼』を最後に出演作は途絶え、戦争をはさんで消息も不明である。

高峰秀子　一九二四年三月、北海道生まれ。

函館で劇場や飲食店を営む実業家の孫として生まれたものの、四歳で母を結核で亡くし、叔母に引き取られる。叔母は秀子が生まれる前に函館にやって来た活動写真の弁士と駆け落ちし、自らも弁士となって「高峰秀子」を名乗った。東京に移った叔母とその夫は活弁を廃業、旅回りの芝居の興行や内職の針仕事でしのいでいた。二九年の五歳時、見学に行った松竹蒲田撮影所で新作『母』の子役を探していた野村芳亭監督に見出され、同年松竹に専属。養母の弁士時代の芸名を受け継いだ高峰は、『母』の大ヒットでいきなり評判を得て、たちまち松竹蒲田の名子役と目され、小津安二郎監督『東京の合唱』などに出るが、三七年にはP・C・L（後の東宝）に移籍し、山本嘉次郎監督『綴方教室』『馬』、成瀬巳喜男監督『秀子の車掌さん』など戦前戦中にかけてすでに八〇余本の映画に出演、人気子役から若手スタアへと順調な成長を果たす。戦後は東宝争議にともない新東宝所属となるも、後にフリーの道を選択。これにより来るべき五三年の五社協定にも束縛されず、邦画最盛期に各社の作品に出演することができた。以後、『カルメン故郷に帰る』『二十四の瞳』などの木下恵介監督、『浮雲』『女が階段を上る時』などの成瀬巳喜男監督の主要作品にはことごとく出演することとなり、押しも押されもせぬベテラン女優となる。五五年に松山善三監督と結婚。邦画興行が退潮しゆく六八年のT

ＢＳ『浮かれ猫』以降はテレビドラマにも出演するようになり、七五年の日本テレビ『微笑』、七六年のＮＥＴ『落日燃ゆ』などに出演。七九年の木下恵介監督『衝動殺人 息子よ』が最後の映画出演となり、以後はエッセイストとして活躍。二〇一〇年十二月、八十六歳で病没。

葉山正雄　一九二五年八月、神奈川県生まれ。

三〇年、五歳時に松竹蒲田撮影所の子役となり、三一年の成瀬巳喜男監督『腰瓣頑張れ』、三二年の小津安二郎監督『大人の見る絵本 生まれてはみたけれど』に出演した後、清水宏監督『東京の英雄』、佐々木康監督『真白き富士の根』、五所平之助監督『人生のお荷物』などに出演、松竹大船撮影所に移転後も清水宏監督『有りがたうさん』『風の中の子供』『子供の四季』『女人転心』、小津安二郎監督『一人息子』『淑女は何を忘れたか』『戸田家の兄妹』『父ありき』などに出演した。戦後は松竹京都の現代劇に出演しており、六一年の井上梅次監督『妻あり子あり友ありて』を最後に出演歴が途絶える。また戦前の元子役には珍しく、一九六〇年十月放映のフジテレビの単発オムニバスドラマ『十字路』にも出演している。

悦ちゃん　一九二六年六月、大分県生まれ。

本名は江島瑠美。父は画家の江島武夫。小学校在学中の三六年に日活多摩川撮影所の映画『悦ちゃん』（原作は獅子文六）の主役少女募集に応募。審査員だった出演者の江川宇礼雄の推薦で合格、題名を芸名としてデビュー。三七年に公開された同作がヒットしたため、『悦ちゃん乗り出す』『悦ちゃんの涙』『悦ちゃんの千人針』『悦ちゃん部隊』『悦ちゃん万歳』と主演作が翌年までに続々と作られ、和製シャーリー・テンプルと称される。三九年に東宝に移り、『エノケンの鞍馬天狗』で杉作に扮し、『ロッパの子守唄』『まごころ』『白蘭の歌』『お転婆社長』などに出演した。四〇年に東宝に入ってたちまち人気子役となった中村メイコと入れ替わるように、四一年、十五歳で引退。

横山準　一九二八年一月、新潟県生まれ。

三三年に松竹蒲田撮影所に入社。翌三四年の『恋愛修学旅行』で映画出演を始め、三五年に突貫小僧に続く子役スタアとして清水宏監督『若旦那 春爛漫』から芸名を爆弾小僧と称し、清水監督『彼と彼女と少年達』では突貫小僧と共演しつつ改めて堂々売り出される。わんぱくな突貫小僧に対し、子どもらしいあどけなさが人気を博した。爆弾小僧は清水監督と小津安二郎監督に好まれ、以後『有りがたうさん』『風の中の子供』『按摩と女』『子供の四季』『ともだち』『簪』などの清水作品、『大学よいとこ』『一人息子』『父ありき』などの小津作品を彩った。四〇年の『ともだち』以降、芸名を横山準に改める。四一年の松竹大船撮影所の子役が勢ぞろいした清水宏監督『みかへりの塔』に主演したが、以後、戦後にかけても主演作はなく、五一年の黒澤明監督『白痴』に次ぐ五二年の『三百六十五代目の親分』をもって俳優活動から引退している。

宗春太郎　一九二八年三月、京都市生まれ。

映画俳優香川良介の長男。父が千恵蔵プロに在籍していた縁で、伊丹万作監督の勧めもあって一九三一年の『金時力太郎』に三歳で出演。稲垣浩監督『利根の川霧』『大菩薩峠』『闇の影法師』『宮本武蔵』、マキノ正博監督『恋山彦』などに次々と出演した。一九三五年に日活太秦の専属となり、山中貞雄監督の傑作『丹下左膳餘話 百萬両の壺』でちょび安に扮し、鮮やかな印象を残す。山中作品は『河内山宗春』にも出演。四二年に大映に移籍し、『無法松の一生』で沢村アキオ（後の長門裕之）と中学生どうしの役で共演。これをもって大映を退社、戦後は会社員となって結婚、一女をもうけるも一九六一年に三十三歳の若さで病没。

久我美子　一九三一年一月、東京市生まれ。

華族の久我《こが》家出身で、四十二代目当主にあたる父は戦前には貴族院議員をつとめた侯爵であった。敗戦後の四六年、女子学習院中等科三年の十五歳時に東宝の第一期ニューフェイスに学校や家族に明かさぬまま応募、合格する。当時まだ華族制度は存続していたので、侯爵家から女優になることには大きな反対があり、親戚の池田家に戸籍を移して東宝に入る。東宝の希望により芸名は久我美子とした。翌四七年には華族世襲財産法が廃止されたので、戸籍も久我姓に戻った。学習院を中退して東宝演技研究所に入り(同期に三船敏郎)、東宝専属となるも、折からの東宝争議をはさんで同年末のオムニバス映画『四つの恋の物語』の豊田四郎監督パートでようやくデビューとなる。翌四八年の黒澤明監督『酔いどれ天使』の可憐な女学生役は大好評となり、五〇年の今井正監督『また逢う日まで』での岡田英次とのガラス越しの接吻シーンは今や伝説化している。以後も黒澤明監督『白痴』、成瀬巳喜男監督『あにいもうと』、今井正監督『にごりえ』、木下恵介監督『女の園』『太陽とバラ』、五所平之助監督『挽歌』、野村芳太郎監督『ゼロの焦点』などの傑作、ヒット作に次々と出演した。五四年に岸恵子、有馬稲子とともに文芸プロダクションにんじんくらぶを結成。一九六一年の日本テレビ『石庭』よりテレビドラマ出演も始め、TBS『図々しい奴』『冬の旅』『冬の雲』『それぞれの秋』、NHK『新・平家物語』『勝海舟』『男たちの旅路』、NET『忍ぶ糸』『華麗なる一族』など九〇年代末まで数多くの作品に出演を続けた。六一年に俳優の平田昭彦と結婚（八四年死別）。

長門裕之　一九三四年一月、京都市生まれ。

父は映画スタアの沢村国太郎、母も女優のマキノ智子、母方の祖父は牧野省三、伯父はマキノ雅弘、父方の叔母は沢村貞子。叔父は加藤大介。この映画人一家のなかで育ち、小学校入学後すぐの四〇年、六歳で日活京都『続清水港』『鳥人』などで子役デビュー。なかでも印象深いのは四三年の稲垣浩監督『無法松の一生』で、阪東妻三郎扮する人力車の車夫に愛される敏夫少年の役だった。当時は本名の沢村晃夫をもとに沢村アキヲを芸名とした（後に、沢村アキヒコ名義の作品もわずかにある）。終戦ぎりぎりまで作品に出演、名子役として知られたが、戦後しばらくは学業に専念し、立命館大学国文科に進学。五三年に東宝と契約して大学を中退、長門裕之の芸名で五四年のマキノ雅弘監督『次郎長三国志第七部 初祝い清水港』、宝塚映画『快傑鷹』シリーズなどに出た後、製作再開した日活へ移る。五六年の〝太陽族映画〟と呼ばれた『太陽の季節』『狂った果実』で注目を浴びる。六一年に南田洋子と結婚、六二年からは日活を退社してフリーとなる。以後、今村昌平監督作品をはじめとする数々の映画、テレビドラマでナイーヴな演技を披露する。二〇一一年五月に病没。

中村メイコ　一九三四年五月、東京市生まれ。

父は小説家の中村正常、母もかつて築地小劇場などで演じる舞台女優であった。二歳時に父に抱かれた写真が婦人雑誌に載り、これを見た東宝の前身P・C・Lの森岩雄が三七年公開の『江戸っ子健ちゃん』の子役にスカウトした。これは榎本健一主演で、高峰秀子も出演していた。これ以降、本名の中村五月を英語のMayに変えて中村メイコとし、東宝の『ロッパの駄々っ子父ちゃん』『エノケンのワンワン大将』『小島の春』『孫悟空』『島は夕やけ』『希望の青空』『音楽大進軍』など戦中の四四年までに続々出演し、五歳の頃から出ていたNHKの実験放送の連続ラジオドラマ『ほがらか日記』も人気を集め、名子役と評される。四四年に奈良県に疎開、敗戦後の四九年に東京に戻ってラジオに復帰、以後は邦画各社の作品に次々と出演。自作のエッセイを映画化した松竹『ママ横むいてて』『花嫁はどこにいる』『拝啓天皇陛下様』や東宝『くちづけ』『暖簾』『青べか物語』などに出演。市川崑監督の大映『私は二歳』では赤ん坊の声で出演。フジテレビ『銭形平次』などドラマにも多数出演するが、NETが開局と同時にスタートしたトーク番組『メイコのごめんあそばせ』は十年間続くほどの好評で、NHK『連想ゲーム』『お笑いオンステージ』などのバラエティ番組にも才能を発揮する。TBS『ザ・ガードマン』『肝っ玉かあさん』『水戸黄門』、フジテレビ『どてらい男 独立篇』『大奥』、NHK『男は度胸』『ノンちゃんの夢』『八代将軍吉宗』『さくら』『風のハルカ』などのドラマやNHK『連想ゲーム』、フジテレビ『三時のあなた』の司会など、バラエティ番組にも数多く出演を続ける。

石濱朗　一九三五年一月、東京都生まれ。

小学校から高校まで一貫して暁星学園に学び、立教大学文学部を卒業。高校一年の一九五一年に当時のベストセラー「少年期 母と子の四年間の記録」を原作にした木下恵介監督『少年記』主役の少年公募に応募、千五百人のなかから選ばれる。笠智衆、田村秋子の両親の息子に扮し、作品自体はかなりの不入りで打ち切られるも、そのフレッシュな演技は注目される。松竹の専属となって、木下恵介監督『遠い雲』『惜春鳥』『永遠の人』、小林正樹監督の第一作『息子と青春』を皮切りに『まごころ』『この広い空のどこかに』『人間の条件』『切腹』、渋谷実監督『青銅の基督』『気違い部落』『酔っぱらい天国』などに出演。デビュー時の清新さは評価されたが、その繊細さが前に出てなかなか大きな役に恵まれず、一時映画界を離れ、舞台に軸を移したこともあった。しかし、誠実な演技を買われて七十代に入ってもテレビドラマなどでたゆみなく活動を続けている。

嵯峨三智子　一九三五年三月、京都府生まれ。

女優、山田五十鈴の一人娘で、父は戦前の邦画各社で活躍した二枚目バイプレーヤーの月田一郎。四二年に両親が離婚し父に引き取られるも、四五年に父が三十五歳の若さで急逝、以後は父方の祖父のもとで育てられる。五二年に東映の製作本部長、マキノ光雄のすすめで東映に入社、嵯峨美智子の芸名で翌五三年、『旗本退屈男 八百八町罷り通る』で映画デビュー。東映に専属しながら新東宝など他社作品にも出演、五三年にはフリーとなり、五四年に嵯峨三智子と改名。以後、新東宝『戦艦大和』『忍術児雷也』『下郎の首』、松竹『忠臣蔵 花の巻 雪の巻』『ひよどり草紙』『怪談色ざんげ 狂恋女師匠』『修羅桜』『甘い夜の果て』、大映『天下を狙う美少年』『喧嘩鴛鴦』『蛇姫様』『影を斬る』『悪名市場』『眠狂四郎魔性剣』、東映『江戸の花道』『恋や恋なすな恋』『続網走番外地』、サンオフィス『十六歳の戦争』、ヘラルド『歌麿 夢と知りせば』など、時代劇を中心として約百四十余本の作品に出演した。テレビドラマにも五九年頃から出演し、TBS『ひとり狼』『白鷺』『善魔』『青いサファイア』、フジテレビ『おはん』『おさんと小春』『庖丁』、よみうりテレビ『女体』『河内カルメン』、NHK『赤穂浪士』『源義経』、毎日放送『こつまなんきん』など多数の作品に出演。共演した森美樹と恋愛関係になるも、彼が嵯峨から譲り受けた居宅で六〇年にガス中毒死するなど、終生不運なゴシップに見舞われ、薬物中毒や失踪、金銭トラブルなどを繰り返し、それでいて特異な魅力と演技への熱心さを買われ芸能生活を続けていたが、九二年八月に滞在先のバンコクにて五十七歳で病没。

久保明　一九三六年十二月、東京市生まれ。

小学校の頃から学校演劇「鐘の鳴る丘」に出演、その縁で中学時代には松竹映画版の『鐘のなる丘』にも出演、高校二年時には劇団創作座のメンバーとして同作の国際劇場公演にも加わった。この頃から久保に注目していた東宝の丸山誠治監督夫人が推薦して東宝映画『思春期』、次いで本多猪四郎監督『続思春期』で本格的な映画出演を果たす。この時は本名の山内康儀名義だったが、以後は役名の久保明を芸名とする。谷口千吉監督『潮騒』や堀川弘通監督『あすなろ物語』『青い山脈』などで爽やかな青春スタアのイメージを決定的にする。このほか黒澤明監督作品や本多猪四郎監督の東宝特撮映画でも好演し、テレビ草創期からドラマへの出演も数多い。四人兄弟の三男で、末弟は俳優の山内賢。

江利チエミ　一九三七年一月、東京市生まれ。

父は楽士、母は浅草軽演劇の女優だった谷崎歳子。幼少時より歌がうまく進駐軍クラブで歌っては家計を助け、エリーの愛称で人気者だった。江利チエミの芸名で、流行歌ではなくジャズを唄いたいとレコード各社に売り込むが受け入れられず、十四歳の時にキングレコードに専属となり、ようやく翌五二年に「テネシー・ワルツ」が大ヒットして美空ひばりと並ぶ天才少女歌手と目される。同年、大映と契約し、『猛獣使いの少女』でサーカスの看板娘に扮して映画デビュー。五五年の東宝『ジャズ娘乾杯』で後続の雪村いづみと共演、同年『ジャンケン娘』では美空ひばり、江利チエミ、雪村いづみの人気歌手トリオが揃って〈三人娘〉と呼ばれ、五六年『ロマンス娘』、五七年『大当たり三色娘』と共演が続いた。一方で五六年からは長谷川町子原作の映画『サザエさん』がシリーズ化され、当たり役となったサザエさんは六一年まで全十作が製作された。この間、五六年の東映『恐怖の空中殺人』で共演した高倉健と五九年に結婚（七一年に離婚）。六二年には田坂具隆監督の東映『ちいさこべ』の助演で評価されるが、六四年の市川崑監督『ど根性物語 銭の踊り』あたりを境に映画出演は長く途絶え、『スター誕生』『マイ・フェア・レディ』『アニーよ銃をとれ』『お染久松』などの舞台出演が軸となってゆく。テレビはTBS『サザエさん』をはじめ『咲子さんちょっと』『黄色いトマト』『ねぎぼうずの唄』『はじめまして』『赤帽かあちゃん』『悪女について』など数々のドラマや『象印クイズヒントでピント』などのバラエティ番組でも活躍。八二年二月、高輪の自宅マンションで脳卒中と吐瀉物誤嚥により急逝。まだ四十五歳の若さであった。

砂川啓介　一九三七年二月、東京市生まれ。

成城中学時代から演劇部に所属、今井正監督『山びこ学校』に出演した子役たちによって結成された少年俳優クラブに参加する。五三年、近代映画協会製作、新藤兼人脚本の『村八分』で映画初出演。東京少年劇団に移り、五四年、近代映画協会製作、新藤兼人脚本、吉村公三郎監督『足摺岬』で冤罪で自殺する少年を熱演し評価される。ここで演技力を深めるべく江口隆哉舞踊研究所に入ったところ、モダンダンスの才能が開花してダンサーの道を歩み出す。ヨネヤマ・ママコは同期生。折しも『おかあさんといっしょ』の前身ともいうべきNHKの幼児番組『うたのえほん』が放送されており、そこに初代「たいそうのおにいさん」として登用され人気を博す。以後、テレビドラマ、映画にも出演しているが、日本テレビ「お昼のワイドショー」などのバラエティ番組での司会で才能を発揮する。六四年にアニメ『ドラえもん』の声で知られる女優の大山のぶ代と結婚。映画の子役から転じて俳優ならぬテレビタレントにシフトし、成功をおさめた数少ない例である。認知症となった妻の介護をしていたが、二〇一七年七月に病没。

中村嘉葎雄　一九三八年四月、東京市生まれ。

歌舞伎俳優三世中村時蔵の五男。すぐ上の兄が萬屋錦之助。長兄は二世中村歌昇、次兄は四世中村時蔵。一九四三年、五歳の時に歌舞伎座で初舞台を踏む。小中高と暁星学園に学び、高校二年時の一九五五年、すでに東映専属でデビューして『紅孔雀』などで人気を得ていた兄の錦之助（当時は中村）に続いて、松竹専属となって中村賀津雄の芸名で時代劇の新スタアとして売り出される。しかし錦之助の明朗さとは対照的なそのナイーヴさは、時代劇よりも木下恵介監督が太陽族を描いた『太陽とバラ』などの現代劇で魅力を発揮した。五五年の『振袖剣法』『元禄美少年記』から五七年の『喜びも悲しみも幾歳月』まで松竹に在籍、続いて錦之助のいる東映に移り、五八年のマキノ雅弘監督『清水港の名物男 遠州森の石松』、沢島忠監督『殿さま弥次喜多怪談道中』をはじめ錦之助と共演し、明るいスタア性も身につく。六三年の『陸軍残虐物語』を最後に東映を退社し、六四年以降はフリーとして活躍。同年のＮＨＫ大河ドラマ『赤穂浪士』をはじめ、テレビドラマにも多数出演。映画では小林正樹監督『怪談』、田坂具隆監督『湖の琴』、中村登監督『わが恋わが歌』、鈴木清順監督『陽炎座』など娯楽作から作家的作品まで幅広い役柄を請われる。七六年に中村嘉葎雄に改名。

一九四〇年代生まれ

浅丘ルリ子　一九四〇年七月、満州国生まれ。

父は満州国経済部大臣の秘書官で、戦時中は幼い浅丘ら家族を連れてバンコクに移住し、敗戦後の四六年に引き揚げ。神田に住んでいた浅丘は、十四歳の中学生時代に日活が読売新聞連載の少年少女向け小説「緑はるかに」を映画化することを知り、出演者募集に応募。三千人もの応募者のなかからヒロインの少女ルリ子役に抜擢され、五五年、井上梅次監督による同名映画でデビューを果たす。井上監督の命名で本名の浅井と役名のルリ子をもとに芸名とする。本作は日活初のカラー映画であったが、その可憐な演技が評判となり、五四年に製作を再開したばかりで専属女優の層が薄かった日活で若手のホープとなる。特に初期は小林旭とのコンビが多く、『南国土佐を後にして』や〈渡り鳥〉シリーズ、〈流れ者〉シリーズなど小林旭のヒットシリーズの全作にわたって相役をつとめる。次いで

『銀座の恋の物語』『憎いあンちくしょう』などで石原裕次郎の相手役に扮したが、撮影所専属のスタア女優の限界を感じ、六四年の出演百本記念映画としては日活の要望を退けて自らが希望した藏原惟繕監督『執炎』に出演、さらに六七年の藏原監督『愛の渇き』で演技派の大人の女優へと脱皮する。この頃より日活の不振により専属体制も弱まり、六七年からは他社作品にも出演。東宝『狙撃』、大映『女体』などの異色作にも出演しつつ、日活の『栄光への五〇〇〇キロ』『私が棄てた女』などの意欲作で好演。七〇年代は山田洋次監督『男はつらいよ 寅次郎忘れな草』『男はつらいよ 寅次郎相合い傘』でどさ廻りの歌手リリーに扮したが、これが当たり役となって映画賞を独占した。五五年の子役デビュー時よりテレビドラマにも数多く出演しており、六八年のNHK大河ドラマ『竜馬がゆく』をはじめ、和田勉演出のNHK『朱鷺の墓』、石橋冠演出の日本テレビ『二丁目三番地』『冬物語』『さよなら・今日は』『二丁目の未亡人は、やせダンプと言われる凄い子連れママ』、鶴橋康夫演出のよみうりテレビ『新車の中の女』『かげろうの死』『仮の宿なるを』『魔性』『雀色時』など数多くの傑作に出演。

石橋蓮司

一九四一年八月、東京市生まれ。

品川区の中学生時代に劇団若草に入り、ラジオドラマに出演し始める。一九五四年に関川秀雄監督に見出され、東映の教育映画『ふろたき大将』の主役に選ばれる。五五年に枝川弘監督、香川京子主演の大映作品『暁の合唱』に出演した後、同年の谷口千吉監督の東宝作品『三三号車應答なし』で印象的な演技を見せ、さらに同年、春原政久監督の日活作品『幼きものは訴える』と引っ張りだことなる。五八年に東映児童劇団に入り、六〇年に関川秀雄監督の東映作品『少年漂流記』に出演する。一九六四年の今井正監督『越後つついし親不知』、深作欣二監督『狼と豚と人間』あたりからは子役の域を脱して順調に演技者として成長していった。日大芸術学部を中退の後、六五年に劇団青俳の養成所に入り、六八年には青俳をともに出た蜷川幸雄、清水邦夫と劇団現代人劇場、ついで七二年に櫻社、七六年に妻の緑魔子とともに劇団第七病棟を立ち上げ、果敢に小劇場活動を続けながら、名だたる演出家たちに愛され、さまざまな映画、テレビドラマに出演。ナレーターの仕事も多くこなす。

中村豊　一九四一年十月、東京市生まれ。

父は日本舞踊猿若流家元・猿若清方。六歳の時に新橋演舞場で初舞台。小学校時代に吉右衛門劇団に加わり、父の義兄・十七世中村勘三郎の部屋子となって、中村ゆたか名義で歌舞伎座で初舞台。五三年に日本テレビの生放送ドラマ『少年孫悟空』(脚本家・早坂暁のデビュー作)に主演。青山学院高等部を卒業する頃に大映の専属となり、『透明天狗』『大江山酒呑童子』『続 座頭市物語』『新選組始末記』『雪之丞変化』『忍びの者』などで助演。六四年末に大映を退社、八世猿若清三郎を名乗って日本舞踊に専念。以後も、NHK大河ドラマ『赤穂浪士』『源義経』『次郎長三国志』『帰ってきた用心棒』『天下御免』などに顔を出した。

佐々木功　一九四二年五月、東京都生まれ。

五九年、高校時代にエルビス・プレスリーの日本語カバー曲でロカビリー歌手としてデビューし、「和製プレスリー」と称される。六〇年に日活『傷だらけの掟』で映画初出演、同年の吉田喜重監督『ろくでなし』に歌手役で出たのをきっかけに松竹と契約、その直後に大島渚監督『太陽の墓場』で釜ヶ崎のチンピラたちと絡む青年を繊細に演じて評価される。以後、『太陽が目にしみる』『真昼の罠』『班女』などの映画に出演、六二年頃からはTBS『煙の王様』などを皮切りにテレビドラマにも出演、六九年のTBS『妖術武芸帳』では主演をつとめる。六八年の映画『燃える平原児』でプレスリーの吹き替えを担当して以来、声の出演も増えるようになり、七二年のフジテレビ『科学忍者隊ガッチャマン』の声優でアニメ作品に初参加、翌七三年のフジテレビ『新造人間キャシャーン』では主題歌を担当し、以後「ささきいさお」名義で数々のアニメソングの傑作を放つ。なかでも主題歌と声をともに担当した一九七四年の日本テレビ『宇宙戦艦ヤマト』は映画公開で大ヒットし、佐々木の代表作となった。アメリカの人気テレビシリーズ『ナイトライダー』をはじめ声優の仕事も多く、プレスリーのほかはシルヴェスター・スタローンなどの吹き替えも担当している。ミュージカル歌手としても定評があり、舞台も数多い。

山東昭子　一九四二年五月、東京市生まれ。

兄が戦時中にコロムビアの童謡歌手だったため幼時から芸能に関心を持ち、小学校五年時の五三年、ラジオ東京『おとぎの国めぐり』のナレーター募集に応募して採用される。ニッポン放送『ポッポちゃん』などの番組にも出演してラジオの人気者になるが、五四年、日活の少年少女小説の映画化『緑はるかに』の子役募集で浅丘ルリ子、桑野みゆき、滝英子とともに選ばれて映画デビュー。五七年、吉永小百合のデビュー作でもあるラジオ東京『赤胴鈴之助』のナレーターに起用され、同年の『旗本退屈男 謎の蛇姫屋敷』以降、東映と専属契約を結び『少年猿飛佐助』『月光仮面 幽霊党の逆襲』『妖刀物語 花の吉原百人斬り』など六二年までに約五十本のプログラム・ピクチャーに出演。テレビドラマは五五年のラジオ東京テレビ『日真名氏飛び出す』あたりからすでに多数出演していたが、東映との契約解除の後は活動の軸をテレビに置くようになった。NHK『赤穂浪士』、TBS『ザ・ガードマン』、日本テレビ『太陽にほえろ!』など数々のドラマに助演するが、NETの田宮二郎司会『クイズ・タイムショック』などクイズ番組への出演が記憶に残る。『鬼警部アイアンサイド』『女刑事ペパー』『スパイ大作戦』などの人気海外テレビ映画の吹き替えでも知られる。七四年の参議院議員選挙に自由民主党公認で出馬、三十二歳で初当選。以後、参院選では最多の当選を果たし、科学技術庁長官、参議院副議長などを歴任。

桑野みゆき　一九四二年七月、神奈川県生まれ。

母は昭和十年代の松竹を代表するスタア女優、桑野通子。通子はみゆきが三歳の四六年、溝口健二監督『女性の勝利』を撮影中に倒れて急逝したため、みゆきは母の大スタアぶりを知らずに育った。小学校五年時に日活初のカラー映画『緑はるかに』の子役募集に応募、三千人のなかから浅丘ルリ子、山東昭子らとともに最終の七人に選ばれ映画デビュー。家城巳代治監督『こぶしの花咲く頃』などに出演後、松竹、東宝、日活がスカウトを競って五七年に母と同じ松竹の専属となる。以後、松竹を中心に百余本の映画に出演。主な松竹作品に、小津安二郎監督『彼岸花』『秋日和』、大島渚監督『青春残酷物語』『日本の夜と霧』、野村芳太郎監督『あの橋の畔で』、篠田正浩監督『三味線とオートバイ』、吉田喜重監督『日本脱出』、渋谷実監督『大根と人参』、山田洋次監督『馬鹿まるだし』などがあり、他社作品にも黒澤明監督の東宝映画『赤ひげ』、須川栄三監督の東宝作品『僕たちの失敗』など意欲作が多い。テレビドラマにも五六年以降、TBS『おかあさん』『あの橋の畔で』『泣いてたまるか』や日本テレビ『国道一八号線』などに出演している。桑野は大島渚作品のような挑戦的な作品への出演に意欲を持っていたが、松竹があくまで清純派イメージとメロドラマで売りたがることに不満を持っていたといい、六七年の吉村公三郎監督『堕落する女』で激しい役どころに挑んだ後、六七年に突然会社員と結婚引退。以後きっぱりと芸能活動から退いた。

松山英太郎　一九四二年七月、東京都生まれ。

前進座の女形の五世河原崎國太郎の長男。四七年、五歳時に前進座「弁天小僧」で初舞台。小学校から高校にかけて関川秀雄監督『ひろしま』『狂宴』、家城巳代治監督『姉妹』、吉村公三郎監督『一粒の麦』などに子役として出演。六〇年、高校を中退し俳優座養成所十二期生となる。同期は中村敦夫、成田三樹夫、樫山文枝ら。六一年頃からテレビドラマにも出演を始め、六四年のＴＢＳ『七人の孫』でお茶の間にもおなじみの顔となり、『楡家の人びと』『ともだち』『太陽の丘』『繭子ひとり』などに出演。以後、『肝っ玉かあさん』『時間ですよ』などの人気ホームドラマや『大岡越前』『江戸を斬る』シリーズでレギュラーをつとめ好評を得る。『七人の孫』以来、森繁久彌に気に入られ映画では六六年の『喜劇 駅前漫画』から東宝の〈駅前〉シリーズの常連になり、八六年からのドラマ『おやじのヒゲ』でもレギュラーをつとめた。六六年からはＴＢＳの朝のワイドショー番組『ヤング七二〇』の初代司会者を由美かおると共につとめた。七〇年に芦田伸介の娘・亜子と結婚し、のち離婚。一九九一年一月、四十八歳で病没。

花ノ本寿　一九四二年十月、広島県生まれ。

父は日本舞踊の十四世花ノ本流宗家の花ノ本葵。六歳の頃より日舞を習いはじめ、五七年には十五世花ノ本流宗家の花ノ本寿を襲名。松竹の大谷竹次郎会長の勧めで五八年に松竹京都に専属、同年に映画『七人若衆誕生』『七人若衆大いに売り出す』に出演。大島渚監督が初演出したスタア紹介映画『明日の太陽』にも顔を出す。六四年の若松孝二監督のクレンズヒル映画『裸の形』『恐るべき遺産 裸の影』と異色作への出演を経て、六五年に日活と専属契約。武智鉄二監督『黒い雪』『源氏物語』に主演、鈴木清順監督『刺青一代』などに助演。この時期、コロムビアレコード、クラウンレコードと契約して歌手としても活動した。テレビドラマには六〇年のNHK『事件記者』以降出演を始め、NHK大河ドラマ『赤穂浪士』『竜馬がゆく』やNET『特別機動捜査隊』などに出演していたが、六七年のTBSの時代劇『風』で出会った実相寺昭雄監督とは六九年のTBS『怪奇大作戦』〝呪いの壺〟を経て七〇年のATG映画『無常』、七四年のATG映画『あさき夢みし』と組んで鮮烈な印象を残す。以後は映画、ドラマからは遠ざかり、舞踊活動に専念し、文化庁芸術祭優秀賞を舞踊部門で受賞。二〇一〇年には長男の花ノ本海が花ノ本流家元を継いだ。

北大路欣也

一九四三年二月、京都生まれ。

時代劇スタア市川右太衛門の次男。五六年、十三歳の時に父が主演する東映映画『父子鷹』で勝海舟の少年時代に扮して映画デビューする。これはふさわしい子役が見つからず現場が窮していた時に周囲のすすめで出演したもので、本人に俳優になろうという意思はまだなかったが、以後、東映京都で『富士に立つ影』、『旗本退屈男』シリーズ、『少年三国志』シリーズ、『葵の暴れん坊』、『源九郎義経』などの時代劇の数々、そして東映動画『安寿と厨子王丸』の声の出演など多くの作品に出演する。一方では新興のテレビでも五九年の毎日放送のテレビ映画『源義経』で牛若丸に扮してドラマデビューを果たし、翌六〇年にはNETの『笛吹童子』に主演して、初のスタジオドラマを経験した。京都から東京へ移って暁星学園を卒業し、早稲田大学文学部演劇科に通っていたが、六三年の東映映画『海軍』、翌年の映画『狼と豚と人間』など二十歳を過ぎると現代劇を旺盛に志向し、これが七〇年代の映画『戦争と人間』第二部・第三部、『仁義なき戦い 広島死闘篇』『朝やけの詩』などの印象深い仕事に結実する。その一方で、六八年のNHK大河ドラマ『竜馬がゆく』では主役の坂本龍馬に抜擢されるなど、時代劇を担うホープとしても珍重された。このほかミュージカル俳優としても評価を集め、現在に至るもあまたの映画、テレビ、舞台で活躍中である。これはスタアの二世という立場に甘んずることなく、常に意志的に自らの路線を選択し、時には配役の交替を求めるなど、役の獲得や打ち込み方においてのハングリーさの賜物であり、そのゆえに子役から着々と卒業し、多彩な役をつかんでゆくことが可能であったに違いない。

頭師正明

一九四三年、大阪府生まれ。

俳優の頭師五人兄弟の次男。小学校五年時に歌のうまさを買われて朝日放送の歌番組に出演し、それがきっかけで朝日放送の児童劇団に入り、『風の又三郎』などのラジオドラマに出演する。中学時代の五六年に映画『アチャコ行状記 嫁取り試験』に顔を出した後、五八年の『草笛の丘』に出演。共演した三男の孝雄は宝塚映画の専属となる。以後、川島雄三監督『暖簾』や『サザエさん』シリーズに出演するも、六一年に『東から来た男』『青春の丘の上』などに出た後は映画出演はない。関西大学に進学後、六五年のよみうりテレビ『若いいのち』を最後に俳優は廃業し、地方テレビ局に入社した。

香山美子　一九四四年一月、東京府生まれ。

父は吉本興業文芸部に在籍した。小学校六年生の折に劇団こまどりに入り、五六年のNHK『風の中の子どもたち』、五九年のNHK『虹が呼んでいる』などのドラマや劇団民芸の教育映画などに子役として顔を出す。六一年のTBS『青年の樹』ではヒロインの小林哲子が病気降板となって代役をつとめた。同年、エールフランス共催のコンテストで準ミス・エールフランスに選ばれ、松竹が映画『ご機嫌はりきり娘』の主役として売り出す。高校卒業後は松竹の専属となるとともに俳優座養成所に入る。以後、六三年の吉田喜重監督『嵐を呼ぶ十八人』、六四年の前田陽一監督『にっぽんぱらだいす』を始め七十本近い松竹映画に出演、特に竹脇無我の相手役が多かった。プログラム・ピクチャー群のなかでは個性のない美人女優的な扱いも多かったが、七二年の『人生劇場 青春篇 愛欲篇 残侠篇』、七三年の『花と龍 青雲篇 愛憎篇 怒濤篇』の加藤泰監督作品ではその実力が改めて発揮され、七七年の『江戸川乱歩の陰獣』では目覚ましい熱演を見せた。テレビドラマも六六年のフジテレビ『若者たち』、六八年のＴＢＳ『おやじ太鼓』、七四年のＮＨＫ大河ドラマ『勝海舟』はじめ数多くの作品に出演した。旧タカラの人気玩具リカちゃん人形の姓名「香山リカ」は香山美子に由来する。

竹脇無我　一九四四年二月、千葉県生まれ。

父の竹脇昌作は戦前からパラマウントのニュース映画解説で知られ、戦後もＴＢＳラジオ「東京ダイヤル」で人気があったアナウンサーだったが、三男の無我が高校一年の時に多忙で鬱病らしき状態になって自殺。さらに長兄の竹脇義果はラジオ関東アナウンサーだったが視力を失い、次兄は脳腫瘍で十八歳で早逝という状況もあり、一家の経済を支えるために六〇年に松竹の専属となる。同年、十六歳で映画『しかも彼等は行く』にてデビュー、以後『乾いた花』『暗殺』などに顔を出した後、六五年の『アンコ椿は恋の花』で香山美子の相手役として初主演。知的でソフトな印象からメロドラマのスタアとして押されることが多かったが、六六年の石井輝男監督『神火一〇一　殺しの用心棒』のようなアクション物でも主演を果たす。しかし、映画の作家性も娯楽性もどぎつく強烈なものが好まれた六〇年代にあっては、竹脇無我の静かでマイペースな個性は今ひとつ代表作に結びつかなかったが、テレビの時代になると『姿三四郎』『大岡越前』『江戸を斬る　梓右近隠密帳』『だいこんの花』『岸辺のアルバム』といったテレビ映画の人気作品で視聴者の好感を集めた。四十代後半から自らも鬱病に悩んで仕事が途絶えていたが、二〇一一年、脳溢血で逝去。

高見国一　一九四四年二月、大阪府生まれ。

高校二年の六一年に増村保造監督の大映映画『好色一代男』に端役で出た後、同年の川島雄三監督『女は二度生まれる』に出演、翌六二年の川島監督『雁の寺』では若尾文子の相手役として繊細な演技を見せて注目される。立命館大学に進学しつつ、大映専属として山本薩夫監督『忍びの者』『にせ刑事』、三隅研次監督『新選組始末記』『剣』『座頭市地獄旅』などに出演。六九年に大映を退社し、以後実業家となる。二〇〇一年のＮＨＫテレビ小説『ホンマモン』、〇三年の毎日放送『ショコラｃｈ』、〇六年のＮＨＫテレビ小説『芋たこなんきん』などにも出演歴がある。

佐藤蛾次郎　一九四四年八月、大阪府生まれ。

歯科医の家庭の四男七女の四男で第十子。小学五年時に大阪朝日放送児童劇団の一期生募集に姉が応募し、難関をくぐって入団。五四年にラジオドラマ『風の又三郎』でデビューし、五六年に宝塚映画『漫才長屋は大騒ぎ』で映画初出演。中学卒業後に劇団アカデミーに移り、六一年にフジテレビのテレビ映画『神州天馬峡』に出演、この役名の蛾次郎を芸名とする。以後、各社の映画、ドラマで脇役を数多くつとめるうちに、山田洋次監督の目にとまって六八年の『吹けば飛ぶよな男だが』からは山田作品の常連となり、フジテレビのテレビ映画『男はつらいよ』を経て松竹の映画『男がつらいよ』シリーズにもほぼ全作顔を出す。ＮＨＫ少年ドラマシリーズ『ユタとふしぎな仲間たち』、角川映画『戦国自衛隊』ほか多数のドラマ、映画のユニークな脇役を請われ続けている。

入江美樹　一九四四年八月、神奈川県生まれ。

父は不動産業を営む白系ロシア人で、母は料理研究家の入江麻木。父方の祖父はロシア革命の際に満州に亡命したロシア陸軍大尉で、本名はヴェラ・ヴィタリエヴナ・イリーナ。横浜のインターナショナルスクールに通っていた時、家族が雑誌「装苑」のモデル募集に十四歳を十六歳と偽って応募したところ、二千人のなかから第一位に選ばれてデビュー、モデルとして人気を博す。学校を中退し、入江美樹の芸名で五八年に日本テレビ『魅惑の宵』『赤ちゃん』に出演、同局のバラエティ番組『シャボン玉ホリデー』のマスコット・ガールとなる。本格的なドラマ出演は六一年の日本テレビ『私のなかの遠い町』で、以後『みの虫の歌』『クレイジー作戦』『紳士淑女協定』『夢をそだてよう』などに出演。映画は、六〇年の松竹『観賞用男性』にモデル役で顔を出した後、松竹『あの橋の畔で 第三部』の混血の少女役に扮する。六四年、ラスヴェガスで開催された国際ファッション大会でも第一位に入賞。同年、日本・カナダ・イタリア・フランスの合作オムニバス映画『白い朝』の勅使河原宏監督パートに主演、六六年には勅使河原監督『他人の顔』で印象的な助演を果す。六八年、指揮者の小澤征爾と結婚し、二児を育てる。長女はエッセイストの小澤征良、長男は俳優の小澤征悦。結婚後は小澤ヴェラとしてファッションデザイナーとしても活動した。

吉永小百合　一九四五年三月、東京市生まれ。

外務省官吏の家庭に生まれる。五七年、小学校六年時にラジオ東京『赤胴鈴之助』の子役募集に応募、千葉周作の娘さゆりに起用される。続いてラジオ東京テレビ＝TBSのドラマ版『赤胴鈴之助』に端役で出演し、これはドラマデビューとなる。次いで五九年に同局『まぼろし探偵』に出演、同年の松竹映画『朝を呼ぶ口笛』、六〇年の三東映画＝竜映『まぼろし探偵 地底人襲来』に助演。この頃、日活に入社し、専属第一作の『拳銃無頼帖 電光石火の男』を皮切りに数々の作品に出演、六〇年の『ガラスの中の少女』で主演、この時の共演者の浜田光夫とは六六年頃までコンビで売られることが多かった。六二年の浦山桐郎監督『キューポラのある街』ではけなげな演技が高く評価され、同年の『若い人』とともにアイドル女優からの脱皮を感じさせた。浜田光夫と共演の石坂洋次郎原作の映画化は『青い山脈』『美しい暦』『風と樹と空と』『光る海』などと続き、六四年の『愛と死をみつめて』は大ヒットを記録。このほか、『伊豆の踊子』『潮騒』『帰郷』などの文芸映画に出演、日活の青春映画のスタアとして活躍する。しかし六六年にフジテレビの岡田太郎（七三年に吉永と結婚）演出のドラマ『また逢う日まで』に日活側から製作中止の要求が来て紛糾するなど、契約する日活のイメージの縛りが吉永の成長を阻む局面も増え、しかも折からの興行不振による路線変更で清純派スタアの吉永にふさわしい企画も減っていった。このため、六九年には吉永事務所を設立、内田吐夢監督による『あゝ野麦峠』などを企画したが実現に至らず。七〇年代以降は、松竹『男はつらいよ 柴又慕情』『男はつらいよ 寅次郎恋やつれ』『皇帝のいない八月』『女ざかり』、東宝『青春の門』『海峡』『細雪』『おはん』『映画女優』、東映『動乱』『天国の大罪』『時雨の記』など各社の映画作品に出演、テレビドラマもＮＨＫ『樅の木は残った』『夢千代日記』、日本テレビ『花は花よめ』などに出演。

田辺靖雄　一九四五年四月、東京都生まれ。

母がＮＨＫの化粧担当だったため、劇団こまどりの関係者の目にとまり、五五年の田坂具隆監督の日活映画『女中ッ子』で映画初出演、翌年にはNHKドラマ『僕と私の日記』にも顔を出す。十六歳の頃、六本木で遊ぶ先端的な若者たちを集めた〈六本木野獣会〉の中心となったが、六一年に田辺が渡辺プロにスカウトされてNHKの人気番組『夢であいましょう』に出演したのをはじめ、〈野獣会〉からは俳優やミュージシャンが数多く輩出した。歌手として「ヘイ・ポーラ」「二人の星を探そうよ」などのヒット曲を生み、『高校生と女教師 非情の青春』『こんにちは赤ちゃん』『河のほとりで』『続若い季節』などの映画作品、『光る海』『ともだち』『ちん・とん・しゃん』『火の国に』などのテレビドラマに数多く助演した。七三年にテレビドラマ『コメットさん』の主演だった九重佑三子と結婚。

鰐淵晴子

一九四五年四月、東京都生まれ。

父はヴァイオリニスト、母はドイツ人のピアニスト。三歳時からヴァイオリン、ピアノ、バレエのレッスンを受け、六歳時に日比谷公会堂でヴァイオリンを初演奏。八歳時には全国を演奏旅行して評判となる。五二年の大映『母子鶴』で映画初出演、本格デビューは五五年の新東宝映画『ノンちゃん雲にのる』で、原節子と共演し、アイドル的な人気を呼ぶ。邦画各社の専属オファーが舞い込むものの、父の反対があったため、松竹と専属契約を結べたのは五九年『乙女の祈り』主演後のことだった。以後、『わかれ』『銀嶺の王者』『伊豆の踊子』『猟銃』『ママおうちが燃えてるの』『ウナ・セラ・ディ東京』など六四年までに四十本近い松竹映画に出演する。ドラマではTBS『光る海』『八つ墓村』、ＮＨＫ『娘と私』、日本テレビ『風と樹と空と』『土曜日の女／鏡の中の顔』などに出演。六五年にフリーとなってからは、東映『花札渡世』、大映『眠狂四郎無頼控 魔性の肌』などで妖艶な役柄にも挑戦してイメージの脱皮を図り、当時結婚していたカメラマンのタッド若松によるヌード写真集『Ipy Girl Ipy／イッピー・ガール・イッピー』も話題になる。七〇年代後半は大林宣彦監督の東宝映画『ＨＯＵＳＥ』、牧口雄二監督の東映映画『らしゃめん』、斎藤光正監督の東映映画『悪魔が来たりて笛を吹く』と異色作に出演、その後も林海象監督『二十世紀少年読本』『遥かな時代の階段を』、横山博人監督『眠れる美女』などの映画、ＮＨＫ『ゴーストフレンズ』、ＷＯＷＯＷ『ネオ・ウルトラＱ』などのドラマで印象的な助演を続けている。

松島トモ子　一九四五年七月、満州国生まれ。

商社社員の家庭に生まれるが、父は満州で応召、戦後ナホトカの収容所で亡くなる。三歳時に母と引き揚げ、石井漠のもとでバレエを学ぶ。五〇年に石井門下の子どもバレリーナが映ったニュース映画を観た松田定次監督が松島を見出し、東映映画『獅子の罠』の脇役に起用。翌五一年、六歳時に大映の三益愛子主演『母子船』に出演後は『呼子星』『母山彦』『母の瞳』『母恋人形』『継母』『母星子星』『母つばめ』『母しぐれ』『母水仙』『母孔雀』など多数の母物のメロドラマに出演。このほか、東映『雪姫七変化』『丹下左膳』『快傑黒頭巾』、新東宝『たん子たん吉珍道中』、東宝『サザエさん』などの映画、日本テレビ『悦ちゃん』、TBS『姉妹』、NET『少年猿飛佐助』などのテレビドラマに出演。その後子役としての出演は減り、六二年をもって映画出演はいったん途絶える。後年はフジテレビ「ハイヌーンショー」の司会などバラエティ番組への出演が多い。

植木基晴　一九四五年七月、京都市生まれ。

片岡千恵蔵の長男として生まれ、小学五年生の時に父が主演する内田吐夢監督の東映映画『血槍富士』に浮浪児の役でデビューする。以後も父の主演作『だんまり又平 飛竜無双』や内田監督『逆襲獄門砦』『暴れん坊街道』に出演し、評価される。五〇年代後半に『神州天馬峡』『大菩薩峠』などに出演して「千恵蔵二世」と期待されるも、五九年に映画界から去り、学業に戻る。後年は三菱銀行の社員であった。ちなみに基晴の弟で四男の植木義春は五二年生まれだが、五六年頃から『黒田騒動』『赤穂浪士』『大菩薩峠』などの父の主演作品に顔を出したものの、早々に俳優業を辞め、日本航空のパイロットとなって十七年間にわたってフライトを果たした。さらに義春は二〇一二年、経営破綻後の日本航空で代表取締役に就任、同社初の「機長出身の社長」となった。

桜井浩子　一九四六年三月、東京都生まれ。

児童劇団に所属していた小学六年時に東映映画『船頭姉妹』『逢いたいなァあの人に』の二作で、主演の中村雅子の少女時代に扮して映画デビュー。六一年、中学卒業とともに東宝ニュー・タレント一期生として入社、同年の谷口千吉監督『紅の海』で本格的にデビュー。千葉泰樹監督『河のほとりで』、川島雄三監督『青べか物語』、豊田四郎監督『憂愁平野』、岡本喜八監督『江分利満氏の優雅な生活』『ああ爆弾』などに出演、六二年には中川ゆき、南弘子と組んで〈スリー・チャッピーズ〉として売り出された。六六年のTBS・円谷プロのテレビ映画『ウルトラQ』の江戸川由利子役、『ウルトラマン』のフジ・アキコ隊員役で飛躍的に人気を得た後、六七年の映画『颱風とざくろ』をもって東宝を退社。以後、松竹『怪談残酷物語』、大映『おんな牢秘図』などを経て実相寺昭雄監督のATG映画『曼陀羅』『哥』に出演。ドラマはTBS『怪奇大作戦』『キイハンター』『Gメン'75』、NET『特別機動捜査隊』『非情のライセンス』『特捜最前線』など数々の作品に助演した。

設楽幸嗣　一九四六年六月、山形県生まれ。

父が松竹洋画宣伝部の社員だったのがきっかけで、子役を探していた中村登監督の目にとまって五歳で松竹映画『夢と知りせば』の木暮実千代の息子役でデビュー。以後、川島雄三監督『とんかつ大将』、中村登監督『波』、千葉泰樹監督『愛情について』、熊谷久虎監督『白魚』など各社をまたいで多数の作品に引っ張りだことなる。とりわけ『お茶漬の味』『お早よう』『秋日和』と続く小津安二郎監督作品での演技は印象的。玉川学園を経て国立音楽大学作曲科に進み、六六年のＮＨＫテレビ小説と映画版の『おはなはん』両方に出演したあたりを境に学業に専念。作曲家として八九年の加藤彰監督『法王庁の避妊法』、九二年の大林宣彦監督の『私の心はパパのもの』『彼女が結婚しない理由』などのテレビ映画の音楽を担当した。武満徹は叔父にあたる。

頭師孝雄　一九四六年六月、大阪府生まれ。

俳優の頭師五人兄弟の三男。小学校四年時の五六年、宝塚映画『鞍馬天狗 御用盗異変』で子役としてデビュー。五八年には宝塚映画の専属となって『草笛の丘』『暖簾』『つづり方兄妹』などに出演。六七年にフリーとなり、『太陽にほえろ！』『Ｇメン'75』『水戸黄門』始めあまたのテレビドラマや『悪魔の手毬唄』『細雪』『乱』などの映画で個性的な脇役として活躍を続けた。二〇〇五年に膵臓癌で逝去。

前野霜一郎　一九四六年六月、東京都生まれ。

五九年に劇団ひまわりに入り、六二年の樋口弘美監督の日活映画『目をつぶって突走れ』で渡辺篤史らとともに子役デビュー。続いて日活『現代っ子』『潮騒』『あゝ青春の胸の血は』『青春前期 青い果実』『恋人をさがそう』やテレビドラマ『鉄道公安三六号』『特別機動捜査隊』『青空に叫ぼう』などに出演した後、カリフォルニア大学の聴講生として演技を勉強するために渡米する。帰国後の七〇年より藤田敏八監督『野良猫ロック ワイルド・ジャンボ』『新宿アウトロー ぶっ飛ばせ』『野良猫ロック 暴走集団'71』などの日活ニューアクションのニヒルな顔となり、七一年の『団地妻 昼下がりの情事』『色暦女浮世絵師』から七五年の『東京エマニエル夫人 個人教授』まで初期日活ロマンポルノでも個性的な顔を見せたが、七六年三月、ロッキード事件の黒幕として騒がれていた児玉誉士夫邸へ撮影用にチャーターした軽飛行機を操縦して突入し、二十九歳で没。

島かおり　一九四六年七月、大阪府生まれ。

サラリーマン家庭に生まれ、小学校時代に東京に移る。中学時代に知人の紹介で松竹に専属、十四歳時の六〇年、『予科練物語 紺碧の空遠く』でデビュー、続く『続次郎物語 若き日の怒り』とともに山本豊三の相手役をつとめる。以後、『渦』『充たされた生活』などに出演後、六五年よりフリー。七四年の東宝『急げ！若者』、七八年の角川『野性の証明』などで助演。ドラマはＮＨＫ『遠い島から』『春の坂道』、日本テレビ『伝七捕物帳』『新五捕物帳』『白い牙』『事件記者チャボ！』、ＴＢＳ『七人の孫』『パンとあこがれ』『水戸黄門』『キイハンター』『Ｇメン'75』、フジテレビ『銭形平次』『三匹の侍』、テレビ朝日『特捜最前線』『はぐれ刑事純情派』などさまざまな人気ドラマに助演し続けている。

葉山葉子　一九四六年七月、東京都生まれ。

小学校時代に劇団若草に入り、五五年の清水宏監督の新東宝映画『しいのみ学園』で映画デビュー。次いで新東宝『次郎物語』、東宝『乱菊物語』、大映『十七才の断崖』『母』『海軍兵学校物語あゝ江田島』などに出演。六五年の佐藤肇監督の東映『怪談せむし男』で鮮烈な印象を残すが、七〇年の東宝『柔の星』、東映『ごろつき無宿』を最後に映画出演は途絶える。その一方で子役時代からテレビドラマのオファーは順調に舞い込み、日本テレビ『ダイヤル一一〇番』『夜の蝶』『夫婦百景』『夜は新しく』、ＴＢＳ『いまに見ておれ』『ザ・ガードマン』『風』『時間ですよ』、フジテレビ『銭形平次』『怪獣王子』、ＮＥＴ『鉄道公安三六号』『素浪人月影兵庫』『素浪人花山大吉』『燃えよ剣』『非情のライセンス』、東京12チャンネル『大江戸捜査網』など数多くの人気番組に出演。ドラマ、舞台中心に活動を続ける。

谷隼人　一九四六年九月、長崎県生まれ。

一九六一年、中学三年時にNET『少年ケニヤ』に出演。日活ニューフェース試験にも合格し、『月曜日のユカ』『猟人日記』などに出演するも、なじめないまま短期間で退社。その後、東映のプロデューサーにスカウトされ同社の専属となる。六六年の『非行少女ヨーコ』では緑魔子の相手役で準主役をつとめ、『網走番外地』シリーズや『不良番長』シリーズ、『非情学園ワル』シリーズなどに数多く出演する。だが、谷の人気を一躍高めたのは六八年スタートのテレビシリーズ『キイハンター』だろう。以後、後続のシリーズ『アイフル大作戦』『バーディー大作戦』などにも出演。数多くのテレビドラマのほか、『スター誕生!』などのバラエティ番組の司会もつとめた。

根岸一正　一九四七年一月、福島県生まれ。

家族と東京都大田区に転居後、六一年に大森の劇団日本児童に入る。日活映画『学園広場』などに出演した後、六四年の河辺和夫監督の日活映画『非行少年』の中学生非行グループの番長役で主役をつとめる。次いで『未成年 続・キューポラのある街』『青春とはなんだ』『非行少年 陽の出の叫び』などに助演。七五年に東映の脇役たちで結成された〈ピラニア軍団〉の一員となって『日本暴力列島 京阪神殺しの軍団』『脱走遊戯』『ピラニア軍団 ダボシャツの天』『やくざ戦争 日本の首領』などに出演。

他に東宝作品や日活ロマンポルノにも顔を出している。テレビドラマは『特別機動捜査隊』『太陽にほえろ！』『Gメン'75』『特捜最前線』など多数に脇役として出演を続けた。

高橋エミ子　一九四七年二月、東京都生まれ。

アフリカ系アメリカ人と日本人の母の間に生まれる。高橋の出生を知らぬ間に父は帰国、母が再婚したため祖母の養女として暮らす。小学校時代は黒人の子どもというだけでいわれなきいじめを呼ぶが、たくましくやり返す子だった。五九年の十二歳時に今井正監督の映画『キクとイサム』の主役・川田キクの役をオファーされる。物語そのものが、アフリカ系の米兵と日本人女性の子どもが祖母に育てられ、差別と闘って生きてゆくというもので、高橋は役そのものであった。今井正は華奢でおとなしい子を想定していたので起用には反対していたが、脚本の水木洋子が高橋のたくましさに惹かれて強く推し、起用が決まった。演技は大きな反響で迎えられたが、女優になることは選ばず、作曲家の江口浩司に師事して歌手を目指す。水木の励ましも続き、映画館のフィルム運搬や靴工場のアルバイトなどをして歌手デビューの機を待つが、祖母が病気で倒れ看病に専念。七六年、高橋エミの芸名で「旅立ちの詩」で念願のレコードデビューを果たす。以後、演歌、シャンソン、ジャズをまたぐ歌手活動に加えて差別問題の講演も行っている。

左時枝　一九四七年三月、富山県生まれ。

骨董店を営む家庭の三男五女の末子で、長女は女優の左幸子。小学六年時の五九年、山本薩夫監督『荷車の歌』の左幸子の幼女時代を左民子の芸名で演じて映画デビュー。六二年には本名額村多美子で大映『のこされた子とのこした母と』に左幸子と母娘役で出演。六四年の羽仁進脚本のNHKドラマ『ふたたび五月が……』では再度幸子と母娘役で共演。以後、左時枝という芸名にしてTBS『泣いてたまるか』『風』『水戸黄門』『美しきチャレンジャー』『必殺仕掛人』『Gメン'75』フジテレビ『三匹の侍』『大奥』『大空港』、NHK『樅の木は残った』『国盗り物語』『天下堂々』など多数のドラマに出演。映画はATG『心中天網島』、松竹『悲愁物語』『恋文』、東宝『静かな生活』ほかさまざまに出演。ドラマからインディーズ映画まで幅広い活躍を続けている。

松山政路　一九四七年五月、東京都生まれ。

河原崎國太郎の次男。兄は松山英太郎。五二年、五歳時に前進座で初舞台。子役として松山省二の芸名で山本薩夫監督『箱根風雲録』、今井正監督『にごりえ』、新藤兼人監督『どぶ』、吉村公三郎監督『若い人たち』など独立プロ作品に出演する。テレビドラマにも五〇年代後半から出ていたが、六六年のフジテレビ『若者たち』で一躍人気を博し、翌年の映画版にも出演。以後、『怪奇大作戦』『天と地と』『花は花よめ』『伝七捕物帳』『銭形平次』『水戸黄門』『桃太郎侍』など数多くのテレビドラマに出演し、『日本海大海戦』『ムツゴロウの結婚期』『砂の器』『さらば愛しき大地』などの映画でも印象的な助演を果たす。七九年に政路と改名。八七年に舞台『さぶ』『女坂』で第十三回菊田一夫演劇賞を受賞。

和泉雅子　一九四七年七月、東京都生まれ。

銀座・三原橋で寿司割烹店を営む家庭に生まれ、泰明小学校に通う十歳時に劇団若草に入る（同期に太田博之）。この小学校時代に猪俣勝人監督『荒城の月』や木下恵介監督『風花』に子役として顔を出している。次いで柳家金語楼劇団に入り、金語楼が出演していたNHKの人気番組『ジェスチャー』でレギュラーだった日活プロデューサー・水の江滝子の目にとまって六一年、十四歳で日活入社。若手スタアとしてさまざまな作品に出演し、六三年の浦山桐郎監督『非行少女』で評価を高める。次いで日活のスタアであった高橋英樹とのコンビによる『男の紋章』シリーズ、山内賢とのコンビによる『二人の銀座』『東京ナイト』などに出演、山内とデュエットした主題歌もヒットした。NHK『陽のあたる坂道』『新・平家物語』、TBS『ありがとう』『姉と妹』、テレビ朝日『女教師』など数々のテレビドラマにも出演した。八〇年代からは冒険家として活動を始め、八五年に北極点踏破を目指すも断念、八九年に再度挑戦して北極点に到達。徒歩で女性が到達した例は世界初であった。

太田博之　一九四七年十一月、静岡県生まれ。

小学三年時に子役を志して劇団若草の養成所三期生となる。遠縁の伊藤大輔監督の推薦で一九五六年の新東宝映画『新妻鏡』に子役として出演、『海女の戦慄』などの新東宝映画、『赤胴鈴之助 三つ目の鳥人』『怪猫呪いの壁』などの大映映画を経て、六〇年の久松静児監督の東京映画『路傍の石』で主人公を演ずる。同年にテレビではフジテレビ『怪獣マリンコング』やNHKの手塚治虫原作『ふしぎな少年』などに出演し、雑誌「少年画報」誌の表紙モデルもつとめて、文字通りの売れっ子子役となった。劇団若草は退団し、以後は六五年の日活映画『青春前期 青い果実』『あいつとの冒険』、六六年の大映映画『野菊のごとき君なりき』、六七年の大映映画『限りある日を愛に生きて』などの作品で太田雅子（梶芽衣子）、安田道代（大楠道代）、高田美和といった売り出し中の女優の相手役として主役を張り、子役からアイビー・ルックの青春スタアへの脱皮も順調だった。その後、歌手としても活躍し、それが本業となっていったため、七〇年代の映画には脇役的な出演が多く、七六年の『スリランカの愛と別れ』をもって俳優業からは引退。実業家に転じて小銭寿司チェーンを成功させるも破綻。しかし二〇〇〇年代に入ってなお、PAPASのカタログモデルでの活動が確認できる。

渡辺篤史　一九四七年十一月、茨城県生まれ。

上京後、九歳時に茨城訛りを直すために劇団若草に入る。六〇年、フジテレビのドラマ『にあんちゃん』でデビュー、NHKの人気ラジオドラマをドラマ化した翌六一年のフジテレビ『三太物語』に主演して人気を得る。六二年には日活『目をつぶって突走れ』で映画に初出演。六八年まで若草に在籍、六九年のNHKテレビ小説『信子とおばあちゃん』をはじめ『お荷物小荷物』『天皇の世紀』『ぶらり信兵衛 道場破り』『新書太閤記』『水滸伝』、『ケンちゃん』シリーズ、『江戸の旋風』シリーズ、『俺たちは天使だ！』など多数のテレビドラマの助演やゲストをつとめ、お茶の間のおなじみの顔となる。映画も『幕末』『新網走番外地 吹雪のはぐれ狼』『先生のつうしんぼ』『沖縄一〇年戦争』『ビルマの竪琴』『鹿鳴館』などに助演するが、テレビの情報番組、バラエティ番組のナレーター、リポーターとしての活躍が目覚ましく、八九年にテレビ朝日で始まった『渡辺篤史の建もの探訪』は長寿人気番組となっている。

黒沢のり子　一九四七年十一月、宮崎県生まれ。

小学生時に東京に移り、六一年、十四歳で劇団ひまわりに入る。二年間在籍してテレビCMなどに出る。黒沢妙子の芸名で六六年から東映『浪曲子守唄』『網走番外地 決闘零下三〇度』などの映画に、六八年ごろから日本テレビ『東京バイパス指令』、東京12チャンネル『プレイガール』、NET『特別機動捜査隊』などのドラマに端役で出演。七〇年に東宝テレビ部に専属して黒沢のり子と改名し、TBS『アテンション・プリーズ』のレギュラーとして売り出す。以後、TBS『コートにかける青春』、東京12チャンネル『ワン・ツウ・アタック』、よみうりテレビ『マドモアゼル通り』、NET『ダイヤモンド・アイ』、日本テレビ『太陽にほえろ!』などのドラマに助演。映画は七〇年の日活『野良猫ロック マシンアニマル』、東映『不良番長 一獲千金』、東宝『神田川』、自主映画『冒険者たち』などに出演したが、七二年の新藤兼人監督のATG映画『音楽』と七八年の田中登監督の日活映画『人妻集団暴行致死事件』での凄絶な演技が突出して、テレビ規格の演技が多かった黒沢の秘めたポテンシャルは観客を瞠目させた。八〇年ごろまでテレビドラマに助演していたが、以後の活動歴はない。

市川好朗 一九四八年一月、東京都生まれ。

劇団ひまわりに属し、一九六一年の吉村廉監督の日活映画『一本杉はなにを見た』に出演した後、六二年の浦山桐郎監督『キューポラのある街』でヒロインの吉永小百合の弟に扮して好演、同年のTBS〈東芝日曜劇場〉の円谷一演出『煙の王様』では埋立地に捨てられた列車車輌に住む貧しい一家の少年ポパイ役が評判となり(作品も芸術祭賞を受賞)、翌六三年には樋口弘美監督により日活で同名の映画版が制作された。倉本聰が企画した日本テレビの人気ドラマ『現代っ子』でも注目されたが、これもまた同年に中平康監督で日活映画化され、そちらにも出演した。しかしこのあたりをピークにして以後は子役からの脱皮に悩み、歌手を志したこともあった。日本大学芸術学部を中退。以後は『解散式』『日本の首領 野望篇』『野性の証明』『沖縄一〇年戦争』『青春の門』『人生劇場』『序の舞』『修羅の群れ』など東映作品を中心に映画、テレビドラマの脇役をつとめ、九三年没。まだ四十五歳の若さであった。

岡本信人　一九四八年一月、山口県生まれ。

一家で上京の後、一九六一年、世田谷区の中学一年時に募集広告を見て劇団ひまわりに入団する。翌六二年にＮＨＫのドラマ『あすをつげる鐘 少年福沢諭吉』でデビュー、次いで日活映画『煙の王様』にも出演。ひまわりを退団後、フジテレビ『若者たち』やＴＢＳ『おかあさん』などのドラマにも顔を出すが、俳優として存在感を現したのは子役を卒業して六八年のＴＢＳ『肝っ玉かあさん』から『ありがとう』を経て『渡る世間は鬼ばかり』に至る石井ふく子プロデュースの人気ホームドラマのレギュラーになってからであった。以後、安定的なバイプレーヤーとして、さまざまなテレビシリーズや市川崑監督『吾輩は猫である』『悪魔の手毬唄』、前田陽一監督『坊ちゃん』をはじめとする映画群で小味なコメディリリーフを担った。子役として過度にもてはやされなかったことが、息の長い年齢相応の俳優生活につながった好例だろう。

中村晃子　一九四八年一月、千葉県生まれ。

母は三浦環門下のオペラ歌手、村山雪子。中学三年時の六二年、ミス・エールフランス・コンテストに応募したのがきっかけで松竹に入社、翌六三年には映画『七人の刑事』で映画デビュー。次いで『海抜〇米』『ちんころ海女っこ』『望郷と掟』『進め！ジャガーズ敵前上陸』などの松竹作品に二十余本出演する。一方でTBS『真吾十番勝負』『S・Hは恋のイニシャル』、毎日放送『まぼろし城』、東京12チャンネル『プレイガールQ』、NET『ベルサイユのトラック姐ちゃん』などのテレビドラマにも多数出演。六七年には「虹色の湖」で歌手デビューしヒットを記録。八七年の日活ロマンポルノ『待ち濡れた女』では鮮やかな演技を見せたが、八〇年代後半から出演作は少ない。『かわいい魔女ジニー』『地上最強の美女たち！チャーリーズ・エンジェル』などの吹き替えも担当。

田代みどり　一九四八年二月、大阪府生まれ。

大学生の兄がバンド活動をしていた影響で、七歳の頃から大阪のジャズ喫茶で歌っていたところ、平尾昌晃によって見出され五八年に上京。小学校六年時の六〇年、「スイート・ナッシンズ」でレコードデビュー、翌六一年には「パイナップル・プリンセス」が大ヒットとなる。同時に六〇年に日活映画『善人残酷物語』に顔を出したのを皮切りに、『俺の故郷は大西部』『少女』『太陽、海を染めるとき』『北帰行より 渡り鳥北へ帰る』『ハイティーンやくざ』『青い山脈』『現代っ子』『悪太郎』『うず潮』といった日活映画およそ三十本に助演。一方、TBS『ビル・ピリリは歌う』、日本テレビ『跳び上がる娘たち』、NET『鉄道公安三六号』などのテレビドラマにも出演。以後は歌手活動に重点を置き、七〇年に「ジャッキー吉川とブルー・コメッツ」の三原綱木と結婚、七二年に「つなき&みどり」を結成して「愛の挽歌」をヒットさせる。七四年にコンビを解消、七七年に離婚。ソロ活動も続けたが、その後芸能界を引退。

桜木健一　一九四八年三月、大阪市生まれ。

子どもの頃から関西の児童劇団に在籍。六〇年、十二歳でNHKの子ども向け時代劇『渦潮の誓い』に本名の宮土尚治で出演。翌六一年に同じくNHK『進め！ヒデヨシくん』、六四年に関西テレビ『天兵童子』、六五年にNETが東映京都で制作したドラマ『新選組血風録』に出演している。その後六七年に上京し、東映製作の映画『あゝ同期の桜』『人間魚雷 あゝ回天特別攻撃隊』『侠客列伝』『昭和残侠伝 唐獅子仁義』、東映製作のテレビドラマ『俺は用心棒』『部長刑事』『素浪人花山大吉』などに本名で出演し続けるが、六九年のTBS『柔道一直線』の熱血の主人公で大人気となる。この時すでに二十一歳だったので子役とは言えないが、この高校生役は当時の桜木に子役的なイメージをもたらした。同じTBS=東映のプロデューサーによる七一年の『刑事くん』も好評を博す。これらの印象が強いこともあって以後は時代劇、刑事物、ホームドラマなどの脇役が多かった。

中山千夏　一九四八年七月、熊本県生まれ。

小学一年時に当時住んでいた大阪の劇団ともだち劇場に入り、五七年からは大阪テレビ放送（のち朝日放送と合併）の花登筐脚本『こどものお国』『仲良し探偵団』『やりくりアパート』に出演、五九年の舞台『たけくらべ』が菊田一夫に注目され、上京して同年の芸術座『がめつい奴』に出演、子役として絶賛される。十一歳時のこの年から六八年まで東宝演劇部に所属して芸術座を中心に舞台に出演。その合間をぬってテレビ、ラジオにも多数出演。TBS『あの橋の畔で』、日本テレビ『現代っ子』、フジテレビ『悟空の大冒険』、NHK『中学生時代』『ひょっこりひょうたん島』『おかあさんといっしょ』、朝日放送『お荷物小荷物』『お荷物小荷物 カムイ編』などのさまざまなドラマに出演。映画は六〇年の東宝『新三等重役 当るも八卦』で初出演、以後は東宝『がめつい奴』『石中先生行状記』『二人でひとり』、松竹『あの橋の畔で』『夕月』『天使の誘惑』、日活『現代っ子』などに出演。六八年にフリーとなって、日本テレビ『お昼のワイドショー』の司会を青島幸男らとともに八年間つとめる。六九年には自作の「あなたの心に」のレコードをリリースしてヒットとなり、NHK『明るいなかま』、フジテレビ『ドロロンえん魔くん』の主題歌や『ひらけ！ポンキッキ』の人気曲を作詞、歌唱している。音楽活動で知り合ったジャズ・ピアニストの佐藤允彦と七一年に結婚（七八年に離婚）。また、七〇年のアニメ映画『クレオパトラ』や八一年のテレビアニメ『じゃりん子チエ』では主人公の声を担当。このほか、エッセイなど著作も多く、人気子役からマルチタレントの草分けとして才女ぶりを発揮した。七〇年代はウーマン・リブの旗手として政治活動にも積極的で、七七年に革新自由連合を結成し代表のひとりとなる。八〇年の第十四回参議院議員選挙に全国区から出馬し当選、院内会派・一の会を結成。政治家を引退の後は市民活動家として活躍。女優としての活動はほぼ六〇年代で終わっている。

中川梨絵　一九四八年八月、東京都出身。

五歳時に白木屋ホールの「藤娘」で初舞台を踏み、小学校時代には本名の中川栄《さかゆ》を開いてさかゆを芸名とし、五六年のNHK『お笑い三人組』、五九年の『ホームラン教室』で子役として活躍。六六年にはフジテレビ『若者たち』、NHK『華燭の日』『よみがえる夏』などに出演し、高校卒業後は東宝に専属。六七年に成瀬巳喜男監督『乱れ雲』の端役で映画初出演。以後、『日本一の男の中の男』『空想天国』『フレッシュマン若大将』などの東宝映画に出演するも目立った活躍の機会はなく、七二年にロマンポルノ路線の日活に入社したのが転機となり、芸名を中川梨絵と改め、神代辰巳監督『恋人たちは濡れた』『女地獄 森は濡れた』、田中登監督『㊙女郎責め地獄』、藤田敏八監督『エロスの誘惑』などの出演で才能が開花。以後、黒木和雄監督のATG映画『竜馬暗殺』、実相寺昭雄監督『歌麿 夢と知りせば』、中村登監督『日蓮』、池田敏春監督『湯殿山麓呪い村』、相米慎二監督『ラブホテル』などで助演。二〇〇〇年代も森崎東監督『ニワトリはハダシだ』などに出演したが、二〇一六年六月に病没。

北島マヤ　一九四八年一〇月、千葉県生まれ。

劇団若草に入り、五三年、五歳で舞台『アンネの日記』に主演。六二年、円谷一演出のTBSドラマ『煙の王様』にヒロイン、バンビ役で出演し、ドラマにデビュー。以後、TBS『おかあさん』、フジテレビ『噴煙』、NHK『女優須磨子』などを経て六六年の日本テレビ『青春とはなんだ』の女子高生役でレギュラー出演。この途中から芸名を北島まやから北島マヤに改める。翌年の第二弾『これが青春だ』にも出演の後、『チャコとケンちゃん』『特別機動捜査隊』『怪奇大作戦』『天と地と』『怪奇ロマン劇場』『日本怪談劇場』『ザ・ガードマン』『キイハンター』『さぼてんとマシュマロ』『なんたって18歳!』『気になる嫁さん』『パパと呼ばないで』などの人気ドラマに助演。この間、六八年に劇団欅に入る（のち、欅分裂後は劇団昴に移る）。六七年の東宝『坊ちゃん社員 青春は俺のものだ!』で映画にも顔を出し、「青春」シリーズの『でっかい太陽』『燃えろ!太陽』、六八年の日活『あゝひめゆりの塔』に次いで七〇年の大映『怪談累が淵』のお志賀役で主演。同年の大映『おんな牢秘図』、七一年の実相寺昭雄監督『曼陀羅』、七六年の東宝『おしゃれ大作戦』に出演後は八〇年代半ばまでドラマの助演を続けた。

青山ミチ　一九四九年二月、神奈川県生まれ。

父は在日米軍の軍人で、母は日本人。当時は「混血児」と呼ばれた時代で、複雑な家庭環境にあり、小学校入学時に祖母の五女として戸籍を取得。横浜の中学から新宿の中学に転校した後、ジャズ喫茶主催のコンテストに入賞して六二年に「ひとりぼっちで想うこと」「ヴァケイション」でデビューし、〈十三歳の奇跡〉〈和製ブレンダ・リー〉と騒がれる。後に遠藤賢司がカバーする「ミッチー音頭」や「涙の太陽」などをヒットさせ、六三年に大映映画『若い樹々』で歌手志望の地方出身の少女の役で映画デビューした後、山田洋次監督『下町の太陽』をはじめ『クレージーの怪盗ジバコ』『進め！ジャガーズ　敵前上陸』などの作品に助演するが、覚醒剤使用で逮捕され、レコード発売が中止になるなど芸能活動が頓挫。七〇年代にはカムバックを果たし、日活映画『野良猫ロック　マシンアニマル』『バンカク　関東SEX軍団』などにも出演したが、再び窃盗や覚醒剤使用で逮捕、服役。これをもって芸能界から姿を消すが、九〇年代末にも覚醒剤で逮捕され、二〇一七年一月に病没。

風間杜夫　一九四九年四月、東京都生まれ。

父は新東宝の営業職だった。小学三年時の五八年、東映児童演劇研修所の第一期生となり、その年に日本テレビの『快傑黒頭巾』に本名の住田知仁で出演。明くる五九年にはNET『エプロンおばさん』はじめ数多くのテレビドラマや『名犬物語 断崖の少年』『月光仮面 幽霊党の逆襲』『月光仮面 悪魔の最後』などの東映映画に次々と出演する。以後は田坂具隆監督『はだかっ子』『ちいさこべ』や池田秀一と共演した家城巳代治監督『路傍の石』で名子役ぶりを発揮。活躍は多彩で、東映動画の名作アニメーション『安珠と厨子王丸』『わんぱく王子の大蛇退治』でも主人公の声を住田知仁名義で演じている。ところで風間のキャリアにおいて特筆すべきところは、売れっ子子役としてかなり多忙であったにもかかわらず、職業的俳優を続けるなら子役をやめないと大成しないという先輩俳優のアドバイスを受けて、将来を見据えて一時劇団を辞め、仕事をセーブしたということである。玉川学園から早稲田大学第二文学部演劇科に進んだ風間は、大竹まことらと劇団表現劇場を立ち上げ、七二年からは風間杜夫名義で日活ロマンポルノに出演、神代辰巳監督『壇の浦夜枕合戦記』などで強烈な印象を残す。こうしてまた注目を集めた風間はNHK大河ドラマ『勝海舟』や連続テレビ小説『雲のじゅうたん』などにも招かれるようになり、一方ではつかこうへい「熱海殺人事件」「戦争で死ねなかったお父さんのために」などへの出演で舞台俳優としても評価を高めた。この延長で八二年には映画『蒲田行進曲』、八三年にはドラマ『スチュワーデス物語』で一気に人気に拍車がかかり、衰え知らずの活躍を続けている。子役というポジションにまつわる罠を意志的に回避して成功した稀有な存在である。

伊藤敏孝　一九四九年五月、東京都生まれ。

十歳の時に東映児童演劇研究所の一期生となり、一九六一年に田坂具隆監督の東映映画『はだかっ子』の主人公をいきいきと演じる。以後も田坂作品『ちいさこべ』『冷飯とおさんとちゃん』などに出演。七〇年代以降は岡本喜八監督に気に入られて『青葉繁れる』『吶喊』『姿三四郎』などに出たほか、『青年の樹』『八甲田山』『俺の空』『仁義と抗争』『地震列島』『連合艦隊』などで印象的なバイプレーヤーをつとめ、テレビドラマへの出演も多かった。東映の児童研修所の同期は小倉一郎と本間千代子。

火野正平　一九四九年五月、東京都生まれ。

本名の二瓶康一で子役活動を始め、一九六〇年のフジテレビ『少年探偵団』(池田秀一と共演)に出演。六一年に劇団こまどりに入り、フジテレビ『キューポラのある街』、関西テレビ『忍者番号17』『まぼろし城』『天兵童子』、朝日放送『バックナンバー333』『わんぱく砦』などの作品で人気子役となる。以後、朝日放送『部長刑事』、TBS『刑事くん』『なんたって18歳!』、フジテレビ『木枯し紋次郎』、日本テレビ『おれは男だ!』『あの子が死んだ朝』『飛び出せ!青春』などで助演していたが、七三年のＮＨＫ大河ドラマ『国盗り物語』で火野正平を芸名として豊臣秀吉に扮したあたりから人気が高まり、ＴＢＳ『それぞれの秋』、ＮＥＴ『次郎長三国志』などでレギュラーをつとめる。映画デビューは七四年の松竹映画『俺の血は他人の血』で、以後は『やくざ戦争 日本の首領』『黒木太郎の愛と冒険』『真田幸村の謀略』『ええじゃないか』『近松門左衛門 鑓の権三』『忠臣蔵外伝四谷怪談』などの映画やＶシネマで印象的な助演を見せたが、さまざまなテレビドラマへの精力的な出演が途切れず続いている。

二木てるみ　一九四九年五月、東京都生まれ。

幼稚園時の五三年、劇団若草に入る。翌五四年、黒澤明監督の東宝映画『七人の侍』に村の子ども役として出演。五五年、久松静児監督の日活映画『警察日記』で森繁久彌扮する巡査に引き取られる捨て子の少女を演じて好評を得る。以後も『続警察日記』『つづり方兄妹』などの久松監督作品をはじめ中川信夫監督『「粘土のお面」より かあちゃん』など小学校時代に二十余本の各社映画に出演。テレビドラマへの出演も早く、六歳時の五五年のＮＨＫ『金魚を忘れた子』に始まり、日本テレビ『ダイヤル110番』『青春とはなんだ』、ＮＨＫ『事件記者』『次郎物語』『おはなはん』『竜馬がゆく』、ＴＢＳ『夜逃げ』『おかあさん』『水戸黄門』、フジテレビ『にあんちゃん』、朝日放送『野菊の墓』ほか多数の作品に出演。六五年には黒澤明監督『赤ひげ』の虐待を受けた薄幸な少女を好演、第十六回ブルーリボン賞の助演女優賞を当時としては最年少で受賞。以後、東宝『伊豆の踊子』、日活『孤島の太陽』、東宝『幕末』などを経て七四年の東映洋画『樺太一九四五年夏 氷雪の門』で主演、東映『悪魔が来たりて笛を吹く』『茗荷村見聞記』などに出演。七〇年代半ば以降は、アニメの声優もはじめ、フジテレビ『ラ・セーヌの星』、NET『ゴワッパー5ゴーダム』、劇場用アニメ映画『がんばれ!!タブチくん!!』シリーズにレギュラー出演。ドラマの助演や朗読活動を続けている。

植木千恵 一九四九年七月、京都府生まれ。

父は俳優の片岡千恵蔵。兄が一人、弟が三人いる。三歳時の五三年、東映『赤穂浪士』に出たのを皮切りに、父の主演作に次々と出演。五五年の内田吐夢監督『血槍富士』では兄の植木基晴とも共演する。五六年、小学校入学後も子役を続け、『旗本退屈男』『快傑黒頭巾』『忠臣蔵』『浪花の恋の物語』『ひばりの森の石松』などに出演。六〇年の美空ひばり・鶴田浩二共演の『孤剣は折れず 月影一刀流』で俳優業を引退し、学業に専念。七一年に銀行員と結婚し、二男をもうける。

土田早苗 一九四九年七月、大阪府生まれ。

小学校三年時に児童劇団ともだち劇場に入り、五年時の六〇年、芸術座の菊田一夫作『がしんたれ』で舞台デビュー。翌六一年以降は関西テレビ『紫頭巾』『真田三銃士』『まぼろし城』『天兵童子』などのテレビドラマに出演。六五年に日本テレビ『青春とはなんだ』の女生徒役でレギュラー出演して人気となり映画版にも出演、六七年のTBS『風』で京都市民映画祭テレビ部門女優賞。六八年に高校卒業後はフジテレビ『銭形平次』、TBS『水戸黄門』『大岡越前』、日本テレビ『弥次喜多隠密道中』『水滸伝』ほか時代劇を中心にさまざまな人気ドラマに出演。七六年よりレギュラーをつとめた東京12チャンネル『大江戸捜査網』のアクションは特に印象的。活動はテレビ中心であったが、東映『新網走番外地 流人岬の血斗』『関東テキヤ一家』『五人の賞金稼ぎ』『緋ぢりめん博徒』『トラック野郎 望郷一番星』『隠密同心 大江戸捜査網』などの映画にも出演。舞台での助演を中心に活動を続ける。

一九五〇年代生まれ

ジュディ・オング　一九五〇年一月、台湾生まれ。

本名は翁倩玉。両親の仕事の都合で二歳時に来日。六〇年に劇団ひまわりに入り、フジテレビ『つづり方兄妹』、NET『かあちゃんしぐのいやだ』などに顔を出し、六一年にはフジテレビ『三太物語』、NHK『ふしぎな少年』などの連続ドラマのレギュラーとなる。六二年、東宝と米国製作会社との合作映画『大津波』で映画初出演するが、この作品は一部劇場での公開にとどまり長く幻の映画であった。以後、NHK『あしたの家族』、日本テレビ『あいつと私』『ある日わたしは』、NET『も・くり三年』、毎日放送『まぼろし城』などに続々出演。映画出演は六六年の日活映画『黒い賭博師 悪魔の左手』『青春ア・ゴーゴー』『帰ってきた狼』や東映『サイボーグ009』の声の出演などに留まるが、この年に台湾の中央電影公司と契約し、六八年の『小翠』以降台湾映画でも活躍、七二年には『真假千金』で第九回金馬奨の最優秀主演女優賞を受賞した。同時期に日本でも歌手デビューし、六七年の「たそがれの赤い月」などヒット曲を放つ。七二年に日中国交正常化を受けて帰化し、姓名を翁玉恵と改める。七九年にはCMソングだった「魅せられて」が二百万枚の大ヒットとなる。八三年にはツイ・ハーク監督の香港映画『蜀山奇傳 天空の剣』、九六年にはピーター・グリーナウェイ監督の『ピーター・グリーナウェイの枕草子』などに出演したが、以後もテレビドラマに助演を続ける。

内藤洋子　一九五〇年五月、茨城県生まれ。

内科医の家庭に生まれ、四人姉妹の三女。幼少時に鎌倉に移る。小学生の頃から雑誌「りぼん」の表紙モデルを七年間つとめたが、高校在学中の六五年、映画『赤ひげ』の加山雄三の相手役のヒロインを探していた黒澤明に、「りぼん」を購読していた黒澤の娘の和子が内藤を推薦した。演技未経験者を条件としていた黒澤は内藤を気に入って起用。内藤は同年の製作者協会新人賞を受賞した。六六年にはNETのドラマ『氷点』で殺人犯の娘を演じて新珠三千代と共演、人気を呼ぶ。同年には恩地日出夫監督『あこがれ』でも好演して評価され、以後は『お嫁においで』『伊豆の踊子』『育ちざかり』『その人は昔』『君に幸福を センチメンタル・ボーイ』『年ごろ』『兄貴の恋人』『華麗なる闘い』『地獄変』などの東宝映画に若手スタアのホープとして出演を続ける。テレビ作品は六六年の日本テレビ『あじさいの歌』のほか『えり子とともに』『めぐり逢い』、中部日本放送『黄色いサンダル』など本数は少ない。七一年にミュージシャンの喜多嶋修と結婚して芸能界を引退、七四年にカリフォルニア州に移住。長女は女優の喜多嶋舞。

小倉一郎　一九五一年十月、鹿児島県生まれ。

小学生時代から東映でエキストラをやっていたが、梅宮辰夫のすすめで東映児童演劇研究所の第一期生となる。六四年に松尾昭典監督の日活映画『敗れざる者』でテレビ版では池田秀一が演じた難病の少年役に選ばれ、石原裕次郎と共演する。以後、日活『青春の海』、東映『旅路』、大映『性犯罪法入門』『高校生番長』、東宝『バツグン女子高校生 16才は感じちゃう』などでデリケートな持ち味を発揮した。しかしこうしたハイティーンの子役の時期を抜けて、一九七三年の市川崑監督『股旅』や同年の山田太一脚本のTBSドラマ『それぞれの秋』でニヒルな雰囲気の青年を演じたあたりが小倉一郎らしい最初のピークであったことだろう。以後、ドラマも映画もジャンルを問わず、印象的なバイプレーヤーとして静かな活躍を続けている。

児島美ゆき　一九五二年三月、東京都生まれ。

会社員家庭に生まれ、六三年、小学六年時に東映児童研修所に入る。十四歳時に研修所の子役で結成するコーラス・グループ、ヤング・フレッシュに所属し、『仮面の忍者 赤影』『ひょっこりひょうたん島』などの主題歌を唄っていた。六八年、東映動画『アンデルセン物語』の子ネズミ役で声優をつとめる。七〇年の日活『ハレンチ学園』の主役オーディションに合格し、映画三部作に主演、東京12チャンネルのドラマ版にも出演。ここまでの芸名、児島みゆきを児島美ゆきに改め、松竹『にっぽん美女物語 女の中の女』『博多っ子純情』『男はつらいよ 花も嵐も寅次郎』、東宝『霧の旗』、東映『トラック野郎 一番星北へ帰る』、日活『不倫』などのプログラム・ピクチャーに出演。テレビドラマもフジテレビ『コートにかける青春』『アイちゃんが行く！』『北の国から』、日本テレビ『飛び出せ！青春』『ぼくは叔父さん』、TBS『走れ！ケー100』『寺内貫太郎一家』『Gメン'75』『文子とはつ』『毎度おさわがせします』などさまざまな作品に助演。日本テレビ『TVジョッキー』の初代司会者をはじめバラエティ番組の出演も多い。

江木俊夫　一九五二年六月、東京都生まれ。

知人の紹介で三歳の頃から子役を始めており、五九年の『今日に生きる』以降は『大草原の渡り鳥』『波濤を越える渡り鳥』『早射ち野郎』『激流に生きる男』などの日活アクション映画に出演する一方、日本テレビの生ドラマ『怪人二十面相』などでも親しまれていた。六三年には黒澤明監督『天国と地獄』では三船敏郎扮する実業家の息子を快活に演じた。この後、六六年のフジテレビの特撮ドラマ『マグマ大使』で新聞記者の息子、マモル少年に扮して人気を集めたが、『天国と地獄』と『マグマ大使』の江木はともにハイカラで利発そうな高度成長期の子ども像の理想形であった。その後ジャニー喜多川にスカウトされフォーリーブス結成に加わり、六八年に「オリビアの調べ」でレコードデビューする。以後、俳優業は実質休止となるも、フォーリーブスは七八年の解散まで若い女性たちから熱狂的な人気を集めた。

水谷豊　一九五二年七月、北海道生まれ。

生地から東京都立川市に移り、六五年、十三歳で劇団ひまわりに入る。NHK『風の中のこども』、フジテレビ『おもろい夫婦』などのテレビドラマに顔を出した後、六八年の手塚治虫原作のフジテレビ『バンパイヤ』に主演。六七年の日活映画『青春の海』で映画デビュー、七〇年の『その人は女教師』『新・高校生ブルース』などに出演する一方で『太陽にほえろ!』『あの子が死んだ朝』『飛び出せ!青春』『水滸伝』などのテレビドラマの数々に出演の後、七四年の日本テレビ『傷だらけの天使』でレギュラーをつとめ、注目される。映画『想い出のかたすみに』『東京湾炎上』で助演の後、七六年の長谷川和彦監督のATG映画『青春の殺人者』でキネマ旬報主演男優賞を受賞。同年の山田太一脚本のNHKドラマ『男たちの旅路』も評判となり、演技力の評価を高めたところで七八年の日本テレビ『熱中時代』の主演で大人気を得る。以後、七九年の同『熱中時代 刑事編』、八三年の同『事件記者チャボ!』、九一年に同『刑事貴族』、二〇〇〇年のテレビ朝日『相棒』、〇九年の同『だましゑ歌麿』、一一年のTBS『居酒屋もへじ』など各局をまたいで人気シリーズを送り出してきた。シーズンを重ね続ける『相棒』シリーズの魅力を懸命に更新しながら、一七年に映画『TAP THE LAST SHOW』で映画監督デビュー。一九八九年に結婚した元キャンディーズの伊藤蘭との間にもうけた一女の趣里も女優として活躍。

松坂慶子

一九五二年七月、東京都生まれ。

韓国人の父、日本人の母のもとに生まれるが、幼少時は国籍をめぐって複雑な家庭環境にあった。一九六〇年の小学二年時、くるみ児童合唱団に入り、六七年の中学三年時に劇団ひまわりに入団。同年、NET『忍者ハットリくん+忍者怪獣ジッポウ』、TBS『ウルトラセブン』に出演。六九年。高校二年時に大映からスカウトされ、映画『ある女子高医の記録続・妊娠』に顔を出し、七〇年の『高校生番長 深夜放送』『高校生番長 ズベ公正統派』、七一年『樹氷悲歌』に出た後、同年の『夜の診察室』では渥美マリの降板もあって主役デビューする。この頃、TBS『おくさまは18歳』『なんたって18歳！』、東京12チャンネル『おさな妻』などにも出演。七二年に松竹に移り、映画『辻が花』『黒の奔流』、NHK銀河テレビ小説『若い人』、TBS『白い夏』などに出演、翌七三年のNHK大河ドラマ『国盗り物語』で人気を呼び、映画『藍より青く』『宮本武蔵』『野良犬』などに出演。七八年の野村芳太郎監督『事件』の演技で評価を高め、七九年のTBS『水中花』は話題を集めて主題歌もヒットさせた。以後は八二年の松竹『蒲田行進曲』で好演、八六年の東映『火宅の人』、九〇年の松竹『死の棘』などの話題作に主演。TBS『江戸を斬る』『水戸黄門』『白い滑走路』『虹のエアポート』『或る「小倉日記」伝』などテレビドラマ出演も積極的に続ける。

ピーター　一九五二年八月、大阪府生まれ。

父は人間国宝になった上方舞吉村流四世家元の吉村雄輝。五歳時に両親が離婚し、母の実家のある鹿児島で育つ。鹿児島のラ・サール中学に合格するも、寮生活になじめず、中三時に家出して上京。六本木のゴーゴークラブで働くうちにピーター・パンのようなユニセックスの美少年がいると評判になり、これが芸名ピーターの由来となる。十七歳の時、クラブで知遇を得た水上勉のパーティーに招かれ舞台美術家・朝倉摂の目にとまり、六九年の松本俊夫監督のATG映画『薔薇の葬列』の主役で映画デビューを果たす。同年「夜と朝のあいだに」で歌手としてもデビューするが、この曲で日本レコード大賞最優秀新人賞も獲得、一躍時代の寵児となる。東京12チャンネル『プレイガール』、フジテレビ『飢餓海峡』をはじめテレビドラマ出演も多く、市川崑監督『獄門島』『火の鳥』、黒澤明監督『乱』など映画の名匠にも愛された。『乱』出演の八〇年代半ば以降は、バラエティや歌番組ではピーター、俳優活動では本名の池畑慎之助を名乗ることが多い。

小山ルミ　一九五二年八月、北海道出身。

アイルランド軍人の父と日本人の母の間に生まれる。上京して中学時代からモデル活動を始め、十五歳時の六七年、フジテレビ「ビート・ポップス」、TBS「ヤング720」のマスコット・ガールに起用される。六八年、グループサウンズ、ザ・ジャイアンツのコミックソングをもとにした松竹映画『ケメ子の唄』のヒロインに抜擢。以後、東宝『ドリフターズですよ！盗って盗って盗りまくれ』『ドリフターズですよ！冒険冒険また冒険』『ザ・タイガース 華やかなる招待』などの映画に出演。テレビドラマもTBS『オレと彼女』『キイハンター』『オレとシャム猫』『S・Hは恋のイニシャル』『新・平四郎危機一発』などに出演。七四年に渡米して、七五年に現地で結婚引退、ロサンゼルスに在住。

島津雅彦　一九五二年十月、鹿児島県生まれ。

五歳の時、父が鹿児島市内に映画館を経営していた関係で、日活映画のロケに訪れた月丘夢路に興行組合からの花束を贈呈する役を任せられた。それがきっかけで日活に子役候補としてスカウトされ上京、日本アーチストクラブに所属。五八年の松島トモ子主演『少女と風船』で映画デビューする。今村昌平監督『西銀座駅前』の後、五九年には小津安二郎監督『お早よう』で設楽幸嗣の弟役に扮し、以後も『浮草』『秋日和』『小早川家の秋』などの小津作品に出演。このほか日活の〈渡り鳥〉シリーズや東宝の松山善三監督『名もなく貧しく美しく』などに出演。黒澤明監督『天国と地獄』では、江木俊夫扮する実業家（三船敏郎）の息子と間違われて誘拐される運転手（佐田豊）の息子を演じた。この間、劇団若草にも所属したが、六四年の小学六年時に鹿児島に帰郷して地元の中学校に入学。高校時代の七〇年に瀬川昌治監督の松竹映画『満願旅行』に出演したが、慶應大学法学部に進学した後は映画界を離れた。

三ツ木清隆　一九五三年五月、千葉県生まれ。

中華料理店を営む両親のもとに生まれる。中学一年時に劇団日本児童に入り、翌六七年に日本テレビの特撮ヒーロー番組『光速エスパー』の主役に抜擢。以後は『特別機動捜査隊』『大江戸捜査網』『国盗り物語』『だいこんの花』『花神』『銭形平次』『水戸黄門』『夜明けの刑事』『太陽にほえろ！』など数々のテレビドラマに出演したが、七三年はTBS『ウルトラマンタロウ』のレギュラー隊員役が決まっていたところに、日本テレビの特撮時代劇『白獅子仮面』の主役が決まってやむなく前者を降板、さらに吉松安弘監督の東宝映画『さえてるやつら』の主演も重なるなど人気であった。九〇年代後半以降は旅番組のレポーターなどをつとめる。

岡崎友紀

一九五三年七月、東京都生まれ。

小学校時代に東宝芸能学校でレッスンを受け、六一年の同校公演『ピーターパン』で初舞台を踏み、六四年以降『アニーよ銃をとれ』『王様と私』『屋根の上のバイオリン弾き』など東宝の舞台に出演する一方、六五年にNHK『太陽の丘』でドラマにも初出演。六八年のNHK大阪『あねいもうと』に主演、以後はTBS『胡椒息子』、NHK大河ドラマ『樅の木は残った』などに出演しつつ、七〇年には「しあわせの涙」で歌手としてもデビュー。同年、TBS『おくさまは18歳』に石立鉄男とともに主演、大きな人気を得て映画版の『おくさまは18歳 新婚教室』にも主演。同作の好評を受けたTBS『なんたって18歳！』『ママはライバル』『ラブラブライバル』のほか、日本テレビ『小さな恋のものがたり』、フジテレビ『お嫁さんに決めた！』などのライトコメディに次々に主演した。映画作品は『初笑いびっくり武士道』『おしゃれ大作戦』など数作にとどまるが、ドラマ、舞台で活躍を続けた。

内田喜郎　一九五三年十二月、愛知県生まれ。

会社員の家庭に生まれたが、東京への転居をきっかけに劇団ひまわりに入団。十歳頃に子役としてテレビ映画に出演するようになり、六四年のNET『貰いッ子』でデビュー、六五年の湯浅憲明監督の大映映画『大怪獣ガメラ』の少年役に起用されてからは大映専属となる。増村保造監督『積木の箱』や豊田四郎監督『地獄変』などに出演の後、ダイニチ映配の『高校生ブルース』『新・高校生ブルース』で売り出し中の関根恵子の相手役を鮮やかに演じた。この流れで出演した東宝の『学園祭の夜 甘い経験』も印象的だったが、大映が倒産したことにより以後はジャニーズ事務所などを転々とする。大映テレビの『おくさまは18歳』ほかテレビ映画への出演も多数あり、七三年の森崎東監督の松竹映画『野良犬』でも好演したが、さらなる活躍が期待された才能であった。

坂東正之助　一九五四年二月、東京都生まれ。

十七世市村羽左衛門の三男。六歳時に明治座で初お目見得。六一年の七歳時に歌舞伎座で坂東正之助を名乗って初舞台。以後、九〇年代初めあたりまでにかけて主にテレビドラマに多数出演。七六年のNHK『明治の群像』、TBSの『お菓子放浪記』、七七年のNHK大河ドラマ『花神』、テレビ朝日『出発』、TBS『明日の刑事』、七八年のテレビ朝日『涙 あいつは今夜もいない』、TBS『Gメン'75』『コメットさん』、毎日放送『女王蜂』、七九年の毎日放送『不毛地帯』、八〇年の毎日放送『雪姫隠密道中記』、朝日放送『ザ・ハングマン』、八一年のNHK『おんな太閤記』などに出演。TBS『わが母は聖母なりき』、七八年のフジテレビ『白い巨塔』や八二年のNHKテレビ小説『よーいドン』での演技は忘れ難い。数少ないが映画にも七八年の高橋三千綱原作、山根成之監督『九月の空』でヒロイン石野真子の相手役をつとめ、爽やかな印象を残した。二〇〇三年、四世河原崎権十郎を襲名。

吉沢京子　一九五四年三月、東京都生まれ。

十二歳時の六六年、劇団ひまわりに入り、少女モデルとして活動。六七年に東宝映画『燃えろ！太陽』の酒井和歌子の妹役で映画デビューの後、六八年に日活『禁断の果実』に出演。以後、NET『フルーツポンチ3対3』、TBS『パンとあこがれ』と続々テレビドラマのレギュラーに起用されるが、六九年のTBS『柔道一直線』でアイドル女優として大きな人気を集める。七〇年には東宝『バツグン女子高校生16才は感じちゃう』『バツグン女子高校生 そっとしといて16才』、松竹『高校さすらい派』に次々と出演。翌七一年には東宝『恋人って呼ばせて』『父ちゃんのポーが聞こえる』で主演し、好評を得た。以後はテレビ中心に活動し、NET『太陽の恋人』、日本テレビ『さぼてんとマシュマロ』、TBS『大岡越前』『水戸黄門』など現代劇から時代劇まで幅広い作品に出演。映画は七三年の『ひとつぶの涙』、七四年の『涙のあとから微笑みが』に主演した後は数少ないが、二〇〇〇年代もドラマの助演を続けている。

吉田次昭　一九五四年八月、東京都生まれ。

十二歳の頃からドラマ出演を始め、六六年のNET『氷点』の後、フジテレビの特撮ヒーロー番組『マグマ大使』で準主役のガム役だった二宮秀樹の代役を一時つとめ、六七年のTBS『コメットさん』『ウルトラセブン』ではナイーヴで印象的な役をこなした。山田太一脚本のTBS『パンとあこがれ』『俄 浪華遊侠伝』、NHK大河ドラマ『春の坂道』、東京12チャンネル『女の顔』、TBS『冬の華』『アイちゃんが行く!』『Gメン'75』『水戸黄門』『大岡越前』、NET『新・だいこんの花』、テレビ朝日『特捜最前線』など数々の現代劇、時代劇で手堅い助演を見せる。映画は六六年の東宝映画『クレージーだよ奇想天外』で初出演、七〇年の山本薩夫監督の日活作品『戦争と人間 第一部 運命の序曲』の真摯な演技は印象的だった。七四年の神代辰巳監督『宵待草』を経て、七八年の東陽一監督ATG映画『サード』ではエキセントリックな少年院の男子を好演したほか、降旗康男監督『わが青春のイレブン』、神山征二郎監督『看護婦のオヤジがんばる』などに出演した。

頭師佳孝　一九五五年三月、大阪府生まれ。

俳優の頭師五人兄弟の末弟。兄が宝塚映画で子役として出演していた縁で、六一年の『サザエさんとエプロンおばさん』、六二年の『当たりや大将』などに端役で出ていたが、豊田四郎監督『大工太平記』で共演した乙羽信子が新藤兼人監督に推薦し六三年の『母』に出演、脳腫瘍に侵された悲惨な少年を熱演して注目される。折しも黒澤明監督『赤ひげ』の子役選抜が難航しており、『母』の試写を観たスタッフが黒澤に推薦するやすぐに気に入られ採用となった。六五年の『赤ひげ』公開後は、さまざまな映画、テレビドラマで活躍するが、七〇年の黒澤明監督『どですかでん』では主役の電車マニアの少年を演じた。七二年の青春ドラマ『飛び出せ！青春』では、子役の穂積ぺぺと組んでコミカルな高校生に扮する。黒澤明作品には『乱』『夢』『まあだだよ』にも出演、大林宣彦監督『ふたり』など印象的な脇役が多い。現代劇、時代劇をまたいでテレビドラマの出演が続いている。

二宮秀樹　一九五五年三月生まれ。

ＮＨＫ児童劇団から大映専属となり、六四年の三隅研次監督の大映京都作品『無法松の一生』、安田公義監督『座頭市関所破り』で映画に出始める。以後、六五年には安田公義監督『新　鞍馬天狗』、黒田義之監督『新　鞍馬天狗　五條坂の決闘』などの大映京都作品、ＴＢＳのテレビドラマ『新　隠密剣士』に出演したが、二宮が一気に人気者になったのは翌六六年のフジテレビの特撮ヒーロー物『マグマ大使』の主要キャラクター、ガムに扮した時だった。この年には大映京都の安田公義監督の特撮スペクタクル『大魔神』にも出演したが、シリーズ三作目の森一生監督『大魔神逆襲』では主役の少年に抜擢される。この映画の撮影の過密スケジュールゆえに、『マグマ大使』のガム役を名子役の吉田次昭がピンチヒッターとして四話だけ演じたこともあった。同年にTBS『七歳の捕虜』にも主演、翌六七年に大映東京の田中重雄監督『限りある日を愛に生きて』、TBS『おかあさん』に出演した後は、中学入学をきっかけに子役をやめる。以後のブランクを経て、十八歳を過ぎた青年期にNET『遠山の金さん捕物帳』、朝日放送『部長刑事』、TBS『江戸を斬るII』などに顔を出したが、七五年以降は俳優業を続けず関西で会社員となった。

中村勘九郎（五世）　一九五五年五月、東京都生まれ。

父は十七世中村勘三郎。姉は新派女優の波乃久里子。五九年に五世中村勘九郎を襲名、歌舞伎座「昔噺桃太郎」で初舞台を踏む。同年、木下恵介監督の松竹映画『今日もかくてありなん』で映画にも初出演。六一年の映画『アッちゃんのベビーギャング』『ベビーギャングとお姐ちゃん』のわんぱく坊主ぶりが評判となる。暁星学園で小・中・高校まで学び、中学時代の六九年に『風林火山』で久々に映画出演、続いて『戦争と人間 第一部』『幻の殺意』『友情』などの映画で好演を果たす。以後は九二年の坂東玉三郎監督『外科室』まで映画出演はなく、歌舞伎界の牽引役として活躍。二〇〇五年、十八世中村勘三郎を襲名。二〇一二年十二月、病没。

金子吉延　一九五五年六月、東京都生まれ。

幼少時に小児喘息を患い、また性格も内向的だったため、両親が劇団あすなろに入れる。六二年の七歳時に林芙美子原作のNHKドラマ『下町』、松山善三監督、高峰秀子主演の宝塚映画『ぶらりぶらぶら物語』に出演。翌六三年にNHKドラマ『顔』、東宝映画『青島要塞爆撃命令』、瀬川昌治監督の東映映画『馬喰一代』、文化座の舞台「月」などに出たが、この舞台を内田吐夢監督が監修していたことがきっかけで、六五年の内田監督の東映映画『宮本武蔵 巌流島の決斗』に出演。続いて六六年にTBS『ウルトラマン』、NHK『胡椒息子』、五社英雄監督の東映映画『丹下左膳 飛燕居合斬り』などに出たが、東映京都で白戸三平原作、船床定男監督『大忍術映画ワタリ』の主演をつかんだのが大きなステップとなり、翌六七年の関西テレビの特撮時代劇『仮面の忍者赤影』の少年忍者・青影にも起用され、これが当たり役となる。長い東映京都での撮影を終えて東京に戻ると、東映大泉撮影所制作のNET『河童の三平 妖怪大作戦』でも主演に抜擢。この間、小中学校にわたってほとんど学校に出席がかなわなかった。『ワタリ』の好評を受けて、七〇年には台湾に帰化した湯浅浪男（湯慕華）監督による映画『神童桃太郎』『桃太郎斬七妖』に出演。七三年、NET『どっこい大作』の主役に選ばれたほか、『子連れ狼』『七人の刑事』『いろはの〝い〟』『鉄道公安官』『銭形平次』『大江戸捜査網』『燃えろアタック』『噂の刑事トミーとマツ』などに出演。実質的には七八年で引退していたが、八〇年の東映『二百三高地』ATG『ヒポクラテスたち』などに顔を出した。

蔵忠芳　一九五五年十一月、東京都生まれ。

小学二年時の六三年、TBS『てんてこまい物語』でドラマにデビュー。六五年の日本テレビ『アッちゃん』『続アッちゃん』で子役として注目され、六六年のTBS『泣いてたまるか』などを経て六七年のTBS『コメットさん』で人気を集める。以後、六八年のNET『旅がらすくれないお仙』、六九年の『胡椒息子』、七〇年のNET『遠山の金さん捕物帳』、七一年のフジテレビ『ミラーマン』、七二年のNET『緊急指令10－4・10－10』、七四年のNHK『夕ばえ作戦』、七六年のNET『アステカイザー』、七七年のNHK『11人いる！』などに出演。映画出演は少なく、六五年の東宝『喜劇駅前漫画』、七四年の松竹『にっぽん美女物語』に顔を出した。成人してからも七九年のTBS『たとえば、愛』などに出演していたが、子役時代のようなオファーはなくなり、三十歳をもって俳優業からは引退。以後は飲食店を営んだりしていたが、二〇〇一年六月に四十五歳で病没。

中村光輝

一九五六年四月、東京都生まれ。

二世中村歌昇の次男。兄は五世中村歌六。叔父に萬屋錦之助。六四年に中村光輝名義で「仮名手本忠臣蔵」にて歌舞伎座初舞台。暁星学園小・中・高校に通いながら舞踊では藤間勘十郎に師事、錦之助や猿之助の公演にも参加して修養を積む。六五年の日本テレビ『宮本武蔵』でドラマ初出演、六六年のTBS『真田幸村』、六七年の和田勉演出のNHK『小さな世界』などを経て六八年のTBS『海の次郎丸』で主演、六九年のNHK大河ドラマ『天と地と』で上杉謙信の少年時代を演じて注目を集める。同年TBSの市川森一脚本『胡椒息子』、七〇年の日本テレビ『竹千代と母』に主演。以後も『水戸黄門』『鬼平犯科帳』『赤穂浪士』などの時代劇を中心にテレビドラマの助演は多い。映画は七〇年の大映映画『ママいつまでも生きてね』が印象深く、他に『赤穂城断絶』『日蓮』などがある。八一年に三世中村歌昇を襲名、二〇一一年に三世中村又五郎を襲名。

上原ゆかり

一九五六年七月、鹿児島県生まれ。

会社員の家庭に生まれ、幼時に東京へ移る。フジテレビを見学に行った四歳時にスカウトされ、同局の開局記念番組『東は東』に出演。六二年に明治製菓「マーブルチョコレート」のテレビCMに「マーブルちゃん」として出演するや人気を呼ぶ。子役としてTBS『おかあさん』『サザエさん』『青春の門』、NHK『ものしり博士』、NET『風雲黒潮丸』、フジテレビ『二人の息子』『だいどころ天使』、日本テレビ『エプロンおばさん』などホームドラマから時代劇まで幅広く助演。映画は六三年の『素晴らしい悪女』に始まり、『クレージー作戦 先手必勝』『社長外遊記』『団地七つの大罪』『若い娘がいっぱい』『吾輩は猫である』などに出演する。七九年、写真家の奥舜（正治）と結婚するが二〇〇六年に死別。八三年の市川崑監督『細雪』などにも出演していたが、八〇年代半ば以降は芸能活動から引退している。

テレサ野田　一九五七年一月、アメリカ統治下の沖縄生まれ。

四歳時に上京、横浜のアメリカン・スクールに通っていた七一年、十四歳で劇団いろはに入る。同年、藤田敏八監督の日活映画『八月の濡れた砂』にクリスチャン・ネームからとったテレサ野田の芸名でデビュー、鮮烈な印象を残す。以後、東映『非情学園ワル』『暴力学園大革命』、東宝『夕映えに明日は消えた』（未公開）『裸足のブルージン』『関白宣言』、松竹『恋人岬』、ATG『金閣寺』などの映画に出演しつつ、NHK『タイム・トラベラー』『暁はただ銀色』、日本テレビ『あの子が死んだ朝』、TBS『風の中のあいつ』、フジテレビ『六羽のかもめ』など多数のドラマにも助演。七七年に「ソファーのくぼみ」でレコードデビューし、七九年には日本テレビのバラエティ番組『11PM』の司会を藤本義一とともにつとめた。八〇年代に西園寺たまきの芸名でロック・シンガーに転向したが、九

○年代前半以降は出演歴が途絶えている。

浅野真弓　一九五七年一月、東京都生まれ。

本名の島田淳子で子役を始め、中学在学中の七一年に日本テレビ『おれは男だ!』、TBS『すし屋のケンちゃん』『帰ってきたウルトラマン』などに出演していたが、翌七二年、NHK少年ドラマシリーズの第一作『タイム・トラベラー』で主役の芳山和子に扮して人気が出る。続けて同年にフジテレビ『でっかい母ちゃん』、東京12チャンネル『大江戸捜査網II』、毎日放送『変身忍者嵐』、NHK『続 タイム・トラベラー』、七三年にNET『どっこい大作』、フジテレビ『GO!GOスカイヤー』の後、日本テレビ『雑居時代』で芸名を浅野真弓に改め、七四年のNHK『マリコ』、NET『おじさま!愛です』、七五年のNET『敬礼!さわやかさん』と青春コメディの主役に続けて抜擢。七五年の日本テレビ『おふくろさん』『俺たちの旅』、七六年の同『気まぐれ天使』『俺たちの朝』、七七年のフジテレビ『華麗なる刑事』、TBS『水戸黄門』、『刑事犬カール』『明日の刑事』、日本テレビ『気まぐれ本格派』『ひまわりの家』、七八年のTBS『七人の刑事』、毎日放送『愛がわたしを』、フジテレビ『大空港』、テレビ朝日『特捜最前線』に出演。この頃、七六年の東宝『パリの哀愁』、七八年の東映『柳生一族の陰謀』、同年の日活『帰らざる日々』、八一年の米英合作『武士道ブレード』などの映画作品でも印象的な助演を果たす。以後も七九年の東京12チャンネル『ザ・スーパーガール』、フジテレビ『銭形平次』『江戸の激斗』『大空港』、八〇年の関西テレビ『服部半蔵影の軍団』、TBS『夜明けのタンゴ』『ウルトラマン80』、八二年のTBS『白き牡丹に』『噂の刑事トミーとマツ』、日本テレビ『あんちゃん』、八三年のTBS『夏に恋する女たち』『幸せの黄色いハンカチ』、八四年のフジテレビ『真夜中の匂い』、テレビ朝日『三毛猫ホームズの駈落ち』などのテレビドラマで助演。同年、ミュージシャンの柳ジョージと結婚し、翌八五年に芸能界から引退。二〇一一年の柳の逝去時には個人事務所代表として島田淳子の名でマスコミ各社に報告を行った。

四方晴美　一九五七年五月、東京都生まれ。

父は安井昌二、母は小田切みきの俳優一家に生まれる。六一年ごろからTBSのドラマ『おかあさん』などに顔を出していたが、六二年の松竹映画『僕チン放浪記』で五歳の少年に扮して映画デビュー。次いで同年のTBSの昼の帯ドラマ『パパの育児日記』に両親、四歳上の姉・正美とともに一家そろって二クールにわたって出演。ここで愛称のチャコを役名としたが、六四年からはTBSで『チャコちゃん社長』『チャコちゃんハーイ!』『チャコちゃん』『チャコねえちゃん』『チャコとケンちゃん』と〈チャコちゃんシリーズ〉が六八年まで連作され、以後は弟役の宮脇康之を主役にした〈ケンちゃんシリーズ〉につながっていった。以後は七〇年のフジテレビ『金メダルへのターン!』、七一年のNHK『繭子ひとり』などに助演（姉の正美も七〇年の東宝映画『赤頭巾ちゃん気をつけて』出演の後、『繭子ひとり』で好演したが、七四年の東宝映画『伊豆の踊子』出演を最後に引退)、七三年の東宝映画『卒業旅行』、七四年の東京12チャンネル『高校教師』に出演後、七五年に芸能界を引退。のち一時復帰したこともあったが、女優活動から引退している。

金子光伸　一九五七年九月、東京都生まれ。

六歳の頃から日活映画『丘は花ざかり』『俺たちの血が許さない』やTBS『おかあさん』、フジテレビ『快傑黒頭巾』などに出演していたが、六六年の水木しげる原作のNETドラマ『悪魔くん』の主役に抜擢され、人気者となる。続いて六七年にNETの特撮ロボット物『ジャイアント・ロボ』の主人公・草間大作に選ばれるが、ナイーヴでけなげな金子の表情は視聴者の子どもたちの心をがっちりとつかんだ。以後はTBS『コメットさん』やNHK大河ドラマ『天と地と』、日本テレビ『無用ノ介』などに出演。この六九年を境に両親の意向で芸能界を去り、やがて旅行代理店に就職、ツアーコンダクターとなった。しかし金子の魅力を買っていた東映は、七九年に『仮面ライダー(スカイライダー)』への出演をオファーするが、就職後のことなので断った。にもかかわらず、八二年にも東映から新企画『仮面ライダーZX』への熱烈な出演要請があり、金子は一時承諾しようかという気持ちにもなったようだが、父親の強い反対でかなわなかった。こうして平穏に社会人としての生活を大事にしてきたが、九七年六月に三十九歳の若さで急逝。死因は交通事故と言われている。

栗田ひろみ　一九五七年九月、東京都生まれ。

中学時代にNHKの佐々木昭一郎ディレクターの目にとまり、七一年のドラマ『さすらい』でドラマに初出演。次いで七二年、大島渚監督によってATG映画『夏の妹』のヒロインに抜擢され、爽やかな演技が注目を集める。これをきっかけに七三年の東宝『放課後』、松竹『ときめき』に次々と主演、ドラマでも関西テレビ『伊豆の踊子』、TBS『刑事くん』、日本テレビ『さよなら・今日は』などに出演し、「太陽のくちづけ」で歌手としてもデビューする。以後も、『六羽のかもめ』『微笑』『夫婦旅日記 さらば浪人』『大都会 闘いの日々』『太陽にほえろ！』『大岡越前』『大江戸捜査網』『桃太郎侍』など現代劇から時代劇までさまざまなドラマで助演。映画は七四年の松竹『街の灯』、東映『樺太一九四五年夏 氷雪の門』、七八年の東映『沖縄10年戦争』、七九年の東映『地獄』などに出演。八〇年をもって女優を引退する。

松井八知栄　一九五八年一月、東京都生まれ。

小学校時代からドラマに出演、六五年の日本テレビ『アッちゃん』『続アッちゃん』、翌六六年の『新アッちゃん』に続けて起用され、六七年の日本テレビ『あいつと私』『ある日わたしは』などに出ていたが、六八年のNET『河童の三平 妖怪大作戦』のレギュラーで可憐さが人気を呼ぶ。しかしこれを途中降板、同年の楳図かずお原作の大映映画『蛇娘と白髪魔』に主演。以後は同年の日本テレビ『若い川の流れ』、六九年の日本テレビ『右門捕物帳』などに出演の後、子役を引退。八二年にボウリングのプロ入りし、以後はプロボウラーとして活躍した。

保積ぺぺ　一九五八年四月、東京都生まれ。

六三年に劇団ひまわりに入り、翌年のコルゲンコーワのテレビCMが話題になる。六五年の日本テレビ『赤でんわ』でドラマ初出演、途中で本名の保積正幸から芸名の保積ぺぺでの出演となる。六六年、日本テレビ『丸出だめ夫』で主演、以後は『アタック拳』『コメットさん』『どっこい大作』『レッドバロン』などの子ども番組の顔から、日本テレビ『飛び出せ！青春』『われら青春！』『俺たちの旅』などの青春ドラマの常連へと成長していった。映画は八歳の時に『昭和残侠伝 唐獅子牡丹』で初出演し、『東海道お化け道中』『幕末』『青年の樹』などに出た。以後も『大江戸捜査網』『噂の刑事トミーとマツ』など主にテレビドラマのヒットシリーズでの助演が続いた。

岡村清太郎　一九五八年八月、東京都生まれ。

父は江戸浄瑠璃清元節宗家の六世清元延壽太夫。母は六世尾上菊五郎の次女。六二年、四歳時に家元の主催する延壽会で清元の初舞台を踏む。中学に進学する七一年頃からNHK大河ドラマ『春の坂道』『新・平家物語』などのテレビドラマに出演するようになり、七二年のTBS『新諸国物語 笛吹童子』では主演をつとめる。以後も大河ドラマ『勝海舟』『風と雲と虹と』『真田太平記』『武田信玄』や『編笠十兵衛』『剣と風と子守唄』『江戸の鷹』『暴れん坊将軍』『大江戸捜査網』『必殺仕事人V』『おんな風林火山』など時代劇を中心に助演を続け、『青春ド真中!』『ゆうひが丘の総理大臣』『あさひが丘の大統領』などに出演。八〇年に父が倒れてからは清元の活動に専心するようになり、松竹大歌舞伎に清元節太夫として参加、八九年に七世清元延壽太夫を襲名、清元節宗家として活動を続ける。

井上純一　一九五八年八月、東京都生まれ。

七四年、早稲田大学高等学院一年の時にジャニーズ・ジュニア公募のオーディションに合格し、デビューを果たす。七五年に小谷承靖監督の東宝映画『はつ恋』で映画に初主演し、デリケートな演技を見せる。ジャニーズのアイドルとしての華々しい活躍には乏しかったが、逆にそこで旬をつくらなかったことが奏功、以後は『雲のじゅうたん』『ゆうひが丘の総理大臣』『あさひが丘の大統領』『池中玄太80キロ』などの人気テレビシリーズのレギュラーとして脇を締め、声優業も含めて息の長い俳優活動を行っている。

三浦リカ　一九五八年十一月、岩手県生まれ。

姉は新劇女優の三浦真弓。幼少時に埼玉に移り、モデルのアルバイトなどをしていたが、七四年の高校時代にキリンレモンの四代目イメージガールに選ばれ、翌七五年から女優活動を始める。同年のNHK『元禄太平記』、フジテレビ『鎌倉はるなつ』に出演の後、NET『遠山の金さん』のレギュラーとなるが、フジテレビ『痛快！河内山宗俊』『江戸の旋風Ⅱ』、毎日放送『影同心Ⅱ』、NET『徳川三国志』、TBS『Gメン'75』『結婚するまで』『夜明けの刑事』『水戸黄門』『大岡越前』『白い荒野』『江戸を斬る』、朝日放送『新必殺仕置人』、NHK『姉妹』、東京12チャンネル『大江戸捜査網』、日本テレビ『気まぐれ本格派』『桃太郎侍』『長七郎江戸日記』、関西テレビ『柳生一族の陰謀』『服部半蔵影の軍団』、よみうりテレビ『時雨の記』、テレビ朝日『ザ・スキャンダル』など数々の人気ドラマで助演。特に時代劇へのオファーは数多い。映画は七六年の武田一成監督の日活映画『サチコの幸』のヒロイン公募で選ばれ、戦災孤児の娼婦を熱演したほか、テレビ版にも出演した七八年の東映『スパイダーマン』のみ。夫は俳優の堤大二郎。

原田美枝子　一九五八年十二月、東京都生まれ。

印刷業を営む家庭に生まれる。七三年、人気子役だったマーク・レスター主演の東宝映画『卒業旅行』の相手役公募に応募、決勝審査で落選するが、それがきっかけで十三歳でサンミュージックに所属、日活の澤田幸弘監督の児童映画『ともだち』に顔を出したが、七四年公開の家城巳代治監督の東宝映画『恋は緑の風の中』で同プロの佐藤佑介がオファーされたことで相手役に原田が推挙され、本格的デビューとなる。以後、日活『炎の肖像』、松竹『港のヨーコヨコハマヨコスカ』『凍河』『パーマネント・ブルー真夏の恋』などに出演していたが、七六年の増村保造監督の松竹映画『大地の子守歌』と長谷川和彦監督のATG映画『青春の殺人者』での主演で数々の女優賞を受賞、一躍演技派として注目される。以後は神代辰巳監督『地獄』、山本薩夫監督『あゝ野麦峠』などの意欲作、異色作に出演を重ね、ATG映画『ミスター・ミセス・ミス・ロンリー』の製作・脚本を手がけるなど果敢に活動、八五年の黒澤明監督の大作『乱』の堂々たる演技で改めて評価を高める。以後も東陽一監督『絵の中のぼくの村』、平山秀幸監督『愛を乞う人』などの秀作で好演。テレビドラマも七五年の日本テレビ『ほうずきの唄』にはじまり、TBS『美しき殺意』『女ともだち』、日本テレビ『火宅の人』『警視－K』、フジテレビ『北の国から』、よみうりテレビ『性的犯罪』、NHK『太平記』などをはじめ数々の作品に出演。

池上季実子

一九五九年一月、ニューヨーク市生まれ。

商社勤務の父と、八世坂東三津五郎の次女である母との間に生まれる。従兄に五世坂東八十助がおり、七四年に八十助が主演していたNHK少年ドラマシリーズ『姉弟』の収録を見学に行ったところ、スカウトされて次の同シリーズ『まぼろしのペンフレンド』でドラマ初出演。続けてNHK銀河テレビ小説『灯のうるむ頃』のレギュラーとなり、さらに人気劇画のドラマ化として話題になった東京12チャンネル『純愛山河 愛と誠』のヒロイン・早乙女愛役に抜擢される。翌七五年には松竹『はだしの青春』で映画デビューし、松竹『おれの行く道』『恋人岬』、東宝『あにいもうと』『恋の空中ぶらんこ』などを経て大林宣彦監督の『HOUSE』、降旗康男監督『冬の華』、長谷川和彦監督『太陽を盗んだ男』で魅力的なヒロインを演ずる。テレビドラマでもHBC『バースデー・カード』、日本テレビ『熱中時代』、TBS『突然の明日』などで好演した。

佐藤佑介　一九五九年七月、東京都生まれ。

七二年にCMディレクターの杉山登志によって資生堂のテレビCMに起用され、話題となる。七四年にTBSのドラマ『青葉繁れる』で俳優デビューし、同年の家城巳代治監督の東宝映画『恋は緑の風の中』で本作でデビューした原田美枝子とともに思春期の思慕を演じて注目される。以後、増村保造監督『大地の子守歌』や山根成之監督『パーマネント・ブルー真夏の恋』『愛情の設計』などで好演を見せ、テレビドラマでも〈東芝日曜劇場〉のホームドラマから『水戸黄門』シリーズまで幅広くこなしていたが、思春期の子役時代の美少年ぶりが印象的過ぎたせいか、九〇年代後半には引退したといわれる。

村地弘美　一九五九年九月、東京都生まれ。

中学校在学中の七二年、「龍角散トローチ」のCMにロングヘアーの清楚な女学生役で出演、好評を呼ぶ。このほか大蔵省「国債」のポスターのモデルも五年にわたってつとめる。七二年にはTBS『原生花園 アンラコロの歌』に端役で顔を出し、七三年の日本テレビ『恋ちりめん』で本格デビュー。以後、TBS『江戸を斬る 梓右近隠密帳』『水戸黄門』、NET『ねぎぼうずの唄』、日本テレビ『水もれ甲介』、フジテレビ『銭形平次』『江戸の旋風』、NHK『赤い月』『七瀬ふたたび』『ザ・商社』、東京12チャンネル『大江戸捜査網』などの人気ドラマに助演。映画出演は、七五年の大映『わが青春のとき』、七六年の松竹『瀬戸はよいとこ 花嫁観光船』と少ない。棋士の小林覚と結婚し、八〇年代初めに芸能活動から退く。

林寛子　一九五九年十月、東京都生まれ。

会社員家庭に生まれ、七歳時に劇団いろはに入る。六四年から日活『うず潮』『大日本チャンバラ伝』などの映画に顔を出し、六六年の東宝『あこがれ』で主演の内藤洋子の少女時代に扮する。本格的なデビューは、翌六七年のＮＨＫテレビ小説『旅路』で、以後ＴＢＳ『レモンのような女』『コメットさん』、ＮＨＫ『樅の木は残った』『春の坂道』『繭子ひとり』『国盗り物語』、日本テレビ『おれは男だ！』『花は花よめ』、毎日放送『仮面ライダー』『変身忍者嵐』、朝日放送『好き！すき!!魔女先生』、フジテレビ『銭形平次』、テレビ朝日『特捜最前線』『がんばれ！レッドビッキーズ』『透明ドリちゃん』などの人気ドラマに数多く助演、客演。この一方で、七三年にはフジテレビのオーディション番組「君こそスターだ！」で第一回グランドチャンピオンとなって、翌七四年にはアイドル歌手としてデビュー、「ほほえみ」「素敵なラブリーボーイ」などをリリース。映画は東映『青春讃歌 暴力学園大革命』、東宝『岸壁の母』『恋の空中ぶらんこ』、松竹『男はつらいよ 寅次郎春の夢』などに出演。八〇年に黒澤明監督の長男で黒澤プロダクション社長の黒澤久雄と結婚（二〇〇三年に離婚）。長女は元女優の黒澤優。

一九六〇年代生まれ

古《こ》城《き》門《ど》昌美

一九六〇年代前半（詳細不明）生まれ。

素朴で清楚な和風のイメージの子役で、時代劇を中心に活躍した。六八年のNET『帰って来た用心棒』、六九年のNHK『一の糸』などに出演した後、六九年に東映『緋牡丹博徒 鉄火場列伝』『緋牡丹博徒 花札勝負』、大映『東海道お化け道中』と映画出演を果たす。以後も七〇年の東映『日本女侠伝 鉄火芸者』、七一年の東映『女渡世人』『カポネの舎弟 やまと魂』、七三年の東宝『王将』と映画に顔を出しつつ、七〇年以降は関西テレビ『大坂城の女』『ご苦労さん』『徳川おんな絵巻』『忍法かげろう斬り』、NET『燃えよ剣』『さすらい飛脚』『中山七里』などに出演。七三年のフジテレビ『木枯し紋次郎』を最後に出演歴が途絶える。

西崎緑

一九六〇年四月、東京都生まれ。

三歳時に日本舞踊の初舞台を踏み、五歳から少女雑誌の表紙モデルをつとめる。七歳時の六七年、「ちいさなプリンセス」で歌手デビューし、翌年に田端義夫とのデュエット曲「ねんねん船唄」をリリースしてヒットさせる。同年、TBS『コメットさん』のレギュラーとなり、以後、TBS『S・Hは恋のイニシァル』『刑事くん』、日本テレビ『唖侍鬼一法眼』などに出演後、平尾昌晃に師事して芸名を西崎みどりとして七四年の毎日放送『暗闇仕留人』の主題歌「旅愁」、七六年のNET『必殺仕業人』の主題歌「さざなみ」をヒットさせて両作に出演、アイドル的な人気があった。映画出演は六六年の日活『源氏物語』、六九年の東宝『ドリフターズですよ！全員突撃』と少ない。テレビドラマではTBS『あゝ野麦峠』『水戸黄門』、毎日放送『本陣殺人事件』など多くの作品に助演するが、朝日放送〈必殺〉シリーズへの客演は特に多い。歌手と日本舞踊の活動をその後も続けている。

真田広之　一九六〇年十月、東京都生まれ。

五歳で劇団ひまわりに入り、一九六六年に本名の下沢広之名義で東映映画『浪曲子守唄』にて子役デビューし、以後『続 浪曲子守唄』『新網走番外地 さいはての流れ者』『昭和残侠伝 死んで貰います』『直撃！地獄拳』などに出演、テレビドラマは六六年のNET『氷点』をはじめとして『鉄道公安三六号』『あひるヶ丘七七』『水戸黄門』などに出演したが、中学入学時に映画で父親役だった千葉真一のジャパンアクションクラブ（JAC）に入団。千葉のすすめもあってしばらく学業に専念し、一九七八年の東映映画『柳生一族の陰謀』で芸名を真田広之として再デビュー、『宇宙からのメッセージ』『忍者武芸帖 百地三太夫』『里見八犬伝』などでアクションスタアとして活躍。八四年の『麻雀放浪記』

あたりから演技派として着々と成長して二〇〇二年の山田洋次監督『たそがれ清兵衛』などの傑作を生み、二〇〇三年のアメリカ映画『ラストサムライ』以降は国際的スタアとして注目を浴びる。テレビドラマでも九一年のNHK大河ドラマ『太平記』や九三年のTBS『高校教師』などの話題作で主演をつとめ、『LOST』などの海外ドラマにも進出。舞台俳優としても一九九九年からのロイヤル・シェイクスピア・カンパニー公演『リア王』で大英帝国勲章第五位を受章。子役出身の俳優としては最も目覚ましい成功をおさめた、たぐいまれな例である。

斉藤とも子

一九六一年三月、兵庫県生まれ。

中学二年時にタレントを志望して東京新社付属大阪養成所に入る。七五年、東京に移り、翌七六年にNHK少年ドラマシリーズ『明日への追跡』でデビュー。NHKテレビ小説『雲のじゅうたん』、大河ドラマ『花神』、TBS『白い荒野』『赤い絆』などに出演した後、NHK教育テレビ「若い広場」の中のコーナー「マイブック」で人気を得る。このあたりから日本テレビ『青春ド真中!』『ゆうひが丘の総理大臣』、TBS『薔薇海峡』『青春諸君!』など清純派アイドル女優として出演作も増え、芸名を斉藤友子から斉藤とも子に変えた七九年には東映『悪魔が来りて笛を吹く』のヒロイン役で映画デビュー。同年の山田太一脚本のNHKドラマ『男たちの旅路/車輪の一歩』も鮮烈な印象を残す。以後はTBS『突然の明日』『俺んちものがたり!』『思えば遠くへ来たもんだ』、テレビ朝日『それゆけ！レッドビッキーズ』『怪奇！金色の眼の少女』ほかさまざまなドラマ作品や東映『わが青春のイレブン』、松竹『父よ母よ！』、シネマプラセット『ヘリウッド』、東宝『ひめゆりの塔』など数々の映画作品に助演を続ける。

宮脇康之　一九六一年六月、東京都生まれ。

知人のすすめで劇団日本児童に入り、六五年頃よりTBS『続 ママ日曜でありがとう』、NHK『おはなはん』『太陽の丘』などの作品に顔を出していたが、六七年のTBS『チャコねえちゃん』で主演の四方晴美の弟に扮し、次作の六八年『チャコとケンちゃん』を最後に四方から宮脇へ主役が移って、以後『ジャンケンケンちゃん』『ケンちゃんトコちゃん』『すし屋のケンちゃん』『ケーキ屋ケンちゃん』『おもちゃ屋ケンちゃん』『ケンにいちゃん』『おそば屋ケンちゃん』『フルーツケンちゃん』まで、六七年から七七年まで十年にわたってケン一（ケンちゃん）役を演じて人気を集めた。以後、『刑事犬カール』『コメットさん』『ナッキーはつむじ風』『愛LOVEナッキー』『翔んだカップル』『ときめき十字星』『GOGO！チアガール』といった作品に出演するも、子役から青年に面変わりするに連れて仕事は激減した。森田芳光監督の日活ロマンポルノ『㊍噂のストリッパー』にも出演したが、ケンちゃんのイメージが強すぎ、そこからの脱皮もなかなか難しかった。九〇年代まではVシネマに出演実績もあったが、後に華やかな子役のイメージとは裏腹の、一家が離散したり多額の債務を背負ったりした過去の逸話を明かし、子役という職業の功罪を世間に強く印象づけた。二〇〇〇年より芸名を宮脇健に改める。

佐藤賢司　一九六三年六月、東京都生まれ。

劇団日本児童に入り、六七年のTBS『七人の刑事』、七〇年のTBS『ただいま同居中』、七一年のNET『打ち込め！青春』、七二年のTBS『ウルトラマンA』などに顔を出していたが、七三年の日本テレビ『流星人間ゾーン』では主役のヒーロー三人きょうだいの末弟に扮した。以後はTBS『ウルトラマンタロウ』『大鉄人17』、NET『ジャンボーグA』『アクマイザー3』といった子ども向けヒーロー番組や、NET『荒野の用心棒』『右門捕物帳』、日本テレビ『伝七捕物帳』といった時代劇に出演。七七年、十四歳時に出演したフジテレビ『怪人二十面相』を最後に芸能活動から引退し、写真関係の企業の会社員となる。

島田歌穂　一九六三年九月、東京都生まれ。

音楽家とジャズ歌手の父母の間に生まれ、幼少期よりバレエやピアノを習い始める。小学校時代の一九七三年にNET『どっこい大作』に出演後、翌七四年から七七年まで続いたNET『がんばれ!!

ロボコン』でヒロインに扮した。このほか、七七年のTBS『大鉄人17』、七九年のテレビ朝日『俺はあばれはっちゃく』、八〇年のTBS『GOGO！チアガール』でレギュラーをつとめたが、八二年の『シンデレラ』以降は舞台に注力、八七年の『レ・ミゼラブル』でミュージカル女優としての定評を得る。以後、『アニーよ銃をとれ』『屋根の上のバイオリン弾き』など多数の舞台で活躍。歌手としては九〇年のTBSドラマ『HOTEL』の主題歌「ステップ・バイ・ステップ」などをヒットさせ、九四年に結婚したジャズピアニスト・島健とともにコンサートも精力的に行っている。

山添美千代　一九六三年十一月、東京都生まれ。

三歳から劇団若草に入り、子役活動を始める。七〇年のNET『特別機動捜査隊』、七一年のNET『お待ちどうさま』、TBS『亜紀子』、七二年のNHK『新・平家物語』、日本テレビ『パパと呼ばないで』などに顔を出し、七五年の日本テレビ『少年探偵団』のレギュラーのマジョ役で活躍。以後も七六年のTBS『フルーツケンちゃん』、七七年の日本テレビ『新五捕物帳』、七八年のNHK『宴のあと』、七九年のテレビ朝日『俺はあばれはっちゃく』、TBS『あゝ野麦峠』などで印象的な演技を見せる。この間、七一年の東宝『呪いの館 血を吸う眼』『父ちゃんのポーが聞こえる』、七一年の東宝『紙芝居昭和史 黄金バットがやって来る』、七九年の東宝『太陽を盗んだ男』などの映画作品でも助演。いったんのブランクの後、芸名を香川三千に改めて大人の女優として活動を再開し、八四年の東宝『おはん』に出演したほか、八五年のNHKテレビ小説『澪つくし』、日本テレビ『誇りの報酬』、九〇年のTBS『HOTEL』などに出演した後、引退した。

薬師丸ひろ子　一九六四年六月、東京都生まれ。

会社員の父と地方公務員の母の家庭に生まれる。七七年十二月、角川春樹事務所が行った映画『野性の証明』のヒロイン一般公募で千二百人余りのなかから選ばれ、七八年のテレビ朝日の森光子主演のドラマ『敵か？味方か3対3』でドラマ初出演、同年公開の『野性の証明』で映画デビュー。八〇年の相米慎二監督『翔んだカップル』で初主演、八一年の大林宣彦監督『ねらわれた学園』に続いて相米監督『セーラー服と機関銃』では主演と主題歌で大人気を呼ぶ。以後、角川映画『探偵物語』『里見八犬伝』『メイン・テーマ』とヒット作に主演、八四年の澤井信一郎監督『Wの悲劇』での演技は高い評価を集める。八五年に角川春樹事務所から独立、以後は東映『病院へ行こう』、ヘラルド『きらきらひかる』、東宝『ALWAYS 三丁目の夕日』などの映画、フジテレビ『ミセスシンデレラ』、NHK『熱の島で ヒートアイランド東京』『あまちゃん』、テレビ東京『香港明星迷』などのドラマに出演を続ける。

安藤一人　一九六四年九月生まれ。

七三年の日本テレビ『ファイヤーマン』をはじめ七七年のテレビ朝日『ジャッカー電撃隊』、七七年の日本テレビ『ガンバロン』、七八年のテレビ朝日『透明ドリちゃん』などの子ども向け番組に出演。映画は七五年の東宝『花の高二トリオ 初恋時代』、東映『激突！合気道』などに出ていたが、七六年公開のケン・アナキン監督のイギリス映画『太陽にかける橋 ペーパー・タイガー』では三船敏郎、デヴィッド・ニーヴンと共演。以後はフジテレビ『ピーマン白書』『ただいま放課後』『少女コマンドーいづみ』、TBS『想い出づくり。』『獄門島』、NHK『新東京物語』、日本テレビ『あぶない刑事』などの作品に助演した。

荻野目慶子　一九六四年九月、千葉県生まれ。

劇団ひまわりに入り、十三歳時に市川崑監督の東宝『獄門島』で映画デビュー。TBS『ナッキーはつむじ風』、フジテレビ『風雲の海峡』などのドラマにも出演を始めるが、七九年の伊藤俊也演出の舞台『奇跡の人』のヘレン・ケラー役で市原悦子と共演し、評価を高める。八〇年の橋浦方人監督のATG映画『海潮音』に次いで八三年の藏原惟繕監督の大ヒット作『南極物語』にも出演。NHK『阿修羅のごとくII』『武蔵坊弁慶』、フジテレビ『アルザスの青い空』、TBS『幕末青春グラフィティ福沢諭吉』などさまざまなドラマに出演。九〇年、不倫関係にあった映画監督が自室で縊死するスキャンダルが起こるが、深作欣二監督による九二年の松竹『いつかギラギラする日』、九四年の松竹『忠臣蔵外伝四谷怪談』の熱演が改めて評価される。以後、ドラマを中心に映画、舞台で助演を続ける。

杉田かおる　一九六四年十一月、東京都生まれ。

幼少時に劇団若草に入り、七二年に舞台『春の坂道』で女優活動を始め、七歳にして同年の日本テレビ『パパと呼ばないで』の主役チー坊に抜擢、当たり役となる。以後は翌七三年の日本テレビ『雑居時代』でも人気を博し、七五年のTBS『ウルトラマンレオ』では後半のレギュラーとなる。以後、フジテレビ『たぬき先生奮闘記』、TBS『大岡越前』『水戸黄門』などを経て、七九年からはTBS『三年B組金八先生』シリーズ、八〇年からは日本テレビ『池中玄太80キロ』シリーズのレギュラーをつとめる。この頃、東映『青春の門』『青春の門 自立篇』、松竹『男はつらいよ 口笛を吹く寅次郎』などの映画にも出演するが、出演本数はそれほど多くない。以後は時代劇から現代劇、コメディからシリアスなドラマまで幅広い作品で出演が続いており、バラエティ番組への出演も多い。手堅い演技力は定評あるものの、借金や男性関係等でゴシップ女優の印象もある。

長谷川真砂美　一九六五年生まれ。

七七年の伊藤俊也監督の東映映画『犬神の悪霊』の主人公の少女役に抜擢され、鮮やかな印象を残す。七八年の東映『多羅尾伴内 鬼面村の惨劇』、大島渚監督『愛の亡霊』にも助演。同年のテレビ朝日『透明ドリちゃん』、七九年のテレビ朝日『半七捕物帳』に出演した後、八〇年の日本テレビ『黄金の犬』の主人公に選ばれる。翌八一年には大林宣彦監督『ねらわれた学園』で助演、八三年のTBS『噂のポテトボーイ』、八五年のTBS『少女に何が起こったか』、関西テレビ『影の軍団 幕末編』などに出演後、引退。

蝦名由紀子　一九六六年三月、東京都生まれ。

幼少時より児童劇団に入り、七三年の映画『朝やけの詩』や七五年のテレビ朝日『遠山の金さん』『秘密戦隊ゴレンジャー』、七六年のNET『アクマイザー3』『がんばれ!!ロボコン』『超神ビビューン』、七七年の東京12チャンネル『怪傑ズバット』『五年三組魔法組』、七八年のテレビ朝日『浮浪雲』『バトルフィーバーJ』、七九年のフジテレビ『大空港』などのテレビドラマに出演した。七九年、映画『東京大空襲 ガラスのうさぎ』に主演。以後も八一年のNHK『御宿かわせみ』、八三年のNHK『おしん』、八四年のTBS『大岡越前』、テレビ朝日『宇宙刑事シャイダー』『特捜最前線』、東京12

チャンネル『大江戸捜査網』、八五年のフジテレビ『スケバン刑事』などに出演。八三年に浅沼由紀子に一時改名したこともある。八八年のテレビ東京『消えない秘密』を最後に出演歴は途絶えている。

牛原千恵　一九六六年六月、東京都生まれ。

父は映画監督・牛原陽一、祖父は映画監督・牛原虚彦。中学校一年時の十三歳の時に、今井正監督の映画『子育てごっこ』でデビューする。以後、八〇年のNHK銀河テレビ小説『優しさごっこ』、TBS『一年B組新八先生』、八一年のNHK『ある少女の死』、TBS『父母の誤算』、八二年のNHK『立花登 青春手控え』などのテレビドラマに出演、映画は八一年の今井正監督によるにっかつ児童映画『つる』(声の出演)、八二年の東宝『ひめゆりの塔』など。八〇年代末まではドラマに助演していたが、その後結婚、引退。

吉田友紀　一九六六年八月、東京都生まれ。

父は俳優で『快傑ライオン丸』のライオン丸などスーツアクターとして知られた鴨志田和夫。七〇年に劇団日本児童に入り、『荒野の素浪人』『飛び出せ！青春』『時間ですよ』『鉄人タイガーセブン』『わが子は他人』『電人ザボーガー』『ウルトラマンレオ』『遠山の金さん』『伝七捕物帳』『大江戸捜査網』『すぐやる一家青春記』『スパイダーマン』『気まぐれ本格派』など各局のさまざまなテレビドラマ、『混血児リカ ひとりゆくさすらい旅』『股旅』などの映画に子役として出演、七九年のテレビ朝日『俺はあばれはっちゃく』の主人公に抜擢され一躍注目を浴びる。八八年の日本テレビ『電脳警察サイバーコップ』にも主演、以後はさまざまなテレビドラマで助演を果たし、二〇〇〇年以降も『超星神グランセイザー』『臨場』などで顔を見せている。

岡浩也　一九六七年三月、東京都生まれ。

七一年のTBS『時間ですよ』、七二年のNHK『新・平家物語』、よみうりテレビ『超人バロム・1』、七三年NET『どっこい大作』『じゃがいも』などに出演していたが、七四年のTBS『ケンにいちゃん』で宮脇康之扮するケンイチの弟ケンジ役に選ばれ、以後レギュラーとなるうちに七七年の『パン屋のケンちゃん』からは宮脇にかわってケンイチ役となり、主演を始める。『スポーツケンちゃん』『カレー屋ケンちゃん』『ケンちゃんチャコちゃん』『なかよしケンちゃん』と八二年まで二代目ケンちゃんを演じた。この後は、八五年のフジテレビ『スケバン刑事Ⅱ』などわずかに出演したが、十代後半で俳優活動から引退し、慶應義塾志木高校から北里大学医学部へ進学、現在は精神科医としてクリニックを営む。

斎藤こず恵　一九六七年九月、東京都生まれ。

三歳時の七一年に劇団若草に入る。同期は坂上忍と杉田かおる。七二年の日本テレビ『パパと呼ばないで』『二人だけの道』などに顔を出していたが、七四年のNHKテレビ小説『鳩子の海』の主人公として大きな人気を得る。続けて同年、TBS『愛をください』、日本テレビ『花は花よめ』、NET『おじさま！ 愛です』、翌七五年のNHK『家庭戦争』、日本テレビ『少年探偵団』に出演。七六年には、各社競作されたみなみらんぼう作詞作曲の大ヒット曲「山口さんちのツトム君」のフィリップス版を唄い、同名の東映の短篇映画にも出演した。

西川和孝　一九六七年九月、東京都生まれ。

五歳時の七二年に劇団こまどりに入り、一九七三〜七四年に日本テレビ『子連れ狼』の第一部・第二部で萬屋錦之助扮する主人公・拝一刀の息子・大五郎役に抜擢され、大きな人気を呼ぶ。以後、七四年の東京12チャンネル『闘え！ドラゴン』、日本テレビ『花は花よめ』、七五年のTBS『幸福ゆき』、七六年のTBS『刑事くん』、七七年のTBS『刑事犬カール』などのテレビドラマに出演するが、大五郎のイメージが強すぎて役柄が広がらず（映画は八一年の松竹『まんが花の係長』の声の出演のみ）、高校卒業後の八〇年代には俳優業から引退。九五年に新潟県白根市の市議会議員選挙に当選したこともあったが、さまざまな事業に手を出すうちに金銭トラブルも続き、九九年十一月に金融業者を殺害、奪った現金を借金返済にあてるという事件を起こす。国外逃亡したが同年末に逮捕、二〇〇〇年十月に新潟地方裁判所で無期懲役の判決が下りた。

原田知世　一九六七年十一月、長崎県生まれ。

八二年、〈角川・東映大型女優一般募集〉で特別賞となり、同年のフジテレビ『セーラー服と機関銃』に十四歳で主演。翌八三年、大林宣彦監督の角川映画『時をかける少女』で映画デビュー。以後、『愛情物語』『天国にいちばん近い島』『早春物語』などの角川映画に主演してヒットさせ、八六年に独立。東宝『私をスキーに連れてって』『彼女が水着に着がえたら』、黒木和雄監督の遺作『紙屋悦子の青春』などの映画、NHK『おひさま』『紙の月』などのドラマに出演。

荒川康伸　一九六九年七月、東京都生まれ。

十一歳の時に劇団日本児童に入り、同八〇年の『ぼくはSLをみた』、八一年の『子だぬき愛情ものがたり』などの東映児童映画に主演。以後、八一年の『仮面ライダースーパー1』『日本最後の騎士』などのドラマに顔を出したほか、子ども向け商品のテレビCMに出演。子役歴は短いが、八〇年代後半にバンド活動で頭角を現し、八八年に小山田圭吾、井上由紀子、小沢健二、吉田秀作とともにロリポップ・ソニックに参加、そのまま同バンドがメジャーデビューして改名したフリッパーズ・ギターの初期メンバーとなる。脱退後はドラマーとしてさまざまなライブに招かれ、音楽活動を続けている。

一九七〇年代生まれ

吉岡秀隆　一九七〇年八月、埼玉県生まれ。

七五年に五歳で劇団若草に入るが、同年、東京12チャンネル『大江戸捜査網』で台詞はないものの同心の息子役でデビュー。その後、野村芳太郎監督の映画『八つ墓村』やTBS『江戸の旋風』、NHK『絆』などに出演の後、山田洋次監督が八〇年の映画『遥かなる山の呼び声』の子役として吉岡を見出し、翌八一年以降の映画『男はつらいよ』シリーズには寅次郎の甥の諏訪満男役で最終作（および特別篇）までレギュラーとして起用した。この八一年には、吉岡の代表作である倉本聰脚本のフジテレビ『北の国から』もスタートしており、レギュラーの黒板純に抜擢された吉岡は黒板蛍に扮した中嶋朋子ともども天才子役と賞賛された。以後、『男はつらいよ』は九七年まで、『北の国から』は二〇〇二年まで続き、この映画とテレビの長寿タイトルに両方出演かなった吉岡は、子役が青年から大人の俳優になってゆく過程を長年にわたって観客や視聴者に共有されるという極めて稀なケースに恵まれた。通常『北の国から』のようなあまりに印象深い役を与えられた子役はなかなか大成が難しいにもかかわらず、それゆえに吉岡はきわめて順調に大人の俳優に育ったのである。そして『八月の狂詩曲』『まあだだよ』などの黒澤明監督作品を経て、二〇〇〇年代には山崎貴監督の東宝映画『三丁目の夕日』シリーズやフジテレビの『Dr・コトー診療所』シリーズなどで大きな好評を集めた。

小林綾子　一九七二年八月、東京都生まれ。

幼少時より東映児童演技研修所に入り、のち東映アカデミータレント部に属する。八歳の頃よりドラマ、映画に顔を出し、八〇年の毎日放送『仮面ライダー（スカイライダー）』、テレビ朝日『非情のライセンス』、八一年のテレビ朝日『太陽戦隊サンバルカン』、フジテレビ『ロボット八ちゃん』や映画『スローなブギにしてくれ』に子役として出演。八二年のフジテレビの単発アニメ『吾輩は猫である』の声の出演などもしていたが、八三年の橋田壽賀子脚本のNHKテレビ小説『おしん』の第四話から三十六話まで主人公おしんの少女時代に扮して大きな反響を呼ぶ。このドラマは視聴率統計史上、最高記録を打ち立て、世界の約七十か国で放映された。以後は橋田壽賀子脚本作品の常連となり、NHK『いのち』、TBS『花のこころ』『忠臣蔵・女たち・愛』『渡る世間は鬼ばかり』などに出演。この間、立命館大学文学部に入学。以後は、『大岡越前』『水戸黄門』や〈土曜ワイド劇場〉〈火曜サスペンス劇場〉ほか二時間ドラマの数々に助演。映画も二〇〇一年の東映『ホタル』、二〇〇五年の東映『四日間の奇蹟』などに助演を続ける。

あとがき

　私は、自分がこういうテーマの本を読みたいのだがなぜか存在しないなあと思うものを書こうとつとめてきた。たとえばゴジラ映画の特撮を語る本はごまんとあるがドラマ部分の演出を語る本はないな、日活ロマンポルノと東映実録やくざ映画をばらばらに語った本はあるがそれらの相関も含めていっぺんに語った本はないな、大島渚をその政治的側面や戦闘性において語った本はあるが美学的側面や夢幻性を直視した本はないな……などなど。そんな意味で、さまざまな映画やテレビの子役をめぐるゴシップ的な本は（多くは本人の告白本や回顧録というスタイルで）刊行されているものの、まとまったかたちで「子役とは何だったのか」についてふれた本は存在しないなと思い、調べてみることにした。

　しかしここで自分が研究対象としてむしょうに惹かれる「子役」というものが、ある特定の期間に活躍した人びとだということが徐々にわかってきた。それはたとえば現在最も期待される芦田愛菜のように、法律によっても所属プロダクションによっても守られ、そのゆえに本人の意志も堅実な今時の「子役」ではなく、まだまだわが国がいい意味でも悪い意味でもいい加減であった高度経済成長期の、大人たちがしゃかりきに働き、景気の勢いにおどらされている時期の子どもたちなのであった。

すなわち、子役というのは映画演劇の世界にははるか昔から当然存在するのだが、私が本書で特に注目したのは、華やかなりし映画が失速し、テレビジョンが台頭していった時期の子役たちである。「昭和」の子役といっても、その「昭和」はこの限定的な期間を指す。戦後の「昭和」の、なかでも最も「昭和」らしい時期というべきか。この時代の子役たちは子どもの時代こそはコマーシャリズムの恰好の売り物として愛玩され、彼らの子ども本来の成長の時間と引き換えに金が飛び交い、そのことで家族ともども人生を狂わされた子役たちは、子どもから大人へ面変わりするやポイ捨てされた。

しかしまたこの当時は、子どもだからと手加減することなく、テレビや映画の作り手たちが熱気あるものづくりの現場に彼らを巻き込んでいった時代でもある。このいいものをつくるための無茶がまかり通った季節を生きたからこそ、子役たちは忘れがたい作品群のなかに自らの姿を刻むことができた。現在の彼らを知る者がいなくなっても、当時の作品が根強い人気とともに生き残っていたりする。

ことほどさように、この時期の輝ける、そしておおむね傷ましい子役たちは、「昭和」の功罪をもろに体現していると言えるだろう。そんな訳で、本書を通して意図していたのは、この一時期の子役たちを通して「昭和」的なるものとはいったい何であったのかをふりかえることだった。そんな狙いもあって、第一章のインタビュー篇に登場する方々は、子役としてかなりメジャーな作品に登場されていて、観客や視聴者がその顔をよくよく覚えていながら、まだその当時の横顔がそんなに知られていない人に絞った（自ら子役時代の逸話を積極的に売りにされているような方は除外した）。それはあくまでこの方々の逸話を、子役スタアの裏話ではなく、小さな一生活者、一労働者としての秘話として伝えたかったからである。

後半の「子役列伝」は、こうしてテレビ中心世代の「昭和」の子役を主にとりあげながら、そこに至る映画中心世代の、戦前からの子役をめぐる物語も集めてみたくなったために書き始めた。もっとも本文中にも記したが、こういう往年の子役たちをめぐる資料はひじょうに誤認や誤記も多く、常に複数の資料を照合しつつ、不確かなところはなるべく削除する方向でのぞんだのだが、もはやほんとうの真偽の確定はひじょうに難しい。したがって、この後半の人名録は、資料的な厳密さについてはあらかじめ鷹揚にとらえていただくほかないが、それでもこのあまたの子役たちをめぐる短い物語を読みおおせると、時代を超えた子役というものの凄まじき〈宿命〉のようなものに気づいていただけることだろう。それが時代との絡みで最も凝縮されたかたちでにじみ出たのが、本書で言うところの「昭和」の子役たちなのである。

それにしてもこんな意図をご理解いただき、真摯にインタビューに応えてくださった元子役の皆さんには最大限の謝辞を捧げたい。そしてこの特異なるテーマの企画に即座に乗ってくださった国書刊行会の竹中朗さんとは、前著『テレビ・トラベラー 昭和・平成テレビドラマ批評大全』『グッドモーニング、ゴジラ 監督本多猪四郎と撮影所の時代』（復刊）につづく〈共犯〉関係となる。

二〇一七年八月

樋口尚文

樋口尚文

ひぐち・なおふみ

一九六二年生まれ。早稲田大学政治経済学部卒業。映画批評家・映画監督。著作に『実相寺昭雄 才気の伽藍――鬼才映画監督の生涯と作品』(アルファベータブックス)、『大島渚のすべて』(キネマ旬報社)、『黒澤明の映画術』(筑摩書房)、『テレビ・トラベラー 昭和・平成テレビドラマ批評大全』(国書刊行会)、『「砂の器」と「日本沈没」――70年代日本の超大作映画』(筑摩書房)、『ロマンポルノと実録やくざ映画』(平凡社)など多数。監督作に『インターミッション』(二〇一三年)。

「昭和《しょうわ》」の子役《こやく》

――もうひとつの日本映画史《にほんえいがし》

二〇一七年八月一五日初版第一刷発行

編著者……樋口尚文
発行者……佐藤今朝夫
発行所……株式会社国書刊行会
東京都板橋区志村一－一三－一五　〒一七四－〇〇五六
電話 〇三－五九七〇－七四二一
ファックス 〇三－五九七〇－七四二七
http://www.kokusho.co.jp

印刷……株式会社エーヴィスシステムズ
製本……株式会社ブックアート
造本・装丁……桜井雄一郎

ISBN978-4-336-06198-0

グッドモーニング・ゴジラ
監督 本多猪四郎と撮影所の時代

樋口尚文 著

四六判・二九六頁／二三〇〇円

◉不自由さと豊かさが同居していた撮影所の消長を軸に、『ゴジラ』を生んだ本多猪四郎の人生と創作の秘密を緻密な調査と分析で解明するユニークな年代記。生誕百年記念復刊。

テレビ・トラベラー
昭和・平成テレビドラマ批評大全

樋口尚文 著

A5判・五〇六頁／二六〇〇円

◉一九九四年から二〇一〇年までの「キネマ旬報」誌連載を中心に三〇〇本超を総まくり。その歴史の検証と内容の検討に必須の、他に類を見ないテレビドラマ批評集大成。

スクリプターはストリッパーではありません

白鳥あかね 著

A5判・三一二頁／二八〇〇円

◉日活黄金期の〈渡り鳥〉シリーズでは斎藤武市、日活ロマンポルノでは神代辰巳の女房役として活躍した名スクリプター白鳥あかね。波瀾万丈の〈スクリプターから見た戦後日本映画史〉。

わが人生　わが日活ロマンポルノ

小沼勝 著

四六判・二九四頁／二〇〇〇円

◉独特のロマンティシズムに彩られた耽美的傑作を数多く手掛けた、日活ロマンポルノを代表する映画監督のひとりである鬼才が映画人生を縦横無尽に綴る回想録。